商务法律文库

主权债务重组与巴黎俱乐部

范晓波　李瑞民　赵雅婧　著

中国商务出版社
CHINA COMMERCE AND TRADE PRESS

图书在版编目（CIP）数据

主权债务重组与巴黎俱乐部 / 范晓波, 李瑞民, 赵
雅婧著. -- 北京：中国商务出版社, 2021.6（2023.1重印）
　ISBN 978-7-5103-3853-3

　Ⅰ.①主… Ⅱ.①范…②李…③赵… Ⅲ.①债务危
机–研究–中国 Ⅳ.①F812.5

　中国版本图书馆 CIP 数据核字(2021)第 121609 号

主权债务重组与巴黎俱乐部
ZHUQUAN ZHAIWU CHONGZU YU BALI JULEBU

范晓波　李瑞民　赵雅婧　著

出　　版：中国商务出版社
地　　址：北京市东城区安定门外大街东后巷 28 号邮编：100710
责任部门：商务事业部（010-64243016）
总 发 行：中国商务出版社发行部（010-64208388 64515150）
网购零售：中国商务出版社考培部（010-64286917）
网　　址：http://www.cctpress.com
网　　店：https://shop162373850.taobao.com/
邮　　箱：349183847@qq.com
开　　本：700 毫米 × 1000 毫米　1/16
印　　张：17　　　　　　　　　　　字　　数：233 千字
版　　次：2021 年 6 月第 1 版　　　印　　次：2023 年 1 月第 2 次印刷
书　　号：ISBN978-7-5103-3853-3
定　　价：68.00 元

前　言

　　主权债务,又称公共债务、政府债务,指一国政府的直接借贷或通过政府担保所借的债务。与商业(私营)债务不同,国家或政府一般不会"破产",即便政府更迭,根据现代国际法原则,下一届政府也有义务偿还,而且有税收、国家资源等作为保障。故,一般人会认为主权债务比私营债务更安全、风险更低。但事实并非总是如此,主权债务也会违约,债权人为了收回投资,可能不得不放弃一部分利益,即采取一定的债务减缓措施,以求得到最优结果。中低收入国家的主权债务在违约重组后,回收率总体平均在70%左右,[①]具体根据债务国的经济发展与收入水平而不同。本书重点探讨发展中国家主权债务的违约、重组问题,详细介绍了国际货币基金组织(IMF)、世界银行、G20、经济合作与发展组织(OECD)、巴黎俱乐部、伦敦俱乐部、国际金融协会(IIF)、出口信用机构(ECA)等在其中扮演的角色和发挥的作用,并结合我国的发展实际和我国参与国际治理的新要求,提出了相关建议。

一、主权债务违约与重组

　　回顾金融历史,主权债务违约古已有之。但在凯恩斯主义盛行之前,受古典经济学思想影响,政府财政强调收支平衡,除因

　　[①] 标准普尔,Purcell 和 Kaufman(1993),Reinhart,Rogoff 和 Savastano(2003a)及其中引用的数据。

为战争等因素导致政府债务急剧膨胀之外，国家债务水平相对较低，主权债务危机较少发生。后在凯恩斯主义的影响下，政府加大对经济的干预调节力度，在经济低迷时实施扩张的财政政策，通过保持适度"赤字"发挥逆周期调节作用，导致政府债务逐步积累，主权债务危机随之而来。

21世纪以来，希腊在欧债危机中的表现尽人皆知，研究发现，希腊也是人类历史上第一个发生主权债务违约的国家。美国经济学家莱因哈特和罗格夫在其著作《八百年金融危机史》①中对全球各大洲主要国家自独立以来到2008年的累计违约或债务重组的次数和持续时间进行了详细分析，指出主权债务违约不仅在时间上，而且在地域上也存在聚集效应。

主权债务违约往往聚集发生，19世纪以来的人类历史上发生过五次大规模的债务违约风潮，分别为（1）拿破仑战争时期，（2）19世纪20年代到40年代末，（3）19世纪70年代至90年代，（4）20世纪30年代大萧条时期，（5）20世纪八九十年代新兴市场的债务危机。20世纪30年代大萧条时期，全球接近一半的国家都处于违约或者重组状态。2020年在全球爆发的新冠肺炎疫情会不会导致第六次大规模的债务违约风潮，尚需观察。

聚集性不仅体现在时间上，也体现在地域上。拉丁美洲国家在历次全球债务危机中的债务违约年份比其他国家和地区更加频繁和密集，除了上述两次全球性债务危机以外，拉丁美洲还有将近一半以上的国家发生过债务违约。其次就是非洲国家。其中有些国家属于"惯犯"，如阿根廷等。

---

① 卡门·M.莱因哈特，肯尼斯·S.罗格夫.这次不一样：八百年金融危机史 [M].綦相，刘晓锋，刘丽娜译.北京：机械工业出版社，2012-9:40.

　　导致主权债务违约的原因很多，包括国内经济状况不佳、资本外流、贷款方案不佳、贷款动机不纯（诈骗）、贷款可持续性差（投入到无产出的行业）、过度举借外债、信誉历史不佳、流动性不足、债务未能展期、出口收入低迷、借款利率上升、政权更替、战争失败等。

　　主权债务违约，对债权人、债务国都会产生影响。对债权人而言，主权违约会使其遭受债权本息的直接损失；对于债务国而言，违约会严重损害其声誉和信用，进而影响该国吸引投资、再借新债等，也会对该国的进出口贸易产生一定影响，这些都可能进一步加剧债务压力，还会导致本币贬值，引发银行危机和金融市场扭曲，进而导致失业率上升和民众福利水平下降。在"炮舰外交"时代，还会导致债权国的武力侵犯。

　　主权债务违约，既是一个经济性问题，也是一个政治性问题。它对当事人——无论是债权人还是债务人——来说都是痛苦的。如果处理不当，这种痛苦将绵延多年，导致一系列危机，包括政治危机、银行危机、社会危机，甚至人道主义危机。

　　主权债务违约至今并没有形成国际通用的治理规则。现实中，主权债务违约后，有两种补救方法：一是货币手段，即国内通过增发货币或主动贬值偿还债务（多用于发达国家）；二是宣布国家破产，多边组织介入并启动主权债务重组或减免程序（多用于发展中国家）。

　　本书主要探讨对发展中国家的主权债务重组，这方面，巴黎俱乐部发挥了重要作用，扮演着主力角色。从本书所描述的历史和数据中，我们发现，主权债务重组已经是全球治理的非常重要的政治与经济资源，重组的过程充满国家资源调配和国家利益博弈。同时，商业债权人（即非官方债权人，如投保了官方出口信用保险／担保，则不算为商业债权人），如商业银行、投资基金等，他们有时聚集在"伦敦俱乐部"，有时单独行动，但均在其中扮演着重要角色。

尽管债务人和大部分债权人都希望尽快达成债务重组，但这并非容易。除了债权人与债务人之间天然存在的利益冲突之外，还需要克服信息不对称问题——债权人不知道债务人的实际偿还能力。同时，还有一些希望搭便车的债权人，以及少量的恶意或拒不合作债权人，他们希望渔翁得利，有时会采取单独行动，如将债务国政府告上法院、通过海外扣押（attachment）控制债务国资产等，总之，让债务人尽可能多偿还他们的债权。

二、巴黎俱乐部与伦敦俱乐部

1956年5月14日，为避免阿根廷主权债务违约，法国财政部邀请各债权国政府（当时参会的共有11国政府，分别是奥地利、比利时、丹麦、法国、德国、意大利、荷兰、挪威、瑞典、瑞士和英国），在巴黎召开了三天的会议，于16日就重组阿根廷5亿美元的债务达成了协议。这标志着国际上重要的官方债权人组织——巴黎俱乐部的诞生。①

纵观巴黎俱乐部六十多年来的活动历史，我们总结，巴黎俱乐部是一个非正式、常设、主要从事成员国官方持有的非成员国主权债务的重组、与国际货币基金组织（IMF）一致行动、拥有广泛影响力的国际组织。

---

① Historical development, https://clubdeparis.org/en/communications/page/historical-development 2021.3.1.

　　"非正式"，主要是它与很多正式的国际组织（如OECD、WTO、世界银行、IMF等）不同，没有国际条约等作为其成立和运作的依据，也没有组织章程，俱乐部成员国遵守的是该组织倡导并坚持的一些原则或理念，而非国际条约。俱乐部成员国是否参与对某一国的债务重组，也是完全自愿的。巴黎俱乐部组织达成的债务重组方案对债务国和债权国双方均无法律约束力，各参与国都需要就重组方案在本国内部完成审批并与对方签订双边债务重组协议后，俱乐部此前与债务国达成的债务重组方案才算真正落地。

　　"常设"，主要是其有常设办公地点和办公人员。巴黎俱乐部自相关国家于1956年5月16日在巴黎讨论阿根廷主权债务问题而诞生以来，就一直在巴黎的法国财政部大楼办公开会，法国财政部自20世纪70年代后期也为俱乐部设立了专职的秘书处，编制为12人，均来自法国财政部。俱乐部主席一般由法国财政部的部长级官员（多为副部长）担任。秘书长负责具体事务，其有四名助手。俱乐部每年在巴黎召开10次"月度研讨会"（2月和8月休会）来讨论债务国债务问题和债务重组技术。另根据实际需求，召开与债务国的债务谈判会议。[①]

　　"主要从事成员国官方持有的非成员国主权债务的重组"，巴黎俱乐部的重组对象是其成员国官方（即各成员国政府或代表政府的出口信用机构、开发金融机构等，而非私营）持有的对非成员国的主权债务（即由主权政府担任借款人或担保人的债务，而非私营债务）。截至2021年3月1日，巴黎俱乐部的成员国为22

---

① The Secretariat, https://clubdeparis.org/en/communications/page/the-secretariat 2021.3.1.

① Paris Club meetings, https://clubdeparis.org/en/communications/page/paris-club-meetings 2021.3.1.

个国家，除了俄罗斯和巴西为非 OECD 成员国外，其他国家均为 OECD 成员国。他们分别是：澳大利亚、奥地利、比利时、加拿大、丹麦、芬兰、法国、德国、意大利、爱尔兰、日本、荷兰、挪威、俄罗斯、西班牙、瑞典、瑞士、英国、美国、以色列、韩国、巴西。① 自 1956 年以来，巴黎俱乐部长期主导成员国官方持有的对发展中国家或重债穷国的主权债务重组，截至 2021 年 3 月 1 日，它已经成功地与 99 个债务国达成了 472 份债务重组方案，重组金额达到 5890 亿美元。② 由于成员国除俄罗斯和巴西外均是发达国家和富裕国家，所以巴黎俱乐部也经常被称为"富人俱乐部"。

"与 IMF 一致行动"，是指巴黎俱乐部对任何一个国家的债务重组，都必须事先经过 IMF 对该国货币与财政政策、债务可持续性等的评估。通过评估并与 IMF 基本达成相关经济调整、债务纾困方案后，债务国才能根据评估情况向巴黎俱乐部申请债务重组。俱乐部组织的每一次债务重组会议，IMF 和世界银行都作为观察员参加。可以说，巴黎俱乐部是在 IMF 的协调和指导下开展工作的，巴黎俱乐部是 IMF 和世界银行所制定的国际规则的有益补充和他们的得力助手。他们是实际上的"一致行动人"。

"拥有广泛影响力"，主要是四个方面：一是巴黎俱乐部成员国政府及代表政府的出口信用机构、开发金融机构等持有数额巨大的发展中国家主权债务，让其对这些发展中国家有较大的发言权和影响力。二是与 IMF 和世界银行等国际金融组织一致行动，同时该组织的核心成员国也是 G7、G20、OECD、欧盟等组织的

---

① Who are the members of the Paris Club, https://clubdeparis.org/en/communications/page/who-are-the-members-of-the-paris-club.

② Key numbers, https://clubdeparis.org/en/communications/page/key-numbers.

成员国，这些组织在相关问题上的立场直接影响巴黎俱乐部的立场，反过来，巴黎俱乐部在债务等问题上的立场也直接影响着这些组织的立场，在国际舞台上，他们一贯是相互支持、声援的。三是巴黎俱乐部对其成员国官方持有的主权债务的重组方案，对商业（私营）债权人（伦敦俱乐部，以及代表商业债权人利益的"国际金融协会"）、非俱乐部成员国具有重大的影响力。巴黎俱乐部强调债务重组的"待遇可比"原则，[①] 该原则要求参与重组的债务国政府与私营债权人、非俱乐部成员国达成的债务重组条件必须与巴黎俱乐部成员国的债权重组方案具有可比性，债务偿还条件不得优于对俱乐部成员国的债权。四是巴黎俱乐部对广大的债务国拥有很强的影响力，巴黎俱乐部每年还会定期举办一些研讨会，邀请相关债权国的财政部长、央行行长与债务国的财政部长们参加，共同就债务与发展问题进行讨论。经过六十多年的交往，很多债务国已经很熟悉巴黎俱乐部的运作，对其多次减免债务大加赞赏，双方在债务问题上已经形成较深的合作关系。

为了增强其影响力，巴黎俱乐部一直在极力吸纳新成员，目的就是掌握更多的债权，增强自身话语权和行动力。2016年7月1日，在法国财政部大楼举办的巴黎俱乐部成立60周年庆祝大会暨韩国加入巴黎俱乐部欢迎仪式上，前法国财政部部长、时任IMF总裁拉加德女士说："巴黎俱乐部一直与IMF保持密切联系、互动和配合，在历次主权债务危机的解决中，巴黎俱乐部都发挥了重要作用。随着国际主权债务结构的改变，巴黎俱乐部面临三大任务：（1）扩充成员，将一些重要的新兴官方债权人纳入俱乐部；

---

① What are the main principles underlying Paris Club work, https://clubdeparis.org/en/communications/page/what-does-comparability-of-treatment-mean 2021.3.1.

（2）在债务重组中加强创新；（3）关注由公众持有的主权债券的问题。"

伦敦俱乐部则是商业银行等私营债权人重组其对发展中国家主权债务的平台。在参与债务重组时，伦敦俱乐部的成员一般选举产生"银行顾问委员会"或"债权人委员会"，由其在重组中代表成员的利益，并重组完成后随即解散。一般认为伦敦俱乐部诞生在1976年，其第一次会议讨论的是对扎伊尔的债务重组。

巴黎俱乐部和伦敦俱乐部主要对传统放贷人以贷款形式的债务进行重组。随着资本市场的发展，越来越多的主权国家选择以发行债券的方式筹资，巴黎俱乐部和伦敦俱乐部的影响力相对下降，其中伦敦俱乐部逐步被国际金融协会（IIF）所取代，但它们仍然是主权债务领域非常重要的国际平台。

三、提升中国在国际治理体系中的话语权

西方国家一致希望中国加入巴黎俱乐部。2016年7月23日至24日，在中国成都举行的二十国集团（G20）财长和央行行长会议公报指出："各国强调促进有效且可持续的融资实践的重要性，并将继续改善债务重组进程，支持巴黎俱乐部作为主要的国际官方双边债务重组平台，讨论一系列主权债问题，支持巴黎俱乐部持续吸纳更多新兴债权国，并欢迎韩国加入巴黎俱乐部。各成员国欢迎中国定期参加巴黎俱乐部会议，以及中方发挥更具建设性作用的意愿，包括进一步讨论潜在的成员身份问题。"[1]

尽管我国没有加入巴黎俱乐部，但在发展中国家经济发展与主权债务问题国际治理方面，我国一直发挥着重要作用。

---

[1] G20财长和央行行长会议公报，http://www.gov.cn/xinwen/2016-07/24/content_5094294.htm 2021.3.1.

　　中国作为全球第二大经济体和世界上最大的发展中国家，在国际事务上，一直坚持把中国人民的利益同各国人民的共同利益结合起来，在南南合作框架和"一带一路"倡议下向其他发展中国家提供力所能及的帮助，利用外交、外贸、投资、援助等各种方式促进发展中国家的发展，支持和帮助发展中国家特别是最不发达国家发展经济、减少贫困、改善民生。

　　改革开放以来，中国以积极的姿态参与国际发展合作，发挥出建设性作用，在对其他发展中国家的债务重组和减免方面，作出了大量努力，取得了丝毫不亚于巴黎俱乐部的成绩。根据《中国的对外援助（2014）》白皮书数据，仅2010年至2012年期间，中国就免除坦桑尼亚、赞比亚、喀麦隆、赤道几内亚、马里、多哥、贝宁、科特迪瓦、苏丹等9个最不发达国家和重债穷国共计16笔到期无息贷款债务，累计金额达14.2亿元人民币。①

　　2013年习近平主席提出"一带一路"倡议以来，世界各国积极响应，"一带一路"重点项目建设稳步推进，在提升中国国际影响力、改善全球治理体系、促进发展中国家经济发展等方面，均取得了显著成效。"共商、共建、共享"原则和"政策沟通、设施联通、贸易畅通、资金融通、民心相通"深入人心。但也遇到"写意完美展现、工笔稍显单薄"的问题，需要持续加以完善与改进。

　　针对"一带一路"沿线部分国家出现一定程度的"债务风险"问题，我国政府高度重视，强调在推进相关项目建设、提供资金支持时，要充分考虑低收入国家的实际情况和债务负担。2019年

　　①《中国的对外援助（2014）》白皮书（全文）http://www.scio.gov.cn/zfbps/ndhf/2014/document/1375013/1375013_1.htm 2021.3.1.

4月25日，我国财政部在第二届"一带一路"国际合作高峰论坛期间发布了《"一带一路"债务可持续性分析框架》，彰显了中方在债务可持续性问题上积极和开放的态度，也体现了中方对"一带一路"低收入国家实际国情和发展需求的重视，有助于提高"一带一路"参与各方投融资决策科学性，加强有关国家债务管理能力，推动共建"一带一路"高质量发展。

新冠肺炎疫情在全球暴发以来，我国政府积极参与二十国集团（G20）推动对最贫困国家的缓债事宜。磋商过程中，中国系统提出了中方对暂缓债务偿付的原则主张，并得到许多国家的呼应。2020年4月17日的G20财长和央行行长会议，通过了G20"暂缓最贫困国家债务偿付倡议"（下称"缓债倡议"）。我国财政部负责人就缓债事宜表示，一是联合行动，坚持多边和双边债权人，官方和商业债权人应共同参与，对低收入国家联合"缓债"。二是快速反应，呼吁有关方面对低收入国家应对疫情，给予区别于传统债务重组的快速、临时性支持。三是遵守规则，坚持国际融资是市场契约行为。"缓债"应遵守法治和契约精神，符合国际惯例，有利于维护国际金融市场秩序。四是利益平衡，呼吁"缓债"工作要充分考虑各国实际，尊重债权人、债务国等利益相关方意愿，避免道德风险。五是促进发展原则，有利于切实减轻债务国实际债务负担，维护其国际市场正常融资能力，帮助其走上可持续发展的良性轨道。中方将根据G20共识，应有关贫困借款国要求，通过双边磋商开展具体工作。[1]

2020年7月21日财政部发布第七次中法高级别经济财金对话

---

[1] 财政部就二十国集团财长和央行行长会议接受记者采访答问，http://www.scio.gov.cn/xwfbh/gbwxwfbh/xwfbh/czb/Document/1677444/1677444.htm 2021.3.1.

联合情况说明，中法双方呼吁G20进一步延长对包括非洲国家在内的相关国家缓债期限，鼓励包括世界银行在内的多边金融机构在落实G20缓债倡议方面采取更有力行动，并强烈鼓励私营债权人在符合资格国家要求下以可比方式参与缓债倡议。双方重申巴黎俱乐部作为官方双边债务重组的主要国际论坛的作用，支持巴黎俱乐部在主权债务问题方面的工作，中方愿意发挥更具建设性的作用，包括研究个案参与巴黎俱乐部债务重组合作问题。[①]

2020年9月14日，国家主席习近平在与欧盟、德国领导人举行视频共同会晤时表示，中方呼吁国际社会特别是多边金融机构和商业债权人在非洲减缓债问题上采取更有力行动。[②]

总的来说，我国尽管没有加入巴黎俱乐部，但在主权债务重组、发展中国家债务风险管理、减轻部分低收入国家债务负担等方面，已经做了大量工作，取得了国际社会的称赞。IMF、世界银行和巴黎俱乐部等组织均多次称赞中方在IMF重债穷国倡议下的减债成就，亚洲开发银行也高度称赞中方在低收入国家减少贫困方面所作出的贡献。

四、研究主权债务重组与巴黎俱乐部的意义与价值

我们为什么要研究主权债务重组与巴黎俱乐部？这个问题，最贴切的答案就是《孙子·谋攻》中的一句话："知彼知己，百战不殆。"

随着我国经济实力的增强和"一带一路"倡议实施，我国对

---

① 第七次中法高级别经济财金对话联合情况说明，http://www.gov.cn/xinwen/2020-07/21/content_5528780.htm 2021.3.1.

② 习近平同德国欧盟领导人共同举行会晤，http://www.gov.cn/xinwen/2020-09/15/content_5543427.htm 2021.

外经济贸易投资快速发展，每年对其他发展中国家的出口贸易、实业投资和金融投资都在快速增长，这些都会让我国政府、金融机构、企业与居民等持有发展中国家的大量主权债务。由于我国融入国际金融体系的时间相对西方发达国家较短，我国各类主体对"如何处理主权债务危机、如何重组主权债务、国际上有哪些所谓的规矩"等还不熟悉。这便产生了研究主权债务重组的强大动机和迫切需求。而西方在处理主权债务危机和重组方面最有影响力、发挥作用最大的机构就是国际货币基金组织（IMF）和巴黎俱乐部，可以说，主权债务重组的实际操盘者就是巴黎俱乐部。

所谓知彼，就是充分了解西方的做法与意图，了解巴黎俱乐部的做法与成效，了解债务重组的各种方式与优缺点；所谓知己，就是要了解我们自身历史的做法、目前的处境、追求的目标等。

研究巴黎俱乐部的历史，可以让我们更好地理解西方的一些行为和想法。例如，为什么西方在意一些非洲低收入国家的债务风险，我国与这些国家发展贸易与投资对他们有什么影响，他们为什么要炒作所谓的"债务陷阱"。通过研究，我们发现，西方在历史上曾给予这些低收入国家非常大力度的减债，对很多重债穷国的纳入重组的债务，则可以说是100%的减免。根据IMF的统计，截至2017年底，巴黎俱乐部债权人为36个重债穷国实际减免债务401.84亿美元。他们认为，他们的减债行为占据了道德制高点，可以让这些低收入国家轻装上阵、重新发展经济。研究当年巴黎俱乐部的一些材料发现，巴黎俱乐部多次强调要求接受减债的国家注意控制以后的外部债务，确保债务可持续，保持债务规模与经济发展相协调。而包括中国在内的新兴市场国家，在上一轮大规模减债中，由于当时债权很少，故参与减债也较少。现在我们通过提供贷款帮助这些低收入国家发展经济，西方某些人士就心态不平衡且十分敏感了，认为中国搭了"便车"，钻了空子，占了他们便宜。

其实，我们自身十分注意控制对低收入国家的贷款投放，通过设定国家额度、增强债务可持续性分析等手段，控制好我们持有的债权面临的风险，也帮助低收入国家控制债务风险。

债务负担与发展融资，永远是一对需要协调和平衡的矛盾。过多的融资，会加重债务负担，管理不善就会导致债务危机，酿成诸多恶果；但太少的融资，或不足的融资，又会严重限制一国经济的发展，导致经济停滞不前，也不利于该国偿还之前的债务，甚至导致债务危机。如何平衡好一国的债务负担与发展融资的关系，也就成为 IMF 和世界银行等多边金融机构的一项重要任务。

为了指导低收入发展中国家更科学合理地借款，帮助他们控制债务风险，IMF 和世界银行在 2005 年首次建立了"低收入国家债务可持续框架"，以监测低收入国家的债务水平，为低收入国家的融资决策提供指导。多边组织和发达国家也普遍使用该框架来决定各个低收入国家可以获得的无偿援助和官方发展援助的金额。框架旨在"支持合理融资以促进发展"与"保持债务可持续"方面保持平衡。该框架定期更新，最近一次是 2018 年 7 月，更新后的框架更好适应了"债权人类型更加广泛、商业性融资占比更高、更多通过债券融资"等最新情况。巴黎俱乐部成员深度参与对该框架的评估与更新，每一次都要和 IMF、世界银行进行研讨，并分享自身在债务重组方面的经验与做法。①

当今的中国，一方面由于对外债权的持续增长而存在较大的对外债权管理压力，另一方面则面临较大的是否加入巴黎俱乐部的压力（或者说，如不加入，是否在债务减免方面与巴黎俱乐部协调配合的压力），这两方面是相互影响、相互关联的，也是我们不能回避的问题。随着对外债权的增长，债权管理难度和违约可能性都在增加，违约后如何重组，如何与巴黎俱乐部协调，如何在保障我方利益的同时，建立和维护负责任大国的国际形象，提升我国在全球治理体系中的地位和话语权，是我们亟需研究的问题。

目前国内尚没有关于巴黎俱乐部的系统性研究书籍，作者前些年作了一些研究，相关稿件被政府领导、单位同事、中国进出口银行、国家开发银行等朋友借阅，这鼓舞了作者，决心尝试写这么一本书。希望本书能够为我国研究主权债务重组和巴黎俱乐部的朋友提供一些参考。

---

① The Debt Sustainability Framework for Low-Income Countries, https://www.imf.org/external/pubs/ft/dsa/lic.htm 2021.3.1.

术 语 表

AfDB   African Development Bank 非洲开发银行

CACs   Collective Action Clauses 集体行动条款

CoC   Code of Conduct 行为准则

DRTF   Debt Relief Trust Fund 减债信托基金

DSA   Debt Sustainability Analysis 债务可持续分析

DSF   Debt Sustainability Framework 债务可持续分析框架

ECA   Export Credit Agency 官方出口信用机构

HIPC   Heavily Indebted Poor Countries 重债穷国

IaDB   Inter-American Development Bank 泛美开发银行

IDA   International Development Association 国际开发协会

IFIs   International Financial Institutions 国际金融组织

IIF   Institution of International Finance 国际金融协会

IMF   International Monetary Fund 国际货币基金组织

LIDCs   Low-Income Developing Countries 低收入发展中国家

MDRI   Multilateral Debt Relief Initiative 多边减债计划

NODA   non-Official Development Assistance 非官方发展援助

NPV   Net Present Value 净现值

ODA   Official Development Assistance 官方发展援助

PRSP   Poverty Reduction Strategy Paper 减贫战略文件

SCDIs   State contingent debt instruments 国家应急债务工具

SDR　　Special Drawing Rights 特别提款权

SDRM　Sovereign Debt Restructuring Mechanism 主权债重组机制

目　录

第一章　主权债务违约 ························· 1

第一节　国家或主权政府会破产吗? ·········· 1

第二节　主权债务违约的历史 ············· 3

第三节　主权债务违约的诱因 ············· 10

第四节　主权债务违约的后果 ············· 12

第二章　主权债务重组 ·················· 14

第一节　债务重组的复杂性 ·············· 14

第二节　主权债务重组中的债权人类型 ······· 16

第三节　重组范围 ··················· 18

第四节　债务重组方法与技术 ············· 20

第五节　重组谈判过程 ················ 22

第六节　对不合作债权人的"威逼"与"利诱" ···· 28

第七节　债务减免对债务国的影响:得不偿失? ··· 37

第八节　国际社会关于改革主权债务重组架构的设想 ··· 38

第三章　现代主要的主权债务危机与重组 ······· 41

第一节　近70年来债务危机的总体发展脉络 ····· 41

第二节　拉美债务危机与贝克计划、布雷迪计划 ··· 43

第三节　1994年墨西哥金融危机 ··········· 48

第四节　1998年俄罗斯债务危机 ··········· 50

第五节　2001年阿根廷债务危机 ··········· 55

第六节　希腊债务违约与重组 ············· 58

第四章 IMF 和世界银行"重债穷国"倡议 ·········· 62

第一节 重债穷国倡议 ·········· 62

第二节 HIPC 倡议实施情况 ·········· 65

第三节 在 HIPC 倡议下国际社会的总减债支出 ·········· 73

第四节 IMF 与世界银行对低收入发展中国家（LIDCs）债务可持续的管理 ·········· 79

第五章 巴黎俱乐部 ·········· 84

第一节 巴黎俱乐部概述 ·········· 84

第二节 巴黎俱乐部的会议机制 ·········· 92

第三节 巴黎俱乐部的重组规则 ·········· 93

第四节 巴黎俱乐部与 IMF、世界银行的关系 ·········· 101

第五节 巴黎俱乐部与 OECD 出口信贷工作组（ECG）的关系 ··· 106

第六节 巴黎俱乐部对重债穷国倡议的配合 ·········· 108

第七节 巴黎俱乐部债务重组总体情况 ·········· 111

第八节 巴黎俱乐部成员持有的债权数量 ·········· 129

第九节 巴黎论坛（PARIS FORUM） ·········· 137

第六章 伦敦俱乐部与国际金融协会 ·········· 143

第一节 伦敦俱乐部 ·········· 143

第二节 伦敦俱乐部与巴黎俱乐部的联系与区别 ·········· 147

第三节 国际金融协会及其与巴黎俱乐部的密切关系 ·········· 149

第七章 官方出口信用机构与巴黎俱乐部 ·········· 155

第一节 ECA 如何参与巴黎俱乐部的债务重组 ·········· 157

第二节 日本 NEXI 参与巴黎俱乐部债务重组的具体情况 ········ 162

第三节 其他部分 ECA 机构参与巴黎俱乐部的情况 ·········· 165

第八章　新冠肺炎疫情影响下G20缓债倡议（DSSI）实施情况 167

第一节　G20缓债倡议简介 ············ 167

第二节　缓债倡议实施情况 ············ 170

第九章　中国对外主权债务重组与管理 ············ 175

第一节　中国已经成为世界上重要的新兴债权国 ············ 175

第二节　中国对外主权债务减免与重组 ············ 176

第三节　中国面临是否加入巴黎俱乐部的外部压力 ············ 177

第十章　政策建议 ············ 181

第一节　打铁还需自身硬，稳步推进人民币国际化 ············ 181

第二节　我国加大对低收入国家的投资与进口 ············ 182

第三节　审时度势，推进业务转型，发展当地币融资 ············ 184

第四节　加强债权集中度管理和风险分析 ············ 185

第五节　衡量坏账风险，积极重组，慎重参与减免 ············ 187

附录1　巴黎俱乐部大事记 ············ 189

附录2　若干重点债务国参与巴黎俱乐部重组情况 ············ 195

参考文献 ············ 247

第一章　主权债务违约

第一节　国家或主权政府会破产吗？

破产通常是针对企业而言的，是一种公司行为和经济行为，是指在企业因资金枯竭不能偿债或者资不抵债时，由企业的债权人或企业自己诉请法院宣告破产并依本国破产法律程序偿还债务的一种法律制度。狭义的破产制度仅指破产清算制度，广义的破产制度还包括重整与和解制度。企业有破产制度，那么国家或主权政府呢？如果一个国家或主权政府由于负债过多或自身资金紧张，而无法按约定偿还债务，可以破产么？国家在面对偿债困难和资不抵债的时候该何去何从？

国家负债分为对内债务和对外债务。对内债务通常以本国货币计价，被中央政府或地方政府用来弥补财政赤字，也有的被用于投资等其他目的。对外债务一般以美元、欧元等自由兑换货币或发行所在国的货币计价，主要用于解决本国发展所需外汇资金不足和平衡国际收支等，还债资金则主要依靠货物与服务出口、对外投资利润汇回、外国援助与赠款、举借新债等方式。

通常情况下，由于国家或政府本身拥有本国货币的发行权，一个国家或主权政府不会发生无法偿还对内债务的情况，故在经济学上一般称国债为"金边债券"，"无风险收益率或无风险利率"一般也是参考短期国债的收益率。正因如此，如银行持有本国中央政府的债券，根据巴塞尔资本协议，其风险权重一般都被确定为零，即视为没有风险。如果政府发现偿还对内债务有困难，一般会指令中央银行购买政府债券，或向政府提供借款，以偿还对企业或居民的借款。这种情况下，虽然不会"破产"，但会严重影响本国货币的信用或价值，导致对内通货膨胀，对外本币贬值。

对外债务则不同。除了美日英欧等发达国家，广大发展中国家所借外债一般不是本国货币计价，遇到偿还困难，无法通过上述方式来解决，在无法借新还旧或得到其他国家大额外汇资金援助的情况下，依靠出口换汇等方式又无法在短期内筹集大量资金，国家就将陷入"破产"境地。

对于美国、英国、日本等发达国家来说，由于其货币属于可自由流动的硬通货，其对外债务一般也是以本币计价，这种情况下，其对外债务的容忍度就很高，一般不会发生偿还困难。以日本为例，2019年其政府债务的负债率（政府债务/国内生产总值）（GDP）已经高达240%，其日元资产和国债仍然很受投资者青睐。美国在2019年的负债率也高达110%。以至于有人说"主权债务违约的最高境界就是美国的主权债务违约"。迄今为止，绝大多数主权债务违约或危机都是发生在发展中国家。但欧元的出现，让希腊、葡萄牙、意大利这样的发达国家也会发生主权债务危机，这主要是由于很多国家没有遵守事先制定的限制公共债务的规则，但同时他们本身并不能控制欧元的发行和其货币政策、汇率政策。可以说，欧元区国家债务危机的影响机理和严重程度与发展中国家的债务危机有明显的不同。本书主要研究发展中国家主权债务问题，较少涉及发达国家主权债务问题。

国际货币基金组织（IMF）首先于2002年率先提出了"国家破产"的概念，即一国陷入无法偿还对外债务和资不抵债的情况。国家破产，简单说，就是国家宣布还不起外债或停止偿付外债本息，进而请求债权人对本国所欠外债进行债务重组的行为。这里所说的外债，包括外国政府、外国私营金融机构、国际组织的贷款，也包括国外居民持有的债务。实际上，

"如果能够承受足够的痛苦,有决心的债务国通常可以还清外债"[1],罗马尼亚在20世纪80年代的债务危机中,就选择在几年间还清90亿美元贷款,即使让百姓在冬天没有供暖、工厂停电停产,国家也下决心还债,这为罗马尼亚赢得了声誉和信用。但更多的是,政治家们迫于国内民众的压力,会选择通过债务重组,也即"国家破产"的方式,度过危机。

可见,与企业类似,国家或主权政府也可以破产,但这种"破产"多是债务重组或重整,而不是或很少是破产清算。基于广义上的破产概念,我们认为国家可以破产;但基于狭义上的破产清算概念,我们又强调国家一般不会破产。

为避免破产概念上的歧义,在后面的分析中,我们更多地将这种无法偿还或拒绝偿还主权外债的情况称为"主权债务违约"。这种停止支付债务本息的行为可能会被提前明确声明,也可能毫无预警。在发生违约时,政府当局或该国民众的主观态度往往决定着债务的命运。

第二节 主权债务违约的历史

回顾金融历史,我们发现,主权债务违约古已有之。进入21世纪以来,希腊在欧债危机中的表现尽人皆知,但研究发现,希腊也是人类历史上第一个发生主权债务违约的国家,在19世纪成立之后的两百多年间,希腊有超过一半的年份处于违约和重组中。这里的违约时间或违约状态,指违约后至债务全部偿还完毕的期间,具体是采用标准普尔的标准。标准普尔认定违约的标准是款项未能在合同约定的宽限期内及时付清或债务被以比原合同规定的条款更不利的方式进行重新协商。

美国经济学家莱因哈特和罗格夫在其著作《八百年金融危机史》中对全球各大洲主要国家自独立以来到2008年的累计违约或债务重组的次数和

---

[1] 卡门·M.莱因哈特,肯尼斯·S.罗格夫.八百年金融危机史[M].2014:40.

持续时间进行了详细分析。分析显示，在所统计的68个国家中，有5个国家在其独立后的超过50%的时间里都处于债务违约状态，它们分别是安哥拉、中非共和国、希腊、厄瓜多尔和洪都拉斯。还有一些拉美国家债务违约状态所占时间在40%左右，包括哥斯达黎加、墨西哥、尼加拉瓜、秘鲁和委内瑞拉等，这些拉美国家处于债务违约的年份比重明显高于其他大洲的国家，且违约次数也在全球范围内居高，这再次说明债务违约不仅在时间上，而且在地域上也存在聚集效应，尤其是政局动荡和经济发展不稳的国家，更容易受到周边国家的负外部效应以及地区经济系统性风险引发的连锁反应的影响。

有些国家属于模范生，他们从来没有发生过债务违约，如新西兰、澳大利亚、丹麦、泰国等；有些国家则属于惯犯，如阿根廷、尼日利亚、委内瑞拉等。

表1-1　从独立至 2008 年各大洲国家累计的违约和重组情况

国家和地区	自独立或 1800 年以来处于违约或重组年份的比例（%）	违约或重组的总次数
非洲		
阿尔及利亚	13.3	1
安哥拉	59.4	1
中非共和国	53.2	2
科特迪瓦	48.9	2
埃及	3.4	2
肯尼亚	13.6	2
毛里求斯	0.0	0
摩洛哥	15.7	4
尼日利亚	21.3	5
南非	5.2	3
突尼斯	5.3	1
赞比亚	27.9	1

国家和地区	自独立或1800年以来处于违约或重组年份的比例（%）	违约或重组的总次数
津巴布韦	40.5	2
亚洲		
中国	13.0	2
中国香港	0.0	0
中国台湾	0.0	0
印度	11.7	3
印度尼西亚	15.5	4
日本	5.3	1
韩国	0.0	0
马来西亚	0.0	0
缅甸	8.5	1
菲律宾	16.4	1
新加坡	0.0	0
斯里兰卡	6.8	2
泰国	0.0	0
欧洲		
奥地利	17.4	7
比利时	0.0	0
丹麦	0.0	0
芬兰	0.0	0
法国	0.0	8
德国	13.0	8
希腊	50.6	5
匈牙利	37.1	7
意大利	3.4	1
荷兰	6.3	1
挪威	0.0	0
波兰	32.6	3

续　表

国家和地区	自独立或 1800 年以来处于违约或重组年份的比例（%）	违约或重组的总次数
葡萄牙	10.6	6
罗马尼亚	23.3	3
俄国（苏联、俄罗斯）	39.1	5
西班牙	23.7	13
瑞典	0.0	0
土耳其	15.5	6
英国	0.0	0
拉丁美洲		
阿根廷	32.5	7
玻利维亚	22.0	5
巴西	25.4	9
智利	27.5	9
哥伦比亚	36.2	7
哥斯达黎加	38.2	9
多米尼加共和国	29.0	7
厄瓜多尔	58.2	9
萨尔瓦多	26.3	5
危地马拉	34.4	7
洪都拉斯	64.0	3
墨西哥	44.6	8
尼加拉瓜	45.2	6
巴拿马	27.9	3
巴拉圭	23.0	6
秘鲁	40.3	8
乌拉圭	12.8	8
委内瑞拉	38.4	10
北美洲		
加拿大	0.0	0

续　表

国家和地区	自独立或1800年以来处于违约或重组年份的比例（%）	违约或重组的总次数
美国	0.0	0
大洋洲		
澳大利亚	0.0	0
新西兰	0.0	0

资料来源：标准普尔，Purcell 和 Kaufman（1993），Reinhart，Rogoff 和 Savastano（2003a）及其中引用的数据。

　　主权债务违约往往聚集发生，19世纪以来的人类历史上发生过五次大规模的债务违约风潮，分别为①拿破仑战争时期，②19世纪20年代到40年代末，③19世纪70年代至90年代，④20世纪30年代大萧条时期，⑤20世纪八九十年代新兴市场的债务危机。20世纪30年代大萧条时期，全球接近一半的国家都处于违约或者重组状态。

　　聚集性不仅体现在时间上，也体现在地域上。拉丁美洲国家在历次全球债务危机中的债务违约年份比其他国家和地区更加频繁和密集，除了上述两次全球性债务危机以外，拉丁美洲还有将近一半以上的国家发生过债务违约。

　　并非只有拉美国家和低收入国家存在主权债务违约。尼日利亚1960年独立以来违约达5次之多，印度自独立以来被迫对外债进行了3次重组，包括最近的1972年这次。德国、奥地利、匈牙利等欧洲国家也在大萧条时期发生了债务违约。我们看到，亚洲的债务违约，都得到了比较彻底的解决，只有印度、印度尼西亚和菲律宾处于违约状态的时间超过其他亚洲国家；非洲国家的债务违约几率远超过亚洲国家，这些非洲国家债务规模一般相对较小且系统性影响的严重程度较低，但他们承担了同样的财政政策和货币政策（降低贷款供给、高利率和本币贬值）成本。

表 1-2　20 世纪至 2008 年非洲、亚洲、欧洲和拉丁美洲国家违约和重组年份表

国家及独立时间	发生违约或重组的年份			
	1900—1924	1925—1949	1950—1974	1975—2008
非洲				
阿尔及利亚，1962				1991
安哥拉，1975				1985
中非，1960				1981，1983
科特迪瓦，1960				1983，2000
埃及				1984
肯尼亚，1963				1994，2000
摩洛哥，1956	1903			1983，1986
尼日利亚，1960				1982，1986，1992，2001，2004
南非，1910				1985，1989，1993
赞比亚，1964				1983
津巴布韦，1965			1965	2000
亚洲				
中国	1921	1939		
日本		1942		
印度，1947			1958，1969，1972	
印度尼西亚，1949			1966	1998，2000，2002
缅甸，1958				2002
菲律宾，1947				1983
斯里兰卡，1948				1980，1982
欧洲				
奥地利		1938，1940		
德国		1932，1939		
希腊		1932		
匈牙利，1918		1932，1941		
波兰，1918		1936，1940		

国家及独立时间	发生违约或重组的年份			
	1900—1924	1925—1949	1950—1974	1975—2008
罗马尼亚		1933		
俄国	1918			
土耳其	1915	1931, 1940		1978, 1982
拉丁美洲				
阿根廷			1951, 1956	1982, 1989, 2001
玻利维亚		1931		1980, 1986, 1989
巴西	1902, 1914	1931, 1937	1961, 1964	1983
智利		1931	1961, 1963, 1966, 1972, 1974	1983
哥伦比亚	1900	1932, 1935		
哥斯达黎加	1901	1932	1962	1981, 1983, 1984
多米尼加共和国		1931		1982, 2005
厄瓜多尔	1906, 1909, 1914	1929,		1982, 1999, 2008
萨尔瓦多	1921	1932, 1938		
危地马拉		1933		1986, 1989
洪都拉斯				1981
墨西哥	1914	1928		1982
厄加拉瓜	1911, 1915	1932		1979
巴拿马, 1903		1932		1983, 1987
巴拉圭	1920	1932		1986, 2003
秘鲁		1931	1969	1976, 1978, 1980, 1984
乌拉圭	1915	1933		1983, 1987, 1990, 2003
委内瑞拉				1983, 1990, 1995, 2000

资料来源：标准普尔，Purcell 和 Kaufman（1993），Reinhart，Rogoff 和 Savastano（2003a）及其中引用的数据。

不同国家和地区在处于违约状态的时间方面存在较大差异，而债务违约的频率，也就是走出危机与下一次危机爆发之间的时间间隔反映了债务人和债权人在违约之后所做的调整以及调整的效果。

第三节　主权债务违约的诱因

主权债务违约的直接原因包括资本外流、贷款方案不佳（债务结构不合理）、贷款动机不纯（诈骗）、贷款可持续性差（投入到无产出的行业）、过度举借外债、信誉历史不佳、债务未能展期、出口收入低迷、借款利率上升等。

诱发政府主权债务违约的深层次原因主要有：

一是国内经济状况不佳。包括对内债务过度增长、就业率下降和税收减少、政府对债务监管不利等。历史上，主权债务违约经常发生在债务国经历了长达多年的预算告急或过度开支之后，即财政入不敷出。这种情况下，如果境外债权人发觉该国偿还外债可能有困难，会拒绝再借新债或提高利率，此时很容易引发债务违约。

二是对外贸易失衡。几乎所有发展中国家的主权债务危机的背后都有贸易失衡问题。由于外部环境恶化（如主要贸易伙伴陷入危机或低迷），本国货币汇率政策失误、企业国际竞争力低下等，导致贸易长期赤字，进口远大于出口，外汇储备有限或下降很快，导致无力对外偿付本息。

三是流动性不足。当一国遇到突发事件，如巨大的自然灾难，或本国出口所依赖的主要产品价格大幅降低的情况下，该国可能遇到暂时的流动性不足，可能导致债务违约。特别是当一国的债务结构不合理时，如短期外债或浮动利率债务过多，其受流动性的影响就越大。

四是政权更替。通常情况下，政权更替不会改变债务国上一任政府的财政债务，但是新政府可能会质疑上一任政府任期内的债务合法性，尤其是在通过战争方式实现政府更迭之后，新政府一般不愿承担上一任政府的遗留债务。这些债务很可能被认定为无效，继而发生债务违约。

五是过度举债。有些国家为了迅速实现工业化起步以及经济崛起，选择通过大量举借外债填补国内资金缺口的债务型发展模式，特别是如果举债所得资金多投入到非生产性行业或非出口换汇行业，则可能在未来引发债务违约。此外，在战争失败的情况下，主权债务违约的概率也会大幅增加。

国际上通常使用负债率来衡量一国的债务负担。负债率=年末政府债务余额/国内生产总值（GDP）。该指标一方面可以衡量经济规模对债务的承担能力，另一方面可以衡量一单位政府债务可以产生的GDP，即衡量效率。一般以欧洲《马斯特里赫特条约》（Treaty of Maastricht，即欧盟《稳定与增长公约》）规定的60%作为警戒线。

研究主权债务违约的历史可以发现，不同国家对债务总额的耐受程度是不同的，有些国家的负债率很高，超过了100%，也不一定会引发债务危机。如日本和美国等就是高负债率与低风险并存，日本2019年负债率已经超过240%，美国也超过了110%。有些国家则在很低的负债率水平上发生了债务违约，历史上有接近一半的债务违约事件是在负债率低于60%时发生的。所以，用欧盟《稳定与增长公约》中规定的60%负债率标准来预测债务危机是不太靠谱的。

比负债率更为准确靠谱的指标是偿债率，它被作为显示未来债务偿还是否会出现问题的"晴雨表"。外债的偿债率是指一国当年外债的还本付息额对当年商品和劳务出口收入的比率，该指标的国际警戒线为20%。（国际货币基金组织IMF）与世界银行对1974年至2014年所有发生债务危机的低收入发展中国家的研究发现，在发生债务危机之前，一国外债偿债率会有一个迅速上升，发生风险时的中位数为17%。对于发展中国家来说，其出口收入赚取的外汇应主要用于进口经济发展和国民生活必需的原材料、工业品、生活必需品等，如果超过20%需要用来还债，其债务风险就很高了。

第四节　主权债务违约的后果

主权债务违约对债权人、债务国和债务国内部都会产生影响。

对债权人而言，债务违约后的重组耗时很长且成本巨大。有些债务达成重组协议可能需要十多年的时间，根据有关研究，官方债权人，如巴黎俱乐部，重组时间要比商业（私营）债权人短，商业债权人与债务国达成债务重组平均耗时7.4年。以净现值计算，在低收入国家债务重组中，债权人的平均损失高达50%，在1999—2002年的阿根廷经济危机期间，有些债权人接受高达75%的债权减免。而对中高收入国家主权债务重组的损失一般不超过30%。但在希腊这样的欧盟发达国家的主权债务重组中，投资人却遭受了接近一半的损失。

发生违约后，债务国通常会通过国际协调取得部分债务减免（1953年英国作为债权人与德国的债务协议）或者债务重组（20世纪80年代布雷迪计划），也有一些债权人选择继续等待直到政府换届以获取更多补偿。因此，主权债务违约对债权人会产生不利影响，要么参与国际协调达成对债务国债务减免，以获取部分偿还，他们的理念是"拿到手的现金总比账上的数字要强"；要么当"钉子户"，通过法律手段等寻求全额偿还，但这也可能面临更多坏账的风险。

对于债务国而言，一是在达成重组之前，往往需要债务国向特定债权人先履行一部分偿债义务，而这种偿还会使债务国本就棘手的经济状况更加糟糕；二是债务违约会严重损害债务国声誉和信用，进而影响该国吸引投资、再借新债等，也会对该国的进出口贸易产生一定影响，这些都可能进一步加剧债务压力；三是主权可能被干涉或会招致法律或军事惩罚，在违约后将会面临来自债权人的多方压力，极端的情况就是主要的债权国会找理由动用军事，以武力相威胁以谋求利益。19世纪的埃及、希腊和土耳其在其违约后向英国让渡了部分主权。美国1907年在多米尼加共和国建立了财政保护关系以控制其关税，并于1916年占领该国。1915年美国入侵海地和尼加拉瓜，以控制其关税，并获得用于债务偿还的收入。还有19世纪90年代中期美国对委内瑞拉的"枪炮外交"政策。这种因为债务而引发的主权侵犯在炮舰外交时代很普遍。

对债务国内部而言，主权债务违约通常伴随着本币贬值，容易引发银行危机和金融市场扭曲，同时很有可能由于内需不足和投资者资本出逃诱发国内经济危机，导致失业率上升和民众福利水平下降。

20世纪90年代以来，国际资本市场和金融自由化的深入发展使国际主权债券市场迅速扩大。这为主权国家筹集资金带来了便利，但也造成主权债务种类繁多、结构复杂，且分散于众多的投资者手中。1998年8月17日，俄罗斯持续的经济危机导致卢布贬值和政府债务违约。这场债务危机，引发了当时俄罗斯、德国（最大的债权国）等金融市场的剧烈波动。

2001年，阿根廷爆发大规模的银行挤兑潮，致使金融体系崩溃，阿根廷政府最终宣布950亿美元的债务违约。由于经济衰退长期化，当局政策乏力，投资者对阿根廷经济失去信心，外资流入减少，资本外逃严重，股市、债市动荡，债务危机迅速演变为经济、政治和社会全面危机。随后，阿根廷和其债权人进入了艰难而漫长的债务重组协商过程。

债务违约后，伴随着漫长的债务协商，债权国与债务国之间的双边贸易会明显受到影响。有些国家选择不对某些特定国家违约，就是为了保护自身与该国的贸易关系。Rose（2005）对巴黎俱乐部债务重组的研究发现，债务协商期间的双边贸易大约每年下降8%，这与各债权国的出口信用机构减少或停止向债务国提供出口信贷、出口信用保险等相关。

债务国违约后，还会受到"信贷市场或资本市场禁入"和"融资成本上升"的惩罚。债务违约期间，债务国很难再进入国际资本市场或信贷市场融资，即便有个别商业机构愿意提供资金，利率也会大幅上升。

第二章 主权债务重组

主权债务违约至今并没有形成国际通用的治理规则。现实中,主权债务违约后,有两种补救方法:一是货币手段,即国内通过增发货币或主动贬值偿还债务(多用于发达国家)。二是宣布国家破产,多边组织介入并启动主权债务重组或减免程序(多用于发展中国家)。很多经济学家认为,在严重的债务危机情况下,应当及时向监管机构或多边债权人求助,寻求政府债务的有序重组(也称作有序违约 orderly default 或可控违约 controlled default)。不及时组织有序违约会伤害多数债权人的利益。

本书主要讨论发展中国家的主权债务违约与重组问题。早期的债务重组,一般都是在债务违约后才进行重组;但自2000年后,很多都是在债务违约前就寻求重组,即通过重组避免违约。

第一节 债务重组的复杂性

与企业破产时适用"企业破产法"和由破产法院主持成立债权人会议以便集体行动不同,国家破产时,没有可以适用的"国家破产法",也没有高于国家主权的"国家破产法院"来主持债务重组或破产清算,更没有"企业破产法"中的债权人会议及集体行动机制。这些决定了主权债务重组与一般的企业债务重组存在很大不同,在企业破产时,依法申报债权的债权人通过债权人会议来保障债权人共同的利益,讨论决定有关债务重组和破产事宜。在企业破产时，如果某债权人不依法参加债权申报，则无权参与债权人会议行使表决权，在债务人清算时也无权分配债务人资产。由于没有统一的且具有法律约束力的债权人会议机制，主权债务重组时，不仅存在债权方与债务方之间的博弈，同时也存在多方债权利益主体的集体博弈过程。

具体而言，由于以下几个方面的因素，主权债务重组十分复杂且具有挑战性：

（一）债务国和一些债权人并不急于达成重组协议。在债务人与债权人这对对立关系中，债务国常常欠缺合作意识，主权债务违约后债权人碍于债务偿还的利益要求反而处于受制于债务人的被动之中，尤其当债权人为经济实力一般或较贫弱的国家时，则更难获得偿债行动话语权。债务国政府基于政治考虑，可能会从"顺应民意"等角度出发，采取一些抵制、消极的措施，拖延重组谈判的进程。考虑到大部分债务重组都需要债务国调整经济政策、压缩财政开支，在某些国家，尽管中央政府希望进行债务重组，但国内的一些地区很可能采取抵制政策。

（二）在债务国和债权人之间，往往存在较大的信息不对称。债务国政府更清楚自己到底有多少钱可以用来还债，但债权人对这些信息了解较少。这种情况下，即便债务国政府说了实话，债权人也可能不信，导致双方在重组方案上迟迟达不成一致。

（三）不仅债务国与债权人之间有利益冲突，不同的债权人之间也有利益冲突。每个债权人都希望债务国尽可能多地偿还自己所持有的债权，同时希望其他债权人给予债务国更多的优惠条件，以便债务国有钱偿还自己。某些债务国也会区别对待主权债权人与私营债权人，或区别对待债券持有人和贷款银行，即选择性违约，这也让债权人之间不那么团结。还有部分搭便车心理的债权人往往选择不作为，或者等待他国努力为自己带来利益，或者等待违约发生诉诸法律。国际社会为了应对债权人的这种"搭便车"现象，特别强调债权人"集体行动"或"协调行动"、"一致行动"的重要性。

（四）未到期债权的债权人可能采取加速到期，导致债权挤兑。在债务国优先偿还到期债权时，未到期债权的债权人可能会根据预知的风险选择转让债权，以求尽早退出债权债务关系，因此会出现集中挤兑，此时的债务国如果同意以更高的利率获得债权展期，则实质上进一步加大了债权人风险。集中挤兑使债务国雪上加霜，可能会选择暂停任何支付，形成对债务的根本违约。

（五）"刺头"或"拒不合作债权人"（holdout）的捣乱行为。公司破产有《破产法》来规范各种债权人的行为。但主权债务重组没有类似的国际法律，一部分债权人会选择"不合作"，不参与债务重组或不同意重组方案，而是通过司法诉讼等途径寻求更好的待遇。这些"刺头"或"钉子户"，对顺利推进重组形成干扰。

事实证明，很多主权债务的重组花了好些年，有些则是失败的。失败分为两种：①给予债务国的优惠力度太小，重组之后很快又陷入违约，只能再次重组；②给予债务国的优惠力度太大，一般是减免了太多的债务，债务国轻松偿清债务，事后债权人大呼上当或认为这是一种剥夺其债权的"征收行为"。

对债务国政府来说，寻求债务重组，特别是债务减免，对其也有很大的杀伤性，这会长期损害这个国家在国际市场上的声誉和信用评级，故他们自身对此也很谨慎。

第二节　主权债务重组中的债权人类型

主权债务的债权人一般分为三类：多边机构和监督者、双边官方债权人、商业（私营）债权人。

一、多边机构和监督者

国际货币基金组织（IMF）和世界银行、亚洲开发银行、非洲开发银行、泛美开发银行、亚投行等，都是典型的多边机构债权人。他们在债务重组中的角色一般是：先就债务国的经济财政状况进行评估、提出改进建议，如债务国接受，承诺进行改革，则会批准一大笔资金支持该国进行债务重组，以摆脱债务危机。多边机构的债权一般享有优先地位，属于高等级债权。

当一国的多家商业银行等商业债权人参与债务重组时，该国监管机构，如中央银行、财政部、银行监管局等也会作为监督者参与债务重组，以保障本国商业债权人的利益不受损害。例如，在20世纪80年代的拉美债务危机和1994—1995年的墨西哥债务危机中，美国财政部就深度参与，并为墨西哥提供了新的资金，在债务重组中发挥了关键作用。

二、双边官方债权人

双边官方债权人一般是一国的中央银行、财政部、发展援助部门、出口信用机构或开发性金融机构。他们通过提供外汇储备、发展援助、优惠贷款、出口信贷、出口信用保险、海外开发性贷款等持有主权债务。这些官方机构，代表着本国政府的利益，听命于本国政府。他们在债务重组中既要尽可能多地收回欠款，维护本国纳税人的利益，又要考虑本国政府在国际社会的责任和义务，维护与债务国的双边关系，为未来发展争取更大的空间和更好的外部环境。

世界上最大的官方债权人组织就是巴黎俱乐部。

三、商业债权人（私营债权人）

商业债权人包括主权债券投资人、出口贸易商、承包商、甚至个人投资者。主权债券投资人范围很广，包括金融机构、养老基金、保险公司、各类投资基金等，他们一般是在债券尚未违约时买入，随后交易或持有到期。也有一些所谓"秃鹫基金"，即在债券违约后才买入，而后通过倒卖或债务重组方式获利。"秃鹫基金"常常是恶意的，会通过诉讼等方式逼迫债务人还款，寻求最大的回报，他们的这种行为常常会扰乱正常的债务重组，例如阿根廷2016年的债务重组。

商业债权人有时会组成"伦敦俱乐部"来集体参与主权债务重组。国际金融协会作为当今世界上最大的商业金融机构组织，也积极协调和指导会员机构参与主权债务重组。

第三节　重组范围

一旦确定进行债务重组，债务国政府会聘请法律和财务顾问，来帮助其推进重组事宜。由于这些顾问也要负责与债权人进行会谈，他们的经验和市场口碑就非常重要。这些顾问会与IMF、世界银行、巴黎俱乐部等进行广泛磋商，决定债务重组的范围、额度。顾问和IMF等可以最大化地消除债权人与债务国之间的信息不对称，协调双方达成债务协议。

有些债务是不纳入重组范围的。国际社会通行的规则是，期限短于一年的贸易债务或贸易融资债务不纳入重组，因为这些债务规模较小，容易偿还，同时考虑到这些债务的违约会对债务国进口必需品产生威胁，债务国一般会给予其较好的偿还条件。高级或有抵押担保的债务一般也不被纳入重组，如石油换贷款协议下的贷款。IMF和世界银行的债务属于高级债务，一般也不纳入重组，而是在重组之前进行偿还，这种情况下IMF和世界银行一般会在东道国偿清欠款后再发放一笔新的贷款。IMF和世界银行等多边机构的贷款享有的这种优先地位，是被各国政府和商业机构普遍认可和承认的。

将多边金融机构，如IMF、世界银行、亚洲开发银行等排除在重组程序之外，赋予其"优先债权人地位"，已经成为一种国际惯例。这与它们所承担的特殊使命有关。国际多边金融机构不以营利为目的，同时承担着稳定国际金融体系和促进全球或区域发展的公共使命。特别是IMF，它在国际金融体系中承担着两大重要职责：首先，它可以向面临暂时流动性困难的国家提供大额贷款；其次，它可以向进行重组的债务国提供新资金。这两种情况下，IMF提供的融资都与债务国就其政策改革框架与IMF达成一致相联系。将IMF排除在重组框架之外，符合各方当事人的利益，包括官方债权人、商业债权人和债务国。通过使IMF免受拖欠和重组的风险，IMF能够在其他贷款人不愿意提供贷款时向债务国提供新的资金，这有助于所有债权人提高追偿率。

正是因为有这种"优先权"，IMF等国际多边金融机构才愿意在危机时提供融资。如果没有"优先权"，它们便不敢在危机时提供低成本的资金，也就不能行使其促进国际金融稳定方面的重要公共职责。而且，IMF等机构的资金也都是各成员国提供的，保证它们的优先性，也有利于各个成员国的利益。

对于有物权担保的主权债务是否纳入债务重组范围，有一定争议。总体上大多数观点认为可以不纳入债务重组。与公司债务不同，主权债务大多都是在没有物权担保的基础上借款。由于多边金融机构的贷款协议中一般都有消极担保条款，如果债务国政府想就某笔借款提供担保，必须经过多边金融机构的同意或豁免，这可以有效控制债务国提供的物权担保的种类和金额。

消极担保条款，即借款人向贷款人保证在还本付息前，不在其资产和收入上设定任何担保物权。典型的消极担保条款如下："借款国承诺，在借款被完全清偿前，它不会在其税收或资产上创设或维持任何担保利益作为其公共债务的担保，除非这些借款也得到同等的担保利益"。

第四节　债务重组方法与技术

主权债务重组的工具箱中，无论何种形式，一般都会有这三种主要的工具：

（1）改变偿还期限，引入宽限期，延长还款期。对于已经拖欠的本金和利息，重新安排偿还时间表；

（2）减少债务本金；

（3）降低债务利率（对于债券，降低息票率）。

实务中，往往是上述三种方式的混合使用。但债权人也有偏好。各类债权人都不喜欢第（2）种方式，即减少本金，特别是商业债权人。而第（1）和第（3）种方式，由于本金并未减少，更易于被债权人接受，因为如果债务国未来经济财政状况好转，使用这两种方式能够尽可能多地收回资金。对于债券形式的债务，更是如此，消减本金后，如果未来债券价格上涨，则债权人获利有限，而如果只是调整期限或利率，债权人就可以较多获利。

对于采用第（2）种方式的重组，由于债权人很难接受，国际市场逐步发展出"本金调回"或"价值回归"条款，即如果债务国经济状况在一定期限内变好，具体设置一系列指标，如GDP增长率、石油价格、财政收入增长率、人均GDP金额等，之前已经消减的本金将被"调回"，以避免债权人损失过多。

在具体操作方式上，除了签署债务重组协议之外，还可以直接以市场价值回购债务。特别是对于公开交易的主权债券，债务国可以直接在市场上按照当时交易的价格回购（由于已经违约或即将违约，债券价格已经大幅下降），回购后予以注销。这种方式的前提是债务国有一定的资金来实施回购，实务中则可能是IMF等机构向其提供贷款。但操作上存在一定风险，因为当市场知道债务国要实施回购时，债券价格会迅速上升。当然，实务中也发生过"债券持有人承诺不上涨报价，等待债务国筹集资金来回购"的案例。

此外，在重组中，还经常有一定比例的"外币债务本币化"。即将以外币计价的债务转换为以本国货币计价的债务。由于债权人非常担心债务国通过通货膨胀、货币贬值等方式变相减少债务，一般采取这种方式的重组中，都约定一个限额或比例，如最多不超过10%的债务可以转换为本币，或不超过1000万美元的债务可以转换为本币债务。这些转换为本币的债务，可以用来在债务国购买商品或投资入股当地企业。在2015年古巴债务重组中，一些债权人就同意将古巴的债务转换为古巴当地货币，由古巴政府存入债权人开立在古巴中央银行的账户中，用途则是投资当地项目。例如，西班牙、意大利、日本和法国都承诺将古巴巨额债务中的一部分用来换取古巴的开发项目，根据有关协议，古巴须开立账户并存入双方约定的金额，用于双方商定的项目。

随着主权国家越来越多地通过发行主权债券方式融资，在债务重组中，逐步发展出"新债置换旧债"的方式（债券互换，Bond Exchange），即债务国政府新发行一种债券，来置换已经违约的债券。一般新发行的债券的利息要低于之前债券，到期日也要晚于之前债券。[1]

在债券互换的债务重组方式下，由于债券持有人比较分散，相比贷款重组形式，债务国拥有相对比较主动的地位。债务国向所有债券持有人发出互换要约，以发行新的债券取代原先债券或债务。最典型的债券互换是20世纪80年代拉美债务危机中各个债务国使用布雷迪债券置换之前的债务。债券互换分为仅延长偿还期限和债务消减两种方式。第一种方式下，新发行的债券仅是延长了偿还期限，并未导致本金或利息的减少。这种方式通常发生在主权债务违约之前，互换的目的就是为了避免违约。第二种方式则是进行债务消减，因为债务国认为单纯延长期限已经摆脱不了危机，债务已经不可持续，必须进行债务消减。这种情况下，新发行的债

---

① Bond exchange, http://www.bondexchange.co.za/.

券的净现值将低于原来的债务，这种互换方式大多发生在债务违约之后，例如厄瓜多尔在2000年7月发起的全面债务互换要约，以新债券交换现有的布雷迪债券和欧洲债券，交换后，债券的净现值减少了约40%。阿根廷2005年的债券互换，将152个系列的现有债券合并交换为13个新债券，净现值减少比例高达70%。

第五节　重组谈判过程

一、提出重组动议

债务人，即债务国政府，负责提出重组动议，即如何修改其债务合同现有条款。该重组动议要阐明主权国家从私营债权人处寻求的总体债务减免范围以及债务减免的方式（如直接减免债务、延长债务到期日、调整票面利率等）。在这背后，IMF中负责该国财政调整计划的团队将会对上述建议内容进行审查，以确保它们与该国财政调整计划中的条款保持一致。重组动议的发布旨在实现以下几个目的：

（1）使债权人就债务人寻求的债务减免范围做好心理上的准备。

（2）试探各方对于该动议的反应，使主权债务人能够对重组方案正式实施时可能出现的情形进行分析。

（3）动议的发布标志着主权债务人与债权人正式谈判过程的开始。

主权国家有权选择如何发布其重组动议方案。如果该方案中描述了其建议的债券或其他证券处理方式，则它们将构成重要内幕信息（因为它们显示出了主权国家将要求的最大债务减免金额）。因此，与选定的债权人或债权人委员会共享方案前，主权国家要与接收重大非公开信息的机构签署保密/停止交易协议。将方案在网站上进行公开是避免签署保密协议的一种方法，但要承担相应的风险，一旦被公开，反对派就会将政府的立场（如方案中条款所披露的那样）与最终达成的条款进行比较，这可能对执政党不利。政府在谈判中进行了哪种性质与程度的让步将会通过两者的差异表现出来。

二、谈判过程

一旦主权债务人表明重组是不可避免的，挑战就变成了如何与债权人达成协议。如果主权国家的债务状况简单且债权人相对单一，则谈判会较为容易。但是，在债务结构复杂、债权人种类广泛（包括双边官方债权人、银行、债券持有人、对冲基金、供应商、贸易债权人、承包商等）的情形下，想要达成一份被所有债权人接受的重组协议则会极富挑战性，如2005年的伊拉克重组案例。

双边官方债权人和商业债权人在谈判时有各自的章法。

（一）双边官方债权人

对官方双边债权进行重组的国际组织主要是巴黎俱乐部。巴黎俱乐部主要用六项原则来指导重组工作，分别是一致性、共识、信息共享、逐案处理、限制性原则和待遇可比性。[①]待遇可比性原则规定如果债务人已与巴黎俱乐部债权人达成债务重组协议，其私营或非巴黎俱乐部官方双边债权人提供的债务减免条件不如巴黎俱乐部债权人提供的待遇，则债务人不能接受该条款。

（二）商业债权人

商业债权人一般组成"债权人委员会"，代表全体债权人谈判债务重组事宜。债务国必须决定是否以及如何与债权人委员会进行沟通。

原则上，委员会的决定一旦做出，就应被所有委员会成员及其代表的债权人接受。这种达成的一致结果应符合债务人和债权人的共同利益。通过债权人委员会，债权人方面避免了那些搭便车的人；债务人方面则避免

---

① The Six Principles, https://clubdeparis.org/en/communications/page/the-six-principles, 2021.3.1 最后访问。

了自己单独再去应付拒不合作的债权人。

但委员会也可能会降低债务人在面对不同类型的债权人时的灵活性。通过承认债权人委员会，债务国政府暗示其已同意与该机构进行债务重组谈判。如果没有委员会的事先批准，债务国将不会向各债权人提出正式的债务减免请求。如果讨论陷入僵局，或者委员会成员坚持债务人根本无法接受的条件，那么债务重组可能会在很长一段时间内受到阻碍。

委员会也会影响债权人的集体议价能力。但是，其作用方式以及最终效果，并不像最初预想的那样明显。债权人委员会通常被认为能够提高债权人的议价能力。但也有一种观点认为，与和债权人委员会进行正式协商相比，在单独与各个债权人谈判时，主权债务人因承受更大压力，而可能向某些债权人开出更优惠的债务偿还条件。

尽管有这些争论，国际金融市场上的债权人团体通常还是更喜欢组建委员会。国际金融协会对债权人成立委员会的行为表示了赞同，并发布了委员会组建和运作的最佳实践。

三、谈判策略

债务重组是零和博弈。债务国需要一定程度的债务减免或缓债。如果一个债权人或一类债权人并没有参与债务重组，则其他债权人将不得不作出额外的让步以弥补短缺。因此，债权人的基本规则是：首先，自己最好可以不参与债务重组；但是如果要参与的话，就尽力确保尽可能多的其他债权人也参与其中。

对于债权人而言，债务重组的基本逻辑很简单：接受一定程度的债务减免或缓债，以提高剩余债务的可收回性。然而，这种逻辑的成立基于一个判断，即需要多少金额的债务减免，再加上财政政策调整与官方部门的支持，才能使主权国家恢复到债务可持续的状态。这时通常有IMF介入，IMF通过评估后会告诉大家该主权国家需要多大规模的债务减免。

债权人彼此间也会保持警惕。没有一个债权人愿意比其他同等境遇的债权人提供更多的债务减免。所以，待遇平等就非常重要。最后，一旦提供了债务减免待遇，债权人将尽其所能防止债务国再次违约。

四、不合作债权人

与公司等法人可以通过破产程序寻求债务重组相比，国家作为债务人，只能通过与债权人谈判来寻求债务重组，而其中往往存在不合作债权人或恶意债权人。

不合作债权人会采取恶意诉讼和冻结财产的办法维护自身利益。根据国家主权豁免的限制豁免理论，当一国政府从事商业性活动而非政府性活动时，他们就可以在很多国家的法院被起诉。但根据大部分国家的法律和国际法，一国政府所有的财产，如大使馆、领事馆、军事财产等，都不被外国法院管辖，也不得被扣押或强制执行。因此，对债权人来说，获得法院对其有利的判决相对容易，但要执行判决则难度很大。但还是会有债权人成功找到债务人从事商业性活动的资产，如销售石油的收入，并在当地法院成功寻求到扣押令（attachment），强行用这些收入或资产偿还债务人所欠的债务。这方面最为典型的例子是秘鲁和阿根廷。

在秘鲁债务重组中，1996年对冲基金Elliott Associates以1140万美元在市场上获得秘鲁政府担保的面值为2070万美元的银行贷款。随后它拒绝接受秘鲁政府提出的布雷迪债券互换要约，并向纽约州法院提起诉讼，请求秘鲁政府按面值全额支付，并于2000年赢得包含债务本息在内共计5570万美元的诉讼。随后，Elliott成功地从比利时上诉法院取得禁令，禁止债务人对重组后新发行的布雷迪债券进行支付，除非它对Elliott同时进行同等比例的支付。2000年9月29日，经过与Elliott协商，秘鲁政府愿意进行全额赔偿。但此时秘鲁政府已经错过了布雷迪债券的应付款日（9月7日），导致布雷迪债券的息差出现大幅上涨，直到10月4日秘鲁政府完成对布雷迪债券票息的支付。

在阿根廷债务违约和重组过程中，NML Capital、Aurelius Capital等被称为"秃鹫基金"的美国对冲基金，2012年底就成功在美国纽约法院寻求了冻结阿根廷政府在纽约梅隆银行的重组债权人还款账户，最终逼迫阿根廷政府与其达成和解协议。

据不完整统计，在21世纪头十年中，就有50多起商业债权人对债务国发起法律诉讼并成功取得极高回报的案例。为了避免此类情况更多发生，巴黎俱乐部和欧盟国家也制定了相关原则，要求官方债权人不得把他们对债务国的债权出卖给正在或之前有采取过诉讼行为的债权人。世界银行国际开发协会推出的债务减免便利（Debt Reduction Facility，DRF）也帮助低收入国家从可能提起诉讼的私营债权人手中回购债务。

为了应对恶意债权人的诉诸法院并扣押债务国财产的风险，债务国会采取一些措施保护自己的资产，如变更还款账户、重新安排资金路径、安排信托结构改变所有权等。国际上最极端的例子是，在2003年伊拉克债务重组中，联合国安理会通过决议，要求所有联合国成员国均不得扣押（attachment）伊拉克售油账户的资金。

联合国安理会决议给予伊拉克石油资产豁免权

1991年初海湾战争结束后，联合国安理会于同年4月通过第687号决议，成立联合国赔偿委员会，设立联合国赔偿基金，负责受理因海湾战争而使外国政府、国民和公司遭受损失、损害和伤害的索赔事宜。联合国安理会于1995年4月通过986号决议，实施石油换食品计划，允许伊拉克在联合国监督下每6个月出口价值20亿美元的石油，所得款项的30%给联合国赔偿基金（后在1483号决议中改为5%），补偿给海湾战争中的外国受害者。

2003年初，伊拉克共拖欠各类债权人（包括主权政府、出口信用机构、银行、工程承包商、贸易商等）1400亿美元的债务。为推动伊拉克债务重组，防止债权人通过采取扣押（attachment）伊拉克运油船等方式截留（seizure）售油收入。2003年5月22日，联合国安理会通过1483决议，具体相关内容主要是：

（1）在本决议通过之日后，伊拉克的所有石油、石油产品和天然气的出口销售均应按国际市场当前最佳做法进行，由国际咨询和监测委员会负责的独立公共会计师进行审计，以保证透明，这种销售的所有收入均应存入伊拉克发展基金，直至妥善组成国际承认的有代表性的伊拉克政府；上述收入的5%应存入根据第687（1991）号决议及其后各项有关决议设立的联合国赔偿基金，而且这项要求应对妥善组成的得到国际承认的有代表性的伊拉克政府及其任何继承者具有约束力。

（2）为迅速完成伊拉克债务重组，决定在2007年12月31日之前，除非安理会另有决定，原产于伊拉克的石油、石油产品和天然气在所有权尚未过户给原购买者之前，均应免予针对其提出的司法诉讼，不受任何形式的查封、扣押或执行，所有国家均应在本国法律制度下采取任何必要步骤来确保提供这种保护，凡出售上述物资所得收入和产生的债务以及伊拉克发展基金均应享受与联合国同等的特权和豁免，但是，对于必须用这些收入或债务为在本决议通过之日以后发生的生态事故、包括漏油事故的估定损害履行赔偿责任的任何法律诉讼，不适用上述特权和豁免。

（3）境内有以下资产的所有会员国，均应毫不拖延地冻结这些资金或其他金融资产或经济资源，并立即将其转入伊拉克发展基金，除非这些资金或其他金融资产或经济资源是以前司法、行政或仲裁留置令或裁决的标的物；这些资金或其他金融资产或经济资源应同样享受上述特权、豁免与保护:(a)伊拉克前政府或其国家机关、公司或代理人于本决议通过之日在伊拉克境外的资金或其他金融资产或经济资源，或（b）萨达姆·侯赛因或伊拉克前政权其他高级官员及其直系亲属，包括由他们本人或代表他们或按他们指示行事的人直接间接拥有或控制的实体，转移出伊拉克或获取的资金或其他金融资产或经济资源。

得益于上述决议，伊拉克在2005年与债权人达成了债务重组，按照净现值计算，减免程度至少为80%。后来，这项决议中的豁免，延续到2011年。

第六节　对不合作债权人的"威逼"与"利诱"

如何驯服不合作债权人，是主权债务重组的关键问题。对于大多数商业债权人来说，参与并接受债务重组方案是唯一选择，因为债务国的确没有钱偿还欠款。但总有"刺头"或"钉子户"，他们特立独行，希望通过自己的能力获取更优惠的条件。他们的理由也很简单，既然大多数债权人给予了债务减缓，债务人就非常可能有钱偿还对他们的欠款。

事实上，这些"刺头"并不想阻碍债务重组的进行，债务重组对他们有好处，其他债权人越快与债务人达成重组，特别是减免债务的力度越大，债务人越有可能给予这些"刺头"更好的待遇。在早期，其他债权人甚至欢迎一些"刺头"的出现，认为他们可以有效降低债务人要赖或恶意要求减债的情况，因为债务人很害怕他们。

但进入到21世纪后，几乎所有的债权人都不再欢迎"刺头"。特别是2012—2016年阿根廷债务重组期间，以 NML Capital、Aurelius Capital 为代表的美国对冲基金，要求阿根廷政府全额偿还对他们的欠款，并成功通过美国纽约法院冻结了阿根廷政府在纽约梅隆银行的重组还款账户，导致阿根廷政府无法向其他债权人付款，形成新的违约。

同时，其他债权人也不愿意看到"刺头"得到更好的待遇，他们本来就对这些"刺头"不参与重组很不满意，如果再看到这些"刺头"得到了更多的偿还，就相当于向这些参与重组的债权人"伤口上撒盐"。为此，国际社会想出了各种办法，来对付这些"刺头"。总体来说，是"威逼"与"利诱"相结合，促使"刺头"顺从，避免他们影响债务重组的进行。

一、利诱手段

（一）"价值回归"条款

在债务重组中，债权人最担心的问题是，当前重组时点正是债务国最困难的时期，一旦答应债务延期或减免，债务国经济状况可能很快恢复，此时，即便债务国再有钱，也不会再偿付已经减免的债务了。特别是对于一些因为资源价格大幅下降而导致无力偿还债务的国家来说，一旦资源价格上涨，其就可能迅速恢复元气。

为了应对这种情况，吸引债权人参与债务重组，在20世纪80年代末的债务重组中，产油国如墨西哥、委内瑞拉、尼日利亚等，都对参与重组的债权人开具了"与石油价格挂钩"的权证，如果未来石油价格上涨到一定幅度，债务国要向债权人追加支付一定款项。即让已经减免的债务"价值回归"。

有的债务重组，如1989年的哥斯达黎加债务重组，则与GDP增长率挂钩。

（二）"损失复原"条款

也有一些债权人担心债务国根本不执行其在债务重组中的承诺，如按期还款、经济与财政改革等。为了应对这种情况，发展出了一种"损失复原"条款，即如果债务国不履行承诺，则已经减免的债务将复原，这样就让债权人回到了最初状态开展谈判，而不是在已经减免的债务基础上谈判，以防止不讲信用的债务国步步紧逼、得寸进尺。这种条款在2013年的伯利兹债务重组中得到了使用，2010年塞舌尔债务重组中也有类似做法。

二、威逼手段

（一）明示或暗示将不会对"不合作债权人"支付任何款项

例如，在重组谈判过程中，不断释放此类信息"考虑到本国政府的财源非常有限，将不会对未参与重组的债权人支付任何款项。"在2005年阿根廷主权债券重组中，阿根廷政府甚至出台了专门的法律，禁止向未参与重组的债权人支付任何款项。尽管这种方式很有成效，但债务国政府也要小心，因为"刺头"们可能主张债务国违反了债券条款中的同权条款（Pari Passu Provision）。

（二）使用信托结构

通过使用信托结构，可以将单个债券持有人提起诉讼的权利授予受托人所有，这样可以防止单个不合作债券持有人采取诉讼等方式破坏债务重组。在英国模式的信托契约下，单个债券持有人不能提起诉讼来执行对本金和利息的权利，在达到规定比例（如20%或25%）的债券持有人授权受托人提起诉讼时，受托人才能提起诉讼。

但在美国模式的信托下，赋予了每个债券持有人可以单独向债券发行人提起诉讼，以收回到期的本息。只有针对被加速到期的债券金额，单个债券持有人的起诉权利才授予受托人，此时，与英国模式类似，单个债券持有人不再能单独提起诉讼，除非受托人在得到规定比例的债券持有人的指示后未能在特定时间内（如2个月）提起诉讼。

此外，信托结构中还往往规定"受托人通过法律诉讼程序获得的偿还金额将在全体债权人中按债权比例进行分配"。这也可以限制某些债权人串联起来谋求诉讼的能力。因为他们考虑到"胜利的果实"将在全体债权人中分配，去诉讼的动力就下降了。

综上，使用信托结构，可以限制单个或部分债权人在重组期间向债务人提起诉讼的权利，这种限制可以为债务国的资产提供保护，也能增加重组谈判的成功概率。

（三）集体行动条款（Collective Action Clauses）

在对付"不合作债权人"方面，最广泛使用的手段就是在主权债券中设置"集体行动条款"，其首要功能就在于保证多数债权人可以对主权债务合同的融资条款等进行修改，其与债务国达成的债务重组协议可以约束所有债权人，从而推进主权债务重组更迅速、更有序地进行。

在希腊债务重组中，该条款发挥了巨大作用。债务置换计划是国际社会第二轮救助希腊计划的一部分，根据这一计划，希腊国债的私营持有者将接受53.5%的账面损失。该计划将使希腊的债务负担减少1000亿欧元以上，相当于希腊国内生产总值的一半，约占希腊负债总额的30%。债务置换计划的成功实施是启动1300亿欧元第二轮救助贷款的先决条件。根据债务置换计划中的"集体行动条款"，只要参与率超过三分之二，希腊政府就可以强迫所有私营债权人参与债务置换。 最后的结果是，在受希腊法律管辖的1770亿欧元债券中，约1520亿欧元债券的私营持有者表示将参与债务置换计划，参与率为85.8%。如果把根据"集体行动条款"必须参与置换计划的债权人和不受希腊法律管辖但自愿参与的债权人计算在内，总体参与率高达95.7%。

同样，在2020年阿根廷债务重组中，"集体行动条款"也发挥了很大作用。2020年4月初，阿根廷政府就20余种总价值约660亿美元的海外发行主权债券的债务重组事宜，与多个债权方展开谈判。经过4个多月、6次延期谈判，阿政府与主要债权人于8月初达成债务重组协议，并确定2020年8月28日为多数债权人接受协议的最终期限。根据协议规定，需超过75%的债权人同意，协议方可生效。28日当天，93.55%的债权人已表示接受协议。此次实现债务重组，将让阿根廷在未来10年减少377亿美元债务支出，并使债息的年利率从7%下调至3.07%。

目前，集体行动条款已经成为在英国法和纽约州法律下发行债券的标准条款。

集体行动条款（CACs）

债务重组的主要难题是如何克服"不合作债权人"的抵制。在主权债券发行中使用集体行动条款（collective action clauses）是克服这一阻碍的关键工具。简单地讲，集体行动条款指的是多数重组机制（majority restructuring mechanism），它允许持有一个系列债券达到特定多数的债权人修改该债券的财务条款，比如减少或取消债务应付的本金及利息或修改支付日期、支付币种和地点等。这一特定多数一般为未偿还本金额的75%，这种机制可以用在违约之前或之后，来约束抵制重组的少数债权人。有些国际主权债券（尤其是英格兰法管辖的债券）在修改财务条款时，必须在达到法定人数的债权人会议上得到特定多数债权人的支持。

几十年来，集体行动条款经历了三次演变，以应对主权债务重组中出现的新挑战，使其更有效地解决集体行动问题。第一代集体行动条款为单系列投票（series-by-series voting），第二代为跨系列双向集合投票（double limb aggregated voting），第三代则是跨系列单一集合投票（single limb aggregated voting）。

1. 单系列集体行动条款

在21世纪初，IMF花了不少时间设计主权债务重组机制，希望通过建立一个法律框架，实现对一个债务国的所有债务工具采取统一集体行动（即集合投票），达到有序和迅速的重组。采用这种法律框架需要修改IMF协定，但这一努力最终没有得到IMF执董会足够的支持，主要是因为有些成员国担心建立这种框架会损害其主权。于是IMF在2003年决定支持以契约为基础的主权债务重组机制，即在国际主权债券合约中使用集体行动条款。IMF认识到了集体行动条款可以减少重组障碍，限制那些抵制重组的债权人潜在的诉讼威胁，从而协助债务双方就重组问题展开谈判。一些成熟市场国家早已在其伦敦市场发行的国际主权债券中采用集体行动条款(英国法),但在纽约发行的债券并未采用这一条款(纽约法)。

首先,它只限于以外国法为管辖法律的债券,即国际主权债券,因为持有这类债券的投资者有很大的主动权。如采用国内法作为管辖法律,那么债务发行国可以随时通过修改本国法律来解决集体行动问题。其次,集体行动条款只适用于一个系列的债券(series-by-series),限制该系列内少数人抵制重组。这为以后的第二代和第三代集体行动条款的出现埋下伏笔。

墨西哥2003年两次在纽约发行主权债券,第一次使用单系列集体行动条款。它的债券发行很成功,被超额认购,而且使用集体行动条款对债券价格没有任何影响。此后,使用单系列集体行动条款成为发行国际主权债的标准市场做法。在之后的一些主权债务重组,比如,伯利兹(2007,2013)、塞舌尔(2010)和乌克兰(2015)的重组中,集体行动条款的确有助于实现较高的债权人参与率,在重组过程发挥了积极作用。

但是,第一代的集体行动条款只能帮助减轻而不能根除少数债权人对于重组的阻碍。债权人(如不良债务基金)只要掌控同一个系列里超过25%的债券,即可阻止启动集体行动条款。2012年希腊主权债务重组是个很好的例子。当时希腊要重组36个系列的外债,这些债券受英格兰法管辖,都有单系列集体行动条款。但最终只有17个系列通过使用这个条款成功重组债务,而其余19个系列将近65亿欧元的债券,因为抵制重组的债权人在每系列中控制了超过25%的债券,导致集体行动条款无法使用。

2.跨系列双向集合投票集体行动条款

认识到单系列集体行动条款的局限性,一些国家(如阿根廷、多米尼加共和国、希腊和乌拉圭)在主权债务合约中使用了跨系列双向集合投票（double limb aggregated voting）的集体行动条款，即第二代集体行动条款。这种条款允许在重组两个或以上系列债券时选择双向集合投票机制：单系列投票（一般在三分之二）和跨系列的集合投票（尚未偿还的、要重组的所有系列总和的75%或85%）。两者都必须达到设定的门槛，才能重组。如果跨系列集合投票达到了设定的门槛，但若某个单系列的投票没有达到门槛，那么该系列就不能参加重组。这种条款只能适用于在同一个征信契约或财政代理协议下发行的债券。与第一代集体行动条款相比，第二代条款中的单系列投票门槛从75%减少到三分之二。要想阻止集体行动条款的使用，就要持有该系列超过三分之一的债券，成本更高了，但是还是可行的。所以第二代集体行动条款虽然更有效地克服了少数债权人对重组的抵制，但还是有局限性。

3.跨系列单–集合投票集体行动条款

阿根廷在纽约展开的马拉松式债务诉讼又暴露了另一个问题：对同权条款（pari passu clause）的解释，这个问题会大大增加抵制重组的债权人讨价还价的能力，并产生更多债权人拒不重组的风险。持有阿根廷在2001年违约前发行债券的债权人拒绝参加2005和2010年的重组，他们在纽约法院提出诉讼，要求阿根廷按原始合约条件还本付息。2011年这些债权人中的一部分向法院提出新的论据，即阿根廷违反了债券合约中的同权条款。纽约法院判定阿根廷的确违反了这个条款，作为赔偿，法院禁止阿根廷向持有重组债券的债权人付息，除非它按比例偿还对这些诉讼债权人所欠的债务。也就是说，如果阿根廷要想付给持有重组债券的债权人利息的话，就必须把拖欠未重组债券的全部欠款还上。同时法院还禁止付款代理人和其他相关方帮助阿根廷为重组债券付息。

同权条款起源于公司信贷，从21世纪初在国际主权债券中开始使用。在重组公司债务的语境下，这个条款的含义并无争议。根据公司破产法的规定，公司债务人破产后，在清算过程中，所有无担保的债务将按比例得到类似的资产。需要强调的是，这个条款只在债务人破产之后才适用，对破产前的无担保债务偿还没有影响。但在主权债务中，这个条款的含义则没有那么明确，主要是因为没有国家破产法律机制。主流观点认为，这个条款只是保护了一个债权人的法定清偿顺序，并没有要求按比例偿还所有无担保债务。

为了解决这些新问题，IMF与官方债权国、债券发行国以及私营投资者进行了长达18个月的磋商，包括美国、墨西哥、巴西、巴黎俱乐部和国际资本市场协会。磋商主要通过由美国财政部召集的特别工作小组来进行，其成员包括IMF代表、官方代表、法律专家、市场参与者和债券发行国。讨论的结果是由国际资本市场协会发布新的集体行动示范条款，即第三代集体行动条款。2014年10月，IMF执董会采纳了这些示范条款的主要内容，并鼓励成员国在发行国际主权债券时采用这些条款。同时IMF执董会也支持国际资本市场协会对同权条款的修改，以避免其他法院对于此条款有类似阿根廷式的解释。新条款明确排除有关按比例偿还的责任。

新的集体行动示范条款使用一个投票菜单，其中包括单系列投票（第一代）、跨系列双向集合投票（第二代）以及新的跨系列单一集合投票（single limb aggregated voting）（第三代）。跨系列单一集合投票就是把所有要重组的系列放在一起进行投票，门槛是75%。这样，抵制重组的债权人几乎不可能在所有重组系列总和中控制超过25%的债券，以此来绑架重组计划。第三代条款在解决集体行动问题上带来很大突破。

与此同时IMF认识到，虽然跨系列单一集合投票能更有效地解决集体行动问题，但债权人的权利也要得到充分保护，以防止大债权人牺牲小债权人的利益，保护主权债务作为一种重要的资产类别和保证主权债市的流动性。所以示范条款规定，如使用这个投票程序，必须遵循"一致适用要求"（uniformly applicable requirement）。也就是说，债务国应向重组计划涵盖的所有债权人提供同样的重组工具。而且这个投票程序允许债务国选择对某些系列进行重组，但必须遵循一致适用要求。它可以适用于很多的债务工具，包括使用不同货币面额和管辖法律的债务，集体行动条款应标明对不同债券的投票权进行评估的方法。此外债务国也可以选用单系列投票程序，或跨系列双向集合投票程序来重组债务。所以，示范条款提供多样投票程序选择，增加了灵活性，大大提高了成功重组的可能性。此外，欧洲稳定机制条约（European Stability Mechanism Treaty）规定从2013年1月1日起，在欧元区国家发行的期限一年以上的新债券，无论管辖法律为国内法还是外国法，都必须使用标准化的跨系列双向集合投票集体行动条款。鉴于大多数欧元区国家发行的债券都是以国内法为管辖法律，而且这种条款已被市场接受。

　　第三代集体行动条款很快得到了债务国、债权国和市场的认可，已成为新的市场做法。自2014年10月到2017年9月底，全球发行了大约350只国际主权债券，本金面额共计约4000亿美元，其中大约87%的债券使用了第三代集体行动条款。至今没有迹象表明使用这些条款对于债券发行价有任何影响。但是这并未解决以往发行的主权债券可能发生的重组问题。目前，以往发行的主权债券约有8500亿美元，其中只有大约18%使用了第三代集体行动条款。这反映了以合约为基础的重组机制的局限性，即不能通过立法直接修改合约。墨西哥近来执行了四次债务中性（即不增加新的债务）的债务管理，在新发行的置换债券中使用了第三代集体行动条款，从而使得其全部主权债券采用该条款的比例从18%上升到42%。欧盟则宣布，

> 欧元区将在2022年引入第三代集体行动条款。
>
> 　　目前跨系列单一集合投票程序还未在债务重组中使用，所以它的实际应用结果有待观察。

第七节　债务减免对债务国的影响：得不偿失？

　　主权债务减免对债务国来说一方面能够达到减轻债务重担和重振经济的积极作用，另一方面也存在一些负面影响。

　　首先，纳入债务重组或多边组织减债计划会损害债务国声誉，历史上并非所有的债务国都会选择债务违约或重组，前文所述罗马尼亚政府在20世纪80年代债务危机期间，顶住国内外压力顽强度过欠债时期，并最终利用几年时间还清全部债务。接受债务重组的国家多会遭到国际社会诟病，并始终留下无法抹去的信用违约历史。

　　其次，西方国家和多边组织在减债过程中有着双重角色，一方面掌握国际规则制定权和话语权的西方国家与其代言人——国际多边组织为贫穷落后和债务累累的国家提供了债务豁免的机会，尽管获得这些机会的资格审核规则也由他们制定，但那些贫弱的债务国仍然选择争取获得减债的"宝贵"机会，但另一方面，以IMF的重债穷国减债倡议为例，整个过程中，IMF和世界银行（包括巴黎俱乐部）都会监督和评定债务国经济改革政策、减贫战略文件质量和经济改革成效。如果债务国减债后效果不佳，这些组织会对债务国政策提出纠正建议，而债务国似乎也觉得受到这些组织的减债后监督是常理之中的事，但实际上，这些干预会造成极大的主权侵犯，这些政策纠正有时候对债务国而言是正确的，但同时也意味着债务国执政水平和政策制定能力的再次降低，比如世界银行指出赞比亚2013年开始实施的增值税退税政策相关要求不符合国际通行标准，且对经济增长效果不大，建议尽快着手解决。[①]整个减债过程中，西方国家和多边组织的干预和监督很大程度上干涉了债务国主权和核心政策制定，影响了债务国经济政策制定灵活性。

最后，没有从根本上提高债务国债务管理水平。对债务国主权和政策的干预实际上进一步降低了债务国政府提高经济发展水平和债务管理能力的意愿，长期听从安排的国家非但会变得没有争取话语权的魄力，也会丧失政策制定的能力。国际组织的监督始终没有帮助这些国家形成适用本国的政策体制，赞比亚就是典型的例子。

因此，在债务国获得债务减免之后，真正走出债务危机的途径只有自强，不靠外债，不靠外力监督，从国情出发，找到符合国内产业结构和发展模式的经济增长点，循序渐进才能稳舵前行。

第八节　国际社会关于改革主权债务重组架构的设想

国际社会开展了很多关于改革主权债务重组金融架构的辩论，其中包括要求对主权国家实行法定破产程序的呼吁。很多人士认为应该对当前的主权债务重组架构进行改革，另一些人则认为不需要改革。支持改革的人士认为，当前的市场机制无序、低效且成本过高。一个中心问题涉及债权人的集体行动（collective action）问题，尤其是恶意（不配合）债权人问题和恶意诉讼问题。他们认为，由此导致的效率低下会导致无谓的损失、债务人的声誉受损以及不必要的延迟。一个设计合理的、关于主权债务重组的法定制度可以减少其中的一些问题，提高透明度，降低债权人的道德风险，最大程度地减少对官方部门纾困的需求，并且更适合解决主权债务违约的跨境外部性问题。

---

① 世界银行呼吁赞比亚政府加强财政纪律，https://china.huanqiu.com/article/9CaKrnJHZmL，2021.3.1最后访问。

有些人士则对此表示怀疑，认为很难通过法定手段实施更好的债务重组。正式的主权破产框架可能会导致"监管过度"，并且不可能解决当前系统的主要缺陷。他们认为，迄今为止，重组主权债务的制度已经取得成功，需要更多的时间来"有组织地"发展，而不是革命性的创新。与其创建一个"自上而下"的法定框架，不如改变债券和贷款合同的文本约定以便更有效地监督重组过程，比如将集体行动条款（CACs）包括在债券协议中，或者通过仲裁解决争端的条款、在危机时期任命受托人代表债券持有人的条款等。

我们在这里重点介绍四个已经提出的改革方案①。一是国际货币基金组织（IMF）关于主权债务重组机制（sovereign debt restructuring mechanism，SDRM）的提案，这是迄今为止最著名的改革方案；二是欧洲智库布鲁塞尔欧洲与全球经济实验室（Bruegel）提出的欧洲危机解决机制（European Crisis Resolution Mechanism，ECRM），该方案已受到相当多的关注；三是法律学者克里斯托夫·保卢斯（Christoph Paulus）提出的主权债务法庭（Sovereign Debt Tribunal）；四是Raffer提出的关于公平和透明仲裁程序（Fair and Transparent Arbitration Process，FTAP）的建议。

Bruegel的ECRM建议，是一个完善的法定框架，在欧洲范围内具有法律约束力，并且需要有自己的欧盟条约。该机制将由三个主要部分组成：①一个负责解决争端的法律机构；②指导谈判、评估债务可持续性和提供专门知识的经济机构；③提供临时融资的金融机构。

IMF关于SDRM的提议并没有立足于超国家法律机构。取而代之的是，将创建一个争议解决论坛（DRF），类似于法院般的仲裁小组。SDRM提案设想了IMF的重要作用，而ECRM并不依赖IMF的正式参与。根据SDRM模型，IMF将负责临时融资，并协助重组过程和评估债务的可持续性。最后，IMF的提议旨在解决全球债务危机，而不是针对向欧盟这样单一地区

---

① 引自 Udaibir S. Das, Michael G. Papaioannou, and Christoph Trebesch, Sovereign Debt Restructurings 1950–2010:Literature Survey, Data, and Stylized Facts, WP/12/203, IMF Working Paper, 2012.

的债务危机。

SDRM和ECRM都包含一个主要特征，就是债权人可以进行多数表决。根据建议，应使大多数债权人（例如75%）能够代表所有债权人做出决定，从而约束潜在的不配合债权人。

Paulus关于主权债务法庭以及Raffer关于FTAP的建议没有那么正式。他们不需要改变国际法，也没有预见到规模庞大的新机构的建立。相反，它们依赖于仲裁机制，类似于当前适用于跨境投资的争议解决程序。另一个重要的区别是它们旨在包括更广泛的债务工具。尽管SDRM和ECRM是为主权债券重组量身定制的，因此仅限于主权债务一个领域，但仲裁建议旨在提供更全面的解决方案。它们被设计为一种替代方法，可以取代所有现有的临时论坛，包括巴黎俱乐部、伦敦俱乐部以及多边债务减免倡议等政策。

Paulus（2010）提出了一个主权债务仲裁庭，该仲裁庭由一群仲裁员组成，但只有一名专职仲裁员（主席），由一个小型秘书处协助。Paulus强调，只有在贷方和借款人同意的情况下，才可以引入该系统，可以在所有未来的主权债券或贷款合同中增加"仲裁条款"。这使仲裁庭具有正式的法律地位。一旦建立了制度，其程序可能会被更广泛地接受，甚至可能对所有类型的主权债务的法律待遇产生溢出效应，即使这些法律未明确包含仲裁条款。

FTAP的制度化程度更低。本质上，它旨在建立一种适用于所有类型的主权债务置换的临时仲裁机制，包括欠双边债权人或IMF的债务。仲裁员是逐案选择的，债权人和债务人分别提议两名仲裁员。然后，双方的仲裁员共同选择第五位仲裁员主持小组会议。仲裁员小组建立后，他们将评估并批准重组解决方案。此外，该机制将得到一个小型秘书处的支持，以协助解决技术问题。

第三章　现代主要的主权债务危机与重组

第一节　近70年来债务危机的总体发展脉络

根据张虹的研究[①]，1957年至1975年间，共发生过约30次主权债务重组，涉及11个国家，重组债务总额约70亿美元。从1975年至1981年底，14个国家进行了25次债务重组，重组债务总额达100亿美元。这一时期的特点是，各个债务国之间的违约相对较为独立，没有发生区域性的债务危机，对全球金融体系影响较小。

1981年波兰债务违约和1982年的墨西哥债务违约，拉响了20世纪80年代的全球债务危机的警报，违约国家数量和债务金额呈现爆炸式增长。首先是拉美债务危机，随后部分非洲国家和亚洲国家也爆发了主权债务危机。仅1982年一年，就有20个国家对总额达400亿美元的主权债务进行了重组。1983年，进行债务重组的国家数量增长到30个，涉及债务金额增加到800亿美元。1983年至1987年，共有47个债务国先后163次与债权人达成债务重组安排，涉及官方和私营持有的债务共3720亿美元。

1988—1989年是主权债务重组历史上的一个分水岭。在此之前，债务重组主要是重新安排偿还期限，延长还款期，并不消减债务。同时，IMF为了维护自身利益，一直坚持要求债务国首先与商业债权人和官方债权人达成债务重组协议，才向其发放救助贷款。在此之后，IMF改变了救助策

---

① 张虹.主权债务重组法律问题研究[M].北京：中国人民大学出版社，2007.

略，在债务国与其他债权人达成协议之前，也可以先发放救助贷款，这让IMF在债务重组中的话语权大大提高，也让债务国在与商业债权人的谈判中有了更多的筹码。正是有了这一主要的变化，主权债务重组中的消减债务成为可能，自1988年之后，减免一部分债务的做法，越来越多地出现在各个债务重组中。

20世纪90年代，国际上金融危机此起彼伏。拉美债务危机刚刚得到缓解后没几年，就又相继爆发了1994年墨西哥债务危机，1997年亚洲金融危机，1998年俄罗斯债务危机，1999年厄瓜多尔债务危机，2001年阿根廷债务危机。

这一时期进行主权债务重组的国家特别多，除上述国家外，还有巴基斯坦（1998年），乌克兰（2000年），乌拉圭（2003年）、多米尼加（2005年）。但这几个国家都是在违约前就进行了债务重组，避免了直接违约。这些重组都包含债务国的债券互换。其中巴基斯坦重组债务约6亿美元，消减债务约35%，参与率99%；乌克兰重组债务28亿美元，消减债务40%，参与率99%；乌拉圭重组债务53亿美元，消减债务15%，参与率93%；多米尼加重组债务11亿美元，没有消减债务，参与率97%。

20世纪90年代以来的债务重组有如下几个特点：①债务重组不只是对期限进行展延，而且也对债务进行消减。主要的几个国家中，阿根廷债务消减比例最高，达到70%；②IMF的作用日益增强，在大多数情况下，IMF既是主要的资金提供者（俄罗斯例外，1998年它没有申请IMF的救助，很可能因为它不希望采纳IMF提出的经济调整计划），又是债务危机的管理者。IMF的贷款不再要求债务国与其他债权人事先达成重组协议，但要求债务国承诺采取一些经济与财政改革措施。从这一时期开始，IMF开始对债务国进行债务可持续性分析，并与各市场参与者共享有关信息。

目前，国际社会解决主权债务违约的方式仍然是上述债务重组，而没有一种快速解决的机制。联合国贸易和发展会议（UNCTAD）1986年曾呼吁利用国家破产法为发展中国家建立一个有序解决债务危机的程序，国际货币基金组织也曾在2001年建议成立一个主权债务重组机制（SDRM），但这些提议都被国际社会所拒绝（美国带头拒绝）。很多专家认为，现在还不需要一种特别快速的解决机制，目前的痛苦而艰难的重组过程，正是对市场的一种真实反映，经常违约、声誉不好的国家就是应该受到某种惩罚，不严谨的放贷者也应该受到一定程度的惩罚，这其实是一种帕累托改进，可以迫使各方不断进步。

第二节　拉美债务危机与贝克计划、布雷迪计划

一、拉美债务危机的深层次原因

拉美国家自20世纪30~50年代开始陆续采取"进口替代战略"，掀起了工业化的浪潮，推动该地区经济在长达30多年的时间里快速发展，到20世纪70年代，已经建立了一定的工业基础。某种程度上可以说，20世纪70年代是拉美"辉煌的十年"。但该地区仍然面临突出的结构性问题，一是工业体系以进口替代为主，没有像亚洲国家一样重点发展出口导向性工业，工业产出品仍较为初级，属于价值链的低端产品，关键的技术和产品仍然依赖进口；二是各国为了发展经济，举借了大量外债，特别是在20世纪70年代两次石油提价的情况下，国际石油美元充裕，当时较低的利率让拉美各国纷纷向国际商业银行申请美元贷款，且短期贷款和浮动利率贷款占比很大；三是很多国家的经常账户赤字增加，不得不在国际市场上大量借款。拉美地区非石油出口国的经常账户赤字从1973年的45亿美元增长到1978年的113亿美元。由于担心部分国家的债务不可持续，国际银行发放贷款的期限也越来越短。

1975—1982年，拉美国家所欠国际银行的贷款以每年20.4%的速度增长，外债规模从1975年的750亿美元增长到1982年的3312亿美元，占该地区GDP的50%以上，相当于当年出口额的3.8倍。

1979年第二次石油危机发生后，美国快速提高基准利率，从1979年9月的11.25%提高到1981年6月的19%，极大地增加了拉美各国偿还外部债务的压力。从1975年到1982年，拉美各国每年的还本付息额从120亿美元增长到660亿美元，其中1982年拉美地区还本付息额相当于当年出口收入的75%，且还本付息增长速度（每年增长24%）远超出口增长速度（12%）。拉美各国实际上已经丧失还债能力。

1982年8月12日，墨西哥由于外汇储备不足，宣布关闭外汇市场，暂停偿付本息。紧随其后，巴西、阿根廷、委内瑞拉、智利、秘鲁等一系列国家相继宣布无力清偿外债，引发拉美债务危机并持续近十年之久。发生债务危机的16个拉美国家中，墨西哥、巴西、委内瑞拉和阿根廷欠债最多，这四个国家共欠国际银行约1760亿美元，其中有390亿美元是欠美国最大9家银行的，占这些银行资本的130%。

拉美国家于1984年6月21—22日在哥伦比亚的卡塔赫纳成立了卡塔赫纳集团，旨在寻求解决集团各国外债问题的办法，该集团成员有11个拉美债务国：阿根廷、巴西、玻利维亚、智利、哥伦比亚、多米尼加、厄瓜多尔、墨西哥、秘鲁、乌拉圭、委内瑞拉，组织机构为拉丁美洲债务协调委员会。

危机初期，由于美国担心债务危机影响本国利益，特别是美国银行体系的稳定，以美国为首的发达国家在墨西哥债务危机期间迅速行动，首先是由美国商品信贷公司向墨西哥贷款10亿美元，国际清算银行为墨西哥比索互换提供10亿美元，美国石油储备基金提供10亿美元作为购买墨西哥石油的预付款。在墨西哥获得IMF救助资金前，美联储向其提供了近十亿美元的过桥贷款，1982年11月，IMF向墨西哥提供37亿美元备用贷款，3年内提取，但要求1983年期间，银行债权人向墨西哥提供50亿美元新贷款。为了推行这些行动，美联储和其他国家监管当局向各大银行发出警告，如有银行不配合，或采取诉讼追债方式，将受到某种制裁。最终在伦敦俱乐部项下，国际银行重新安排了对墨西哥195亿美元短期贷款的还款期，并承诺提供50亿美元新贷款。这些只是为了让墨西哥可以支付到期利息，接下来的核心是债务重组。

为了推动债务重组，1985年美国财政部长贝克提出贝克计划，其核心是要求债务国调整财政政策，同时向债务国提供新的政府贷款和商业银行的抵押贷款以克服流动性短缺，并对债务进行重新安排，包括修改原贷款协议、延长偿债期。由于债务重新安排计划未能从本质上减轻发展中国家偿债负担，反而加剧了债务国经济和社会问题，导致资本外逃、通货膨胀和增长停滞。正是因为如此，20世纪80年代也被称为拉美"停滞的十年"。

由于美国一直将拉美地区视为自己的后花园，看到拉美国家越来越糟糕的情况，为了维护自身的长远利益，美国又在1989年推出了布雷迪计划。该计划以减免债务为核心内容，实现了由"借债还债"到"削减债务"的转变，完成了国际债务问题解决方案一个质的转变。

二、贝克计划（1985年）

1985年10月，美国里根政府财政部长詹姆斯·贝克在韩国汉城召开的IMF和世界银行第40届年会上提出了"美国关于发展中国家持续增长的计划"。主要是通过对债务国新增贷款、将原有债务的期限延长等措施来促进债务国的经济增长，同时要求债务国调整国内政策，这些措施被统称为"贝克计划"，但该计划收效甚微。

其主要内容是：债务国应在国际金融机构（主要是IMF）的监督与支持下，采取综合的宏观管理和结构调整政策，促进经济增长，平衡国际收支，降低通货膨胀率；IMF继续发挥中心作用，与多边开发银行协力提供更有效的结构性和部门调整贷款，对采取"以市场为导向"的债务国给予金融方面的支持；以美国商业银行为主，联合其他发达国家的商业银行组成大商业银行，在1986—1988年由大商业银行向15个重债国提供200亿美元贷款，由官方机构提供90亿美元的贷款。

贝克计划有三个特点：一是强调债务国发展经济，提高经济增长率；

二是强调债权国、债务国、商业银行和国际金融机构的通力协作；三是要求债权人提供新的资金作为债务重组的补充。目标是试图将债务国的偿债负担降低到其经济增长能够承受的水平。但因为该计划在具体实施时存在很多问题，官方债权人和商业债权人新提供的资金都比计划少很多。所以贝克计划事实上落空了。

"贝克计划"失败以后，拉美卡塔赫纳集团和拉美经济体系作出了持续不断的努力以缓解债务危机，西方其他工业发达国家对重债国和低收入债务国也先后采取了一些减债实际步骤，这都对美国构成了一定的压力。同时，美国担心委内瑞拉于1989年2月底发生的社会骚乱在拉美蔓延开来，危及美国在拉美的利益，遂于1989年3月10日，由新任财政部长尼古拉斯·布雷迪提出了减轻第三世界债务负担的新方案，即"布雷迪计划"。

三、布雷迪计划（1989年）

在布雷迪计划之前，发达国家已经做了一些准备。

一是发达国家纷纷要求本国银行加强对发展中国家债务的监控和评估，要求商业银行建立对主权贷款的呆账准备金制度，并根据债务国的实际情况提高准备金的提取额度，以应付债务国单方面的违约。到1987年底，美国和英国的银行的呆账准备金金额占其对重大债务国债权总额的20%~35%，加拿大银行则占40%，欧洲一些国家的银行甚至占到70%。随着主权债务的拖欠，银行开始承认"主权贷款也是有风险的，也是可以亏损的"这一事实，这些都为布雷迪计划提出减债方案做了准备和铺垫。

二是主权债务二级交易市场逐步形成。到20世纪80年代后期，逐步形成了关于主权贷款的二级交易市场，并有了标准协议。1987年，阿根廷率先提出让债权银行将它们的贷款打折处理、置换成阿根廷政府发行的低于市场利率的新债券的建议，但由于折扣过大，被债权银行拒绝。这为布雷迪债券的发行提供了思路。

布雷迪计划是由美国布什政府时任财政部长布雷迪提出的一项关于发

展中国家债务问题的新政策。这一计划的主旨是在IMF和世界银行资金的支持下，将解决发展中国家债务问题的战略从发放新贷款转向永久性债务减免，以减轻重债务国的债务负担，促进债务国的结构改革和经济增长，范围是愿意实施强有力结构性改革的重债务国。同时也要求债权银行自愿减少发展中国家的部分债务。发展中国家应按市场结构方向进行结构性调整。同贝克计划相比，布雷迪计划是把解决外债的重点放在债务本息的减免上，而不是放在以借新债还旧债的方式上。主要内容包括：

（1）债务国应该继续实行以长期经济增长为导向的经济方针，并采取措施来鼓励外逃资本回调；

（2）多方减免债务国的债务负担；

（3）债务国政府和国际商业银行应继续对各自的债权进行重新安排，并继续为实施全面调整的债务提供新贷款。

布雷迪计划的具体做法是：

（1）债务国政府发行一种新债券（简称布雷迪债券），以约定折扣价（不同债务国的折扣比例不一样，墨西哥约为65%，委内瑞拉约为45%）交换拖欠银行的债务余额。债务国政府用较少的现汇购买美国国库券作为新债务的担保（以墨西哥为例，其以1.04亿美元购买了6.5亿美元的美国零息国库券，这其实相当于花1.04亿美元买了一个担保或保险，如果未来墨西哥再次违约，引发美国财政部的代偿，则墨西哥要补上剩余的5.46亿美元。如果不违约，由于是零息国库券，墨西哥政府则无须支付利息，还可以把这些债券原价卖回美国财政部），这相当于美国财政部为布雷迪债券提供了担保。

（2）如果拉美债务国接受IMF制定的严格的经济平衡计划，美国商业银行将在三年内减免其部分债务和利息。

（3）日本将向拉美国家提供贷款。

从布雷迪计划提出后至1993年初的三年情况来看，布雷迪计划是有一定成效的。首先，世界银行和IMF已决定各自提供120亿美元的资金，用于削减债务的一揽子计划。日本政府也决定提供60亿美元。其次，拉美（墨西哥、哥斯达黎加、委内瑞拉和阿根廷等）和其他地区一些发展中国家（菲律宾等）已根据布雷迪计划同债权银行达成了减债协议。第三，债权银行所在国美国等西方发达国家政府，对银行业务的调节和税收等做了相应的修改，以鼓励债权银行积极参与削减债务。

布什政府提出的布雷迪计划与里根政府提出的贝克计划的不同之处是，贝克计划只是提供新贷款以促使拉美等发展中国家经济发展和还债，而布雷迪计划首次把减免债务纳入美国的政策之中，美国在实际上承认债务国不可能完全付清债款的客观事实，提出了由商业银行较大幅度削减拉美等发展中国家原有债务和由国际金融机构增加对债务国的支援贷款为主要内容的新的债务战略。

通过布雷迪计划的实施，近一半的主权债务实现了证券化，1989—1995年间，大约有21个国家利用布雷迪债券重组了1702亿美元债务，减少债务和利息760亿美元，约占这些国家总债务的45%。随着很多债务国的经济复兴，银行把这些布雷迪债券拿到市场上交易，其价格已经大幅上涨，银行据此又收回了部分债权。

第三节　1994年墨西哥金融危机

墨西哥自1982年发生债务危机后，经过近十年的努力调整和债务重组，经济显著恢复，并于1994年初加入北美自由贸易区。在危机之前，墨西哥政府为了吸引外资，弥补经常账户赤字，除了表示坚持比索不贬值以外，还用一种与美元挂钩的短期债券进行债务融资，通常91天到期，这些债券中大约有一半由外国投资者持有。事实上，在金融危机爆发前夕，墨西哥政府发行的与美元挂钩的短期债券已高达300亿美元，其中1995年上半年到期的就有167.6亿美元，而外汇储备则只有80亿美元。

但在1994年12月20日，墨西哥财政部长塞拉在与工商界和劳工组织的领导人紧急磋商后，突然宣布：比索对美元汇率的浮动范围将扩大到15%。这意味着比索将被贬值。尽管财政部长塞拉表示，比索汇率浮动幅度的这一变动是为了使货币当局在管理比索的币值时拥有更多的灵活性，但是这一不大的贬值幅度还是使人们纷纷开始抢购美元，因为他们深信，这意味着盯住汇率制难以为继。墨西哥中央银行进行了有力的干预，但在"羊群行为"的刺激下，外国金融投机者和本国投资者依然担心1982年的债务危机会重演。仅在短短的2天时间内，墨西哥就损失了50亿美元的外汇储备，只剩下30亿美元。12月20日，1美元兑换比索汇率从最初的3.47跌至3.925，狂跌13%。21日再跌15.3%。

12月22日，就在宣布贬值2天后，墨西哥政府被迫允许比索自由浮动。这使得事态进一步恶化，因为自由浮动后比索又贬值了15%，短短的三天时间，贬值60%，比索对美元的汇率由贬值前的3.74：1下跌到5.9：1。更多的外资纷纷逃离墨西哥。与此同时，股市也大幅度下跌。

1995年1月，美国克林顿政府紧急召开会议讨论对墨西哥的援助问题。讨论的结论是，墨西哥作为北美自由贸易区成员，其危机对美国和其他国家都不利，如果长期陷入混乱，将对美国的稳定与发展构成威胁。因此，在财政部长鲁宾的支持下，美国政府安排了90亿美元联邦储备信贷额度，墨西哥政府可以使用这一额度保持比索的可兑换性并阻止其下跌。国际清算银行也从几家中央银行集中了50亿美元的贷款，作为IMF提供资金前的过桥贷款。

1995年1月下旬，IMF提供了78亿美元贷款。加拿大也愿意提供10亿美元贷款。几家商业银行愿意提供30亿美元的银团贷款。1月31日，克林顿总统签署行政命令，从美国汇率稳定基金中动用200亿美元，与墨西哥进行3~5年的美元/比索互换，墨西哥需要为此付一笔手续费，并划拨石油收入作为担保。最终，美国实际提供了125亿美元，105亿美元作为中期互换，20亿美元作为短期互换。IMF随后提供了178亿美元的备用信贷，以墨西哥执行一系列经济政策改革为前提条件。

上述援助有效地稳定了墨西哥的金融形势。使用美国的外汇稳定基金不久，比索就停止了下跌，汇率稳定下来，墨西哥政府也按时以约定利率支付了所有债务。从1995年第四季度开始，墨西哥经济开始逐步走出危机。1996年，墨西哥回到国际资本市场，发行了7.5亿美元全球债券。

此次金融危机，墨西哥并未向巴黎俱乐部寻求债务重组。

墨西哥金融危机的"导火线"是比索贬值，但实质上是一系列经济和政治问题在各种不良因素的作用下发生质的变化而并非墨西哥政府自己所说的"运气不好"。具体根源在于以下两个方面：

（1）用短期外资弥补经常项目赤字。如果说外汇储备的减少、比索的贬值与金融危机的爆发三者之间存在着明显而直接的因果关系，那么，用投机性强、流动性大的短期外国资本弥补巨大的经常项目赤字，则是导致墨西哥金融危机的深层次根源。

（2）以"汇率锚"为核心的反通货膨胀计划。在降低通货膨胀率的同时，却高估了比索的币值，从而打击了本国产品的竞争力。据估计，在1991—1993年期间，比索累计高估了26%。

根据最保守的估计，危机使墨西哥损失了450亿美元，相当于其国内生产总值的16%。1995年，墨西哥的国内生产总值下降了6.9%，通货膨胀率超过50%，而实际工资则降低了20%。消费者无法偿还住房贷款和其他贷款，大量企业倒闭。与危机前相比，失业人口增加了200万。仅在1995年1月和2月，倒闭的企业就接近2万家，占全国企业总数的3%，25万人因此而失业。

第四节　1998年俄罗斯债务危机

由于1998年5月和8月的两次金融市场动荡，导致俄罗斯在1998年8

月17日（星期一）宣布，将延期偿还所欠的所有债务。而以前俄政府曾经一再保证，这两种情况都绝对不会发生。当时，俄罗斯内债和外债总额已经超过2000亿美元，其中外债约占70%多，部分外债还是之前已经进行过重组的、作为当时债务重组一部分而新发行的证券式债务。其中175亿美元将在1999年到期。

由于受到东南亚金融危机影响，1997年底，外国投资者已经开始从俄罗斯撤资。为了避免撤资，俄罗斯政府提高了主权债务的收益率，但这又增加了其偿债负担。国内不断上升的利率也损害了卢布，增加了经济的脆弱性。面对5月第一阶段的金融市场动荡，俄罗斯政府当时采取的对策主要有以下三条：

首先，保卢布，办法是提高利率。央行将贴现率由1998年5月19日的30%不断上调至5月27日的150%。短短8天，提高了4倍。6月4日起曾降至60%，但不久又上调至110%。同时抛售美元干预汇率，外汇储备由年初的200亿美元减少到150亿美元。

其次，由举借内债转向举借外债。俄罗斯于1996年11月起大规模发行欧洲债券，并已筹得约45亿美元，1998年拟再发行60亿欧洲债券。

最后，延长整个债务的偿还期，以缓解还债高峰。俄罗斯当时的内外债务总额不算高，还未超过GDP的44%。其主要问题是还债集中，缺乏对短期债务的偿债能力，当时俄罗斯债务中绝大多数是借期不到一年的短债，近三年间将发生严重的债务危机。由于3—4月间的政府危机，增加了国民对政府的不信任感，导致购买的国债数量大量减少。1998年4月俄发行国债不到200亿卢布，而当月还本付息高达367亿卢布，借新债已抵不上还旧债，财政更加紧张。当时测算，1998年下半年内每月需归还310亿卢布，如新的国债乏人购买，则还债额要超过国家月收入的40%。因此必须改变还债的期限结构，用借长期新债来归还短期旧债，以错开还债高峰。IMF原承诺年内将分3期先提供148亿美元，这无疑对俄推迟还债高峰起一定作用。但接踵而来的8月份危机打乱了这一切。

上述贸然推行的三项强硬的稳定金融措施，导致投资者对政府的信心丧失，更加剧了危机的严重程度。外资非但不愿购买俄有价证券，相反还抛售手中的证券。在8月10日，原苏联欠外国商业银行的旧债券的价格跌至面值的36%，俄新发行的欧洲债券只值一半。8月11日，俄国内证券市场的短期国债券收益率激增至100%。俄政府为增强投资者信心，对8月12日到期的国债进行清偿。财政部将7月13日从IMF得到的48亿美元贷款中拨出10亿美元用于清偿，余下38亿美元用于增加外汇储备。在这期间国际评级公司都宣布降低对俄罗斯外债及其主要银行和大工业集团的信誉评估等级。若干外资银行预期卢布贬值，纷纷要求俄银行提前还贷。在这些内外压力下，政府惊慌失措，不知如何应对。眼看国债券又将陆续到期，年底前政府还需偿还内外债240亿美元，而当时外汇储备仅为170亿美元，不够还债，更难以干预外汇市场。

俄罗斯政府在此内外交困形势下，于8月17日推出了三项强硬的应急措施，让形势更加糟糕：

第一项，扩大卢布汇率浮动区间，调低卢布汇率的上限到9.5∶1。这实际上是将卢布兑美元的汇率由6.295贬至9.5，贬值50%以上。这一措施一经宣布，卢布汇率猛跌，10天后跌到20~21∶1。后来，俄央行干脆宣布任由卢布自由浮动。

第二项，延期90天偿还到期的外债，约150亿美元。

第三项，转换内债偿还期，将1999年12月31日前到期的价值达200亿美元的国债转换成3年、4年、5年期限的中期国债。在转换结束前，国债市场暂停交易。

到2000年，俄罗斯外债总额近1600亿美元，这其中原苏联债务占了大部分，约为1000亿美元，它的主要债权人是巴黎俱乐部和伦敦俱乐部两家。从1999年开始，俄罗斯已进入还债高峰期。在1999—2003年的5年中，俄罗斯每年需偿还外债约150—200亿美元。

面对金融危机和巨额的外债负担，俄罗斯政府的策略是选择性违约，即选择性地支付某些债务，但对其他债务进行重组。首先，继续履行对欧洲债券和多边机构贷款、短期贸易信贷的支付义务，但对本币债券进行重组或消减。对于以前重组过的商业贷款，通过与伦敦俱乐部进行谈判进行重组，注销了一部分，其余的则转换为欧洲债券。对于官方双边贷款，则通过巴黎俱乐部进行重组，但未被消减。

具体来说，俄罗斯债务重组可以分为四类情况：

（1）对以本币卢布标价的GKO和OFZ债券（共约1000亿美元），将票据的到期日从低于12个月延长到平均30个月，由于卢布大幅贬值，外国投资者当初投入1美元，实际只能获得约5美分。

（2）对巴黎俱乐部的双边债务再次进行重组。早在1996年，俄政府就同巴黎俱乐部就重组原苏联债务问题进行谈判，双方曾达成协议，将大部分债务本金的偿还期延长25年。但1998年金融危机发生后，俄罗斯经济状况急剧恶化，无力继续按重组后的时间表还债。为此，俄政府再次与巴黎俱乐部进行谈判。1999年8月，俄罗斯与巴黎俱乐部达成一项协议，就1998年8月至2000年12月俄应付的80亿美元债务的重组问题作出了安排，分19年偿还，其中2年宽限期。

（3）对其他部分双边债务，采取以货抵债方式清偿。俄罗斯首先用这种方式成功解决了对捷克的债务。俄罗斯对捷克的债务绝大部分是前苏联时期遗留下来的，共计36亿美元，至2002年初还有11亿美元尚未还清。自1994年起，俄罗斯主要用商品偿还债务利息，2002年开始偿还债务本金。同年2月，俄罗斯捷克签署了俄罗斯用商品偿还捷克债务的初步协定，俄用价值2.1亿美元的商品偿还所欠捷克的部分债务。用以还债的商品主要是用于核检测的专门设备、核燃料、冶金产品、电力、零部件及军用器材。在俄罗斯偿还所欠哈萨克斯坦债务时，这种债务转换方式也得到了有益的尝试。截至2001年底，俄共向哈提供了77架军用飞机和1套S—300型防空导弹系统，从而全部偿清了1994年由于俄从哈运走40架战略轰炸机所欠下的债务。2002年11月，俄哈双方就俄用航空设备向哈支付6500

万美元债务达成协议。

（4）对伦敦俱乐部的债务，部分消减，部分转换为长期欧洲债券。1997年俄罗斯曾与伦敦俱乐部达成协议，将全部债务以发行俄罗斯外经银行债券形式偿付，25年偿清债务本金，1998年金融危机后，俄罗斯外经银行一直无力支付利息。为此，俄政府与伦敦俱乐部就原苏联债务再重组问题再次进行谈判。最初，伦敦俱乐部提出将俄罗斯外经银行的债券全部重组为俄政府发行的欧洲债券，而俄政府则坚持由俄罗斯外经银行发行新债券取代旧债券，同时要求减免50%~70%的债务。2000年2月14日，经过长达18个月的谈判，俄罗斯政府终于与伦敦俱乐部的国际商业银行们在德国法兰克福达成债务重组协议，此次共涉及318亿美元债务，其中重组后的贷款本金222亿美元，外经银行有息债券68亿美元，2000年3月31日前应支付的利息为28亿美元。协议内容包括：①重组后的贷款改组为30年期俄联邦欧洲债券，同时减免36.5%的债务，即100美元换62.5美元面值的债券；②外经银行的有息债券也转换成30年期俄联邦欧洲债券，但是只减免33%的债务；③利息部分转换成10年期俄联邦欧洲债券，6年宽限期，年利率8.25%。

（5）对1999年到期的160亿美元欧洲债券，俄罗斯做了全额支付。俄罗斯担心这些债券的违约将导致交叉违约，加速其他债务的到期，并影响俄罗斯继续从国际资本市场融资。对1999年到期的25亿美元贸易信贷，为了不影响继续进口必需品，俄罗斯也做了全额支付。

得益于1999年和2000年的石油价格上涨，俄罗斯在1999年取得了高达300亿美元的贸易盈余，经济状况明显改善。随后几年，俄罗斯积累了大量石油和天然气出口收入，到2005年，俄罗斯的外汇储备已经超过了外债数额。为了减少利息支出，俄罗斯在2005年1月提前偿还了欠IMF的33.3亿美元债务，5月提前偿还欠巴黎俱乐部的150亿美元债务。2006年6月，俄在向巴黎俱乐部正常还款12.7亿美元的基础上，再次提前向巴黎俱乐部还债213亿美元，并向该俱乐部债权国支付10亿美元作为这些国家同意俄提前还债而获得的奖励。至此，俄罗斯全部偿还对巴黎俱乐部的债务。在还清欠巴黎俱乐部的债务后，俄罗斯已经偿还了苏联留给它的全部债务的95%。随后，俄罗斯在2013年付清了对捷克、芬兰和黑山的债务，2015年向中国支付4亿瑞士法郎的苏联时期债务余额，其中的5000万用俄工业品和医疗科研成果支付。2016年又偿还了科威特约11亿美元的外债，其中用俄罗斯高科技产品抵付6200万。2017年，先后偿还了对马其顿6000多万美元以及对波黑的最后一笔1.25亿美元债务，至此，俄罗斯清偿了苏联时期所欠的全部债务。

第五节　2001年阿根廷债务危机

1982年，在墨西哥宣布主权债务违约后，阿根廷停止支付外债，1989年则发生内部债务违约。随后用10年的时间，通过发行以美元计价的布雷迪债券进行债务重组，最终获得债务减免，摆脱违约。在此期间，虽然阿根廷政府实行了各种经济调整政策，如削减公共开支，减少货币发行量，调高关税，加快国有企业转为私有的过程，遏制通货膨胀和减少财政赤字等，但是，这些措施并没有产生预期的效果。

在债务危机爆发前，IMF已经多次向阿根廷提供贷款。2000年3月，IMF给阿根廷70亿美元3年期备用贷款，2001年1月又增加至140亿美元。2001年9月再次增加至220亿美元，其中60亿美元可以立即提取，2002年提取60亿美元，2003年提取13亿美元。如果阿根廷政府遵守承诺消减赤字，2001年还可以再提取30亿美元。

但由于多个省份的省长拒绝合作，阿根廷政府没有完全履行对IMF的承诺。2001年12月，IMF拒绝向阿根廷发放计划中的12.6亿美元贷款，这直接导致阿根廷爆发债务危机。

2001年12月23日，阿根廷政府宣布无力偿还外债，决定实施债务重组，违约债务高达1320亿美元。这是有史以来规模最大的一次主权债务违约。此前一年，阿根廷外债总额达1462亿美元，相当于当年外汇收入的4.7倍，当年还本付息占出口收入的近四成。因受东南亚金融危机和巴西金融危机影响，加上本国经济萧条，政府财政赤字和债务情况急剧恶化。阿根廷经济由此陷入大萧条时代以来的最深度衰退。比索大幅贬值，最高时达75%。通货膨胀迅速上扬，累计通胀率最高达80%。大批企业倒闭，失业率大增。这也迫使政府放弃了比索盯住美元的汇率制度，国内外投资者对阿根廷的信心下降。

最初，阿根廷还坚持偿付对多边机构的贷款，但到2002年11月，它突破了这一底线，拖欠了对世界银行的还款。随后又拖欠了对泛美开发银行的还款。

尽管阿根廷政府没有满足IMF事先提出的条件，但在国际社会以及法国、西班牙等国的压力下，IMF还是提供了帮助，在2003年1月提供了备用安排，为阿根廷提供了流动资金，以便让其偿还对世界银行、泛美开发银行的欠款。

2003年新总统上任后，阿根廷经济有所好转，比索对美元升值了20%，但一直未偿还自2001年12月以来的拖欠债务。2003年9月，阿根廷提出债务重组计划，但是由于阿根廷主张的减免幅度太大，国际债权人一致反对。2004年6月，阿根廷又提出新的重组方案，重组债务规模约818亿美元，与之前的提案相比，对债权人有所改善。经过初步磋商，2005年1月阿根廷政府提出了最终的报价，准备了三种债券（平价债券、折扣债券和准平价债券）供投资者选择，债券置换后，债务净现值的消减力度达到70%。同时，新债券与阿根廷未来经济发展指标相连接，即如果阿根廷经济大幅改善，其将支付更多的款项，这一点对很多债权人有些吸引力。2005年3月3日，阿根廷政府宣布债权人对最终方案的接受比重达到76.15%（最终达到93%），超过了预定的70%标准，这意味着拖延4年之久、涉及范围最广的一次主权债务危机最终获得解决。

尽管最终参与债务互换的总比例达到93%，但鉴于赔偿比例过低，仍有一些"钉子户"拒绝参与互换，NML Capital、Aurelius Capital等被称为"秃鹫基金"的美国对冲基金正是这些"钉子户"主要债权人。这也开始了债权人与阿根廷政府之间长达十余年的争斗。

自2003年开始，以NML和埃利奥特资本管理公司为代表的"秃鹫基金"通过司法途径讨债。2012年底，美国纽约联邦法官格列塞作出判决，要求阿政府全额偿还违约债务，此后该法官又冻结了阿政府在纽约梅隆银行的重组债权人还款账户，使阿根廷陷入"选择性债务违约"，以此逼迫阿根廷尽快偿还对秃鹫基金的欠款。

2016年2月底，阿根廷新政府与违约债务"钉子户"债权人达成和解，阿政府将以现金方式向后者偿还总额约120亿美元的债务。双方达成协议后，美国上诉法院于同年4月13日作出裁决，同意解除对阿根廷日常还债账户的冻结，从而为阿根廷走出"选择性债务违约"扫除最后障碍。4月18日阿根廷政府宣布正式发行总额150亿美元的主权债券，标志着被剥夺国际市场融资权利长达15年的阿根廷首次重返国际资本市场。这次债券融资主要用于偿还欠"秃鹫基金"和其他非债务重组债权人的债务。[①]

2014年5月，阿根廷与巴黎俱乐部就1976—1983年阿根廷在军事独裁时期与巴黎俱乐部成员国之间的97亿美元债务达成了债务重组协议，这为巴黎俱乐部成员国的出口信用机构（ECA）恢复对阿根廷的承保铺平了道路。根据协议，阿根廷需在5年内按每年3%的利率偿还，如无法满足协议中规定的某些条件，偿还期可最多延长至7年。其中2015年5月前至少还款11.50亿美元。随后几年，阿根廷政府按照约定偿还了这些款项。

但遗憾的是，2020年4月，阿根廷政府再次表示无力支付一笔总额约5亿美元的债券利息，在30天宽限期后，理论上阿根廷已经"技术性违约"。阿根廷为了避免债务违约，再次对债务进行重组。截至8月28日，

---

① 美法院为阿根廷走出债务违约开绿灯，http://orig.cssn.cn/gj/gj_gjzl/gj_ggzl/201604/t20160414_2967113.shtml.

超过93%的国际债权人已经接受阿根廷债务重组协议，实现重组的债务占比达到99%。9月1日起，阿根廷将启动新旧债券置换。按照规定，超过75%的国际债权人同意，阿根廷债务重组协议即可获得通过。阿根廷经济部长表示，实现债务重组意味着阿根廷在未来十年可少偿还约377亿美元债务，需要支付的债务平均利率从7%下降至3.07%。

第六节　希腊债务违约与重组

为了保证欧元的稳定，防止欧元区通货膨胀，1997年6月17日在阿姆斯特丹首脑会议上通过的欧盟《稳定与增长公约》规定，欧元区各国政府的财政赤字不得超过当年GDP的3%、公共债务不得超过GDP的60%。按照该公约，一国财政赤字若连续3年超过该国GDP的3%，该国将被处以最高相当于其GDP之0.5%的罚款。[①]

2001年，希腊未达到这两项标准，便求助于美国投资银行高盛。高盛设计出一套"货币掉期交易"，为希腊政府掩饰了一笔高达10亿欧元的公共债务，使预算赤字从账面上看仅为GDP的1.5%，符合了欧元区成员国的标准，并于2001年正式加入了欧元区。

与此同时，由于经济衰退，欧元区多个国家为刺激经济复苏而放松预算控制，到2004年，欧元区经济规模最大的德国与法国的财政赤字已经连续三年超标。2003年11月欧盟财长们拒绝欧委会的提议，决定暂缓制裁德法，转而寻求对该公约进行修改，这使该公约的信誉受到极大损害。经过反复激烈的讨论，2005年3月22日，欧盟首脑会议正式批准欧盟成员国财长于3月20日达成的对《稳定与增长公约》的改革方案：一是维持了3%的

---

① Legal basis of the Stability and Growth Pact, https://ec.europa.eu/info/business-economy-euro/economic-and-fiscal-policy-coordination/eu-economic-governance-monitoring-prevention-correction/stability-and-growth-pact/legal-basis-stability-and-growth-pact_en.

财政赤字和60%的债务上限；二是加强了公约执行的灵活性，允许成员国在一些"特殊情况"下超标，如因为在国防、科研、发展援助、维和行动等方面的支出过高而引起财政赤字超标；三是把要求超标国家财政赤字水平恢复到规定的3%之内的期限从1年放松到5年。

这些情况都助长了希腊政府的过度举债行为。在加入欧元区后，希腊政府利用欧元区内宽松的信贷环境，四处借贷扩大政府开支。2004年的雅典奥运会也大幅度超支。希腊不得不继续大笔举债来应付需要。但当2008年全球金融危机发生之后，借贷的成本急剧升高，希腊政府筹措资金日益困难。2009年末，新上台的中左翼政府透露财政赤字实际上远大于之前披露的数据，实际承认了上任政府财政造假。当时希腊的财政赤字占GDP的比重已高达12.7%，远高于欧盟规定的3%上限，公共债务余额占GDP的比重则高达110%。2010年1月底，货币掉期交易即将到期，高盛决定不再为希腊护盘，做空希腊债券。2010年4月，希腊国债的评级被降为垃圾级，希腊的财政与金融环境开始了漫长的恶化之路，希腊债务危机由此开始。2010年5月7日，希腊10年期国债收益率已经攀升至12.5%，5年期国债信用违约互换（gredit default swap，CDS）价格也上升至965个基点。

2010年5月，"三驾马车"（欧盟、欧洲央行、IMF）宣布向希腊提供1100亿欧元的三年期贷款，为希腊解困。2011年7月21日欧盟峰会宣布将希腊、爱尔兰、葡萄牙的债务偿还最低期限从7年延期到15年、私营债权人放弃21%的债权、将债务利率降低到3.5%。2011年10月27日欧盟峰会经过艰苦磋商，出台了一揽子欧债危机解困方案：欧洲金融稳定基金（EFSF）从4400亿欧元扩大至1万亿欧元以上；银行、保险公司和基金同意放弃53.5%的债权，其余的交换成利息较低、期限最长达30年的债券；向欧洲银行业注资约1000亿欧元，将约90家欧洲大型银行的核心资本充足率提高至9%。

2015年6月25日，希腊的债主们提出将已经到期的现有救助协议再延长5个月，其间希腊可获得155亿欧元贷款。作为交换，希腊将继续在债权人"监管"下，实施一系列紧缩和改革措施。希腊总理两天后宣布要在7月5日将协议付诸公投。7月6日，希腊公投结果以压倒性多数拒绝了债权人的要求。以当时的形势，希腊公投结果形同宣布退出纾困协议，希腊的银行无法继续接到债主之一的欧洲央行的当期注资，引发的直接后果就是希腊国内既没有足够欧元现钞流通、又无法支付马上到期的债务，实质就是退出欧元区与完全赖债的前奏。希腊政府显然要用公投结果与"退欧"威胁来要挟债主们继续减免债务。但作为债权人的欧元区国家的耐心与信任也都被希腊消磨到极限。在公投结果传出后，2015年7月8日的欧盟临时峰会上，欧元区国家的首脑们大都表态不接受希腊的要挟、不减免债务，斥责希腊政府动摇欧元货币联盟，并且一改之前讳莫如深的态度，表示"已经为'希腊退欧'做好了细节准备"。

在希腊的减债要求无法被满足、欧盟也不愿欧元区开始崩解的情况下，双方在2015年7月13日协商好了新的希腊经济改革方案。希腊放弃要求债主们继续减免债务，而德国提出的"国际债权人派代表进驻雅典监督立法、希腊将500亿欧元国有资产作为新贷款质押、若无法协商好就让希腊暂时退出欧元区至少五年"的强硬方案也没实行。英国《金融时报》披露的救助方案是欧元区国家首脑就为希腊成立500亿欧元私有化基金达成一致，私有化基金将在希腊设立，由希腊政府管理，相关欧洲机构监督。其中250亿欧元用于希腊银行和其他资产的资本重组，剩余250亿欧元中的一半用于降低希腊债务与GDP之比，另一半用于投资。欧元区国家首脑还要求希腊政府采取以下行动：制定规模明显扩大的私有化方案；有价值的希腊资产转移到独立的基金，通过私有化等方式实现这类资产的货币化。

2015年7月14日，IMF提醒国际上的债权人，希腊的资金需求远比预计的要多，希腊的债务只能通过债务减免措施维持可持续性，这些措施远远超出了欧洲目前准备考虑的范围。尽管事实表明近期希腊金融形势在快速恶化并出现公共部门关键改革的倒退，但希腊与国际债权人在8月仍达成了总额为860亿欧元的第三轮援助协议，不过希腊需要承诺进行进一步改革，并通过第一轮经济改革评估之后，才能解锁新一批的援助资金。

自2010年以来，希腊得到欧盟和IMF的两次救助，共获得将近2400亿欧元资金。

2016年5月9日，希腊议会通过了不受欢迎的养老金与税收改革一篮子措施，希望以此说服国际债权人进一步发放援助资金。最迟到7月中期，希腊还需要一笔救助资金，以避免对IMF和欧洲央行的债务违约。欧元区各国财长就希腊债务问题达成一致，同意向希腊提供103亿欧元的紧急资金援助，分两期发放。

希腊政府持续推进养老金制度、医疗制度、税收和预算体制、劳动力市场、商业环境等各个领域的改革。同时，在财政和金融领域，希腊不断调整结构并推进资金重组，让希腊银行业得以健康、可持续发展。而来自欧盟、IMF等国际组织的支持，也助推希腊经济逐渐走出低谷。希腊2018年第一季度GDP同比增长2.3%，连续5个季度实现增长。希腊也不断放松资本管制措施，上调个人用户、企业用户的取款限额，目标是尽快完全取消资本限制，同时将进一步确保宏观经济和金融市场的稳定。

2018年6月，欧盟19个成员国就希腊债务危机救助计划最后阶段的实施方案达成了一致，希腊的主权债务危机宣告结束。事实上，希腊债务负担依然沉重。2018年，希腊的GDP预计约为1850亿欧元，债务占比约为172.5%。

第四章　IMF 和世界银行"重债穷国"倡议

第一节　重债穷国倡议

在国际主权债务重组的历史中，国际组织和多边金融机构一同发挥着至关重要的作用。在多个非政府组织反复游说之下，IMF 与世界银行于1996年正式提出一项旨在解决发展中穷国债务的方案——"重债穷国"倡议 [Heavily Indebted Poor Countries（HIPC）Initiative]。该倡议的初衷是确保贫穷国家不被自己无能力偿还和处置的债务过度拖累。"重债穷国"倡议为债务国提供债务减免和低息贷款，或将债务降至可持续水平，以便未来能够及时偿还债务。纳入倡议内债务国必须存在经传统债务处理方法无效的可持续债务负担。倡议所提供的减债支持需要建立在债务国政府满足一系列经济管理、经济表现目标和经济社会改革的基础之上。

IMF 和世界银行的重债穷国倡议可以归纳为3R，即 Releif, Restructuring, Reduction。通过执行对重债穷国的债务减免（Relief）和债务重组（Restructuring），达到缓解债务危机的目的，使债务国获得重振经济的信心，从而最终达到债务可持续和降低债务国贫困（Reduction）的目标。

"重债穷国"倡议下，国际金融组织（包括多边组织与政府）共同致力于将高度负债的贫穷国家的外部债务降低到可持续水平。该倡议所认定的债务不可持续，指一国债务与出口之比超过200%—250%，或债务与政府收入之比超过280%。倡议有严格的准入标准，并配有"日落条款（sunset clause）"，以防止该倡议成为永久性救助措施，这对"控制某些国家的道德风险、促进这些国家尽早实施经济改革"非常有用。但由于倡议实施落后于计划进度，该日落条款一再延期，但在2004年，世界银行和IMF决定不再延期，以2004年末的数据为准来认定符合条件的国家。先后共有39个国家符合倡议的债务不可持续标准。

1999年，在对倡议进行评估后，IMF决定提供更快、更深和更广泛的债务减免，并加强债务减免、减贫与社会政策之间的联系。2005年，为帮助"联合国千年发展目标"更好实施，IMF推出"多边减债计划（Multilateral Debt Relief Initiative，MDRI）"，作为对重债穷国倡议的补充。MDRI允许国际货币基金组织、世界银行和非洲发展基金（AfDF）这三家多边金融机构，对完成重债穷国计划程序的国家的合格债务进行100%减免。2007年，泛美开发银行（IaDB）决定对西半球五个重债穷国提供额外的债务减免（Beyond HIPC）。

"重债穷国"倡议采取"两步走"的方式：在第一步，倡议会提供暂时性的债务减免，当债务国满足特定要求时，将进入第二步，债务国将获得全额债务减免。

第一步：认证点（decision point）。债务国在接受债务减免之前，首先由IMF判定是否有资格获得债务援助，债务国必须满足以下四个条件：①能够符合世界银行的国际开发协会（IDA）提供无息贷款和IMF的"减贫与增长信托"（Poverty Reduction and Growth Trust，以补贴利率为低收入国家提供贷款）的贷款要求；②面临债务不可持续的负担，且传统减债机制无法处理；③在IMF和世界银行有关项目支持下，建立了改革与完善政策的跟踪记录；④在债务国内部多方参与下，债务国制作完成"减贫战略文件（Poverty Reduction Strategy Paper）"。当债务国满足上述四个基本标准之后，IMF和世界银行执行董事会将正式认证其具有债务减免资格，国际社会将承诺将其债务减免到可持续水平。一旦达到认证点（Pre-Decision Point），债务国将立即开始接受针对到期债务的暂时性减免。

第二步：完成点（completion point）。为了能够得到全额且不可撤销的债务减免，债务国必须：①针对IMF和世界银行的各类贷款，建立进一步的良好履约的跟踪记录；②圆满完成在认证点一致同意的关键性改革；③接受并完成减贫战略文件（PRSP）至少一年以上。一旦债务国满足上述标准，就达到完成点，即能够获取在认证点承诺的全部债务减免。

> ### 减贫战略文件
>
> PRSP：减贫战略（PRS）最初是由IMF和世界银行在1999年的重债穷国倡议背景下提出的，主要是针对IMF援助的低收入国家经济和金融项目，以减贫战略文件（Poverty Reduction Strategy Papers, PRSPs）和年度进展报告（Annual Progress Reports，APRs）的提交作为债务减免的基础。减贫战略文件由低收入国家提供，内容包括：评估贫困化挑战，描述宏观经济、政府机构和社会政策如何促进增长和降低贫困，列出外部融资需求和融资来源。
>
> 减贫战略文件在IMF对低收入国家的支持项目中也被用作持续减贫与促进增长战略的基础性文件。鉴于重债穷国倡议基本完成，而世界银行在2014年取消对IDA国家的优惠融资，IMF于2015年6月对PRS政策要求进行了简化和灵活处理。

在符合重债穷国倡议关于债务不可持续的39个国家中，有37个国家已经达到完成点并从IMF和其他债权人那里获得了债务减免。另外2个国家被视为能够获取倡议帮助的准合格成员，到2020年底还没有到达认证点（Pre-Decision Point）。已到达完成点的37个国家是：亚洲国家1个（阿富汗）；非洲国家31个（加纳、喀麦隆、中非共和国、坦桑尼亚、利比里亚、乍得、刚果共和国、刚果民主共和国、赞比亚、埃塞俄比亚、冈比亚、几内亚、几内亚比绍、布基纳法索、尼日尔、卢旺达、圣多美和普林西比、贝宁、塞内加尔、布隆迪、多哥、乌干达、科特迪瓦、塞拉利昂、科摩罗、马达加斯加、马拉维、马里、毛里塔尼亚、莫桑比克、索马里）；拉

丁美洲国家5个（尼加拉瓜、圭亚那、洪都拉斯、玻利维亚、海地）。其中
索马里2020年3月才达到认证点，未达到认证点的2个国家均为非洲国家
（厄立特里亚、苏丹）。

第二节　HIPC 倡议实施情况

随着大多数债务国已处于后完成点（post-complemention period）阶段并
已获得相应债务减免，重债穷国倡议和多边减债倡议基本完成。对于这些
重债穷国来说，债务减免只是IMF为其发展而所作努力的一部分，IMF还
强调向这些国家提供援助资金、满足国家发展需求和保持债务长期可持续
性等。IMF认为，减债能够有效改善债务国贫困并将更多资金和资源集中
用于减轻贫困。

事后评估看，到达完成点之后的重债穷国都不同程度地呈现出经济
和社会发展的改善。一方面，获得债务减免之后，债务国开始增加民生用
度，减少债务支出。在倡议之前，这些国家基本上很少将政府资金用于医
疗和教育事业，绝大多数政府开支都投入在偿还债务上，现在，这些国家
明显增加了在医疗健康、教育行业和其他社会性服务的政府开支，这类支
出平均达到债务支出的五倍。2001—2014年间，倡议内债务国的债务支出
占GDP比重下降了1.8%。另一方面，国际组织在减债后帮助债务国提高主
权债务管理水平。债务减免使达到完成点之后的债务国的债务情况得到明
显好转，债务指标低于未完成的其他债务国和非倡议内债务国。不过也有
很多国家面对冲击依然很脆弱，特别是全球经济危机对债务国出口形成的
负面影响。IMF认为，降低这些国家的外部脆弱性需要政府采取谨慎的借
贷政策措施，同时加强其主权债务管理能力。表4-1详细列举了除索马里
之外的36个达到完成点债务国达到认证点和完成点的时间以及所获得的来
自IMF项下HIPC与MDRI的全部债务减免情况。除索马里之外的36个已经

表 4-1 IMF 在 HIPC 与 MDRI 机制下的减债情况（百万 SDR，截至 2018 年 8 月）

国家 Member	重债穷国倡议下的债务减免 HIPC Initiative Assistance				多边减债倡议下的债务减免 MDRI Debt Relief		合计
	认证点 Decision Point	完成点 Completion Point	承诺减免额 Amount Committed	HIPC 实际减免额 Amount Disbursed into HIPC	实施日 Delivery date	MDRI 减免额 MDRI Trusts	
				（A）		（B）	（A+B）
36 个已经达到完成点的国家 36 Completion Point HIPCs			2421	2595		2308	4903
阿富汗	2007.7	2010.1	--	--			--
贝宁	2000.7	2003.3	18	20	2006.1	34	54
玻利维亚	2000.2	2001.6	62	65	2006.1	155	220
布基纳法索	2000.7	2002.4	44	46	2006.1	57	103
布隆迪	2005.8	2009.1	19	22	2009.1	9	31
中非共和国	2000.10	2006.4	29	34	2006.4	149	183
喀麦隆	2007.9	2009.6	17	18	2009.7	2	20
乍得	2001.5	2015.4	14	17		–	17
科摩罗	2010.7	2012.12	3	3			3
刚果民主共和国	2003.7	2010.7	280	331	2010.7	–	331
刚果共和国	2006.3	2010.1	5	6	2010.1	5	11
科特迪瓦	2009.3	2012.6	43	26		–	26
埃塞俄比亚	2001.11	2004.4	45	47	2006.1	80	126
冈比亚	2000.12	2007.12	2	2	2007.12	7	10
加纳	2002.2	2004.7	90	94	2006.1	220	314
几内亚	2000.12	2012.9	28	35		–	35
几内亚比绍	2000.12	2010.12	9	9	2011.12	0	9
圭亚那	2000.11	2003.12	57	60	2006.1	32	91
海地	2006.11	2009.6	2	2		–	2
洪都拉斯	2000.6	2005.4	23	26	2006.1	98	125

续　表

国家 Member	重债穷国倡议下的债务减免 HIPC Initiative Assistance				多边减债倡议下的债务减免 MDRI Debt Relief		合计
	认证点 Decision Point	完成点 Completion Point	承诺减免额 Amount Committed	HIPC 实际减免额 Amount Disbursed into HIPC	实施日 Delivery date	MDRI 减免额 MDRI Trusts	
利比里亚	2008.3	2010.6	441	452	2010.6	116	568
马达加斯加	2000.12	2004.10	15	16	2006.1	128	145
马拉维	2000.12	2006.8	33	37	2006.9	15	52
马里	2000.9	2003.3	46	49	2006.1	62	112
毛里塔尼亚	2000.2	2002.6	35	38	2006.9	30	69
莫桑比克	2000.4	2001.9	107	108	2006.1	83	191
尼加拉瓜	2000.12	2004.1	64	71	2006.1	92	163
尼日尔	2000.12	2004.4	31	34	2006.1	60	94
卢旺达	2000.12	2005.4	47	51	2006.1	20	71
塞内加尔	2000.12	2007.3	1	1	2007.3	1	2
塞拉利昂	2000.6	2004.4	34	38	2006.1	95	133
圣多美和普林西比	2002.3	2006.12	100	107	2006.12	77	183
坦桑尼亚	2000.4	2001.11	89	96	2006.1	207	303
多哥	2008.11	2010.12	0	0		–	0
乌干达	2000.2	2000.5	120	122	2006.1	76	198
赞比亚	2000.12	2005.4	469	508	2006.1	398	907
2 个非 HIPCs 国家 2 Non-HIPCs						126	126
柬埔寨					2006.1	57	57
塔吉克斯坦					2006.1	69	69
合计			2421	2595		2434	5029

资料来源：IMF。

达到完成点的国家，共获得IMF 25.95亿特别提款权（Special Drawing Right，SDR）的债务减免，加上MDRI机制下减免的23.08亿SDR，这些国家在这两项机制下共获得IMF 49.03亿SDR的债务减免。

上表显示，按照实际获得的IMF债务减免额看，赞比亚居首（9.07亿SDR），其次是利比里亚和刚果民主共和国。从年限来看，乌干达仅用三个月就从认证点达到了完成点，并获得1.22亿SDR的HIPC倡议减免，而乍得耗费了14年来完成这一过程，几内亚用了12年，几内亚比绍用了10年，且这三个国家总共仅获得6100万SDR减债。积极参与倡议计划，在最短时间内达到完成点的国家更易获得IMF的信任与肯定，并能够获得比较可观的债务减免效果。

赞比亚减债历史回顾

赞比亚是世界银行和IMF 1996年推出的重债穷国减债计划认可的全球38个国家之一。在这38个国家中，赞比亚第17个达到完成点。

1964年独立后，赞比亚依靠其铜矿业人均国民收入达到了750美元，位列全球中等收入国家水平。然而，随着1973年后全球铜价大跌，赞比亚经济开始走下坡路，并大举向外借债。1970年赞比亚的外债为7亿美元，1980年达到了33亿美元。1983年，赞比亚首次向巴黎俱乐部提出减债的请求。巴黎俱乐部仅同意赞比亚延期偿付其所欠债务。为了改善其国际收支状况，赞比亚在IMF的影响下，在1983—1987年间实施了经济结构调整计划（SAP），包括货币贬值、解除价格管制、解除对外汇的控制以及冻结工资等。但这些措施非但没有改善赞比亚的经济，相反，其经济形势进一步恶化。为此，赞比亚于1987年5月1日放弃了经济结构调整计划，转而独立实施其"新经济复兴计划"。该计划对刺激国民经济的发展起到了一定作用，但仍未改变国际收支不平衡的问题。1989年，赞比亚政府不得不重拾 IMF 的经济结构调整计划，并开始大举对国民经济进行私有化。然而，事实证明，赞比亚的经济私有化并不成功，国民经济持续滑坡，所欠外债与日俱增。1992 年，赞比亚的外债突破了 60 亿美元。沉重的债务负担成了阻碍赞比亚经济发展的痼疾。1992 年，赞比亚再次向巴黎俱乐部提出了减债和延期还款的请求。1994 年和 1996 年巴黎俱乐部对赞比亚进行了少量债务的减免，推迟了部分欠款的还款期，但不承诺给赞比亚大规模减债。赞比亚由此对巴黎俱乐部产生了失望的情绪，便将求助重点转向 IMF 和世界银行。这也是赞比亚竭尽全力争取达到 HIPC 减债计划完成点的原因。

根据 HIPC 减债计划的要求，赞比亚于 1999 年开始实施由 IMF 制订的减贫与发展措施计划（PRGF），并于当年开始对采矿、电信、电力和金融等国民经济关键部门进行私有化。与此同时，按照 IMF 的要求，赞比亚对其财政、货币政策进行改革，对其经济结构进行调整。2000 年 12 月，赞比亚与坦桑尼亚等 13 国达到 HIPC 减债计划第一阶段的减债条件，大多数债权方对赞比亚进行了临时的债务减免。按计划，赞比亚应在 2003 年 12 月满足 HIPC 规定的所有条件，达到第二阶段的完成点。但主要由于在财政支出方面未能达到 IMF 设定的 PRGF 要求，赞比亚未能如期达到 HIPC 减债计划的完成点，其推进该项目的进度落在了其他国家的后面。为此，IMF 在 2004 年 6 月为赞比亚制订了"职员监督方案（Staff Monitored Programme，SMP）"，每季度对其评审一次。由于赞比亚认真执行了 SMP，IMF 理事会在 2004 年 12 月再次为赞比亚制定了新一期的 PRGF。在赞比亚政府的积极争取下，IMF 和世界银行最终于 2005 年 4 月认可赞比亚达到了 HIPC 减债计划的完成点。

IMF 和世界银行为赞比亚设定的达到 HIPC 减债计划完成点的

前提条件是：

（1）政府必须制定减贫战略文件，进行为期至少一年的实施和管理；

（2）填充国家艾滋病/性病/肺结核委员会的职位空缺，将防治艾滋病工作纳入至少10个主要部委的工作范畴；

（3）增加对教育部门的投资，将农村地区教师待遇提高到贫困线以上，制定旨在增加北方省、卢阿普拉省、东方省、西方省和西北省学生入学率的行动计划；

（4）实施防止霍乱的行动计划，增加政府采购药品的透明度，及时公布完整的年度医疗部门开支数据，向地方医疗机构发放的实际现金不低于预算额度的80%；

（5）执行"减贫与增长方案"，保持宏观经济稳定，由财政部在至少3个部委执行"财务管理整体系统"，由财政部执行经内阁批准的"中期开支框架方案"；

（6）重组赞比亚电力供应公司，并就出售其大部分股权进行国际招标；

（7）出售赞比亚国家商业银行的大部分股权，并进行国际招标。

根据有关协议，从2001年到2020年，赞比亚将被免除现有72亿美元债务中的38亿美元。其中，世界银行下属的国际开发协会（IDA）将为赞减免债务8.852亿美元，IMF将在2001—2008年间为赞比亚减免债务6.02亿美元。其他双边和多边债权国也将根据HIPC完成点的规定相应为赞比亚免除债务。而在随后2005年6月10日至11日的八国集团财长会议上，赞比亚又获得了若干减免。这样，赞比亚总共获得了54亿美元的债务减免，其外债还有约18亿美元。加上其他国家的一些主动减免，赞比亚官方估计其外债可降至10亿美元之内。

就在赞比亚达到 HIPC 完成点后，其财政部部长即于 5 月率团赴巴黎与巴黎俱乐部举行了会谈，要求巴黎俱乐部进一步给其减债，而巴黎俱乐部也当即表示将继续减免其 14.03 亿美元的名义债务，此外，各巴黎俱乐部成员也在双边框架下减免了其 3.93 亿美元名义债务。赞比亚所欠巴黎俱乐部的双边债务由此只剩 1.24 亿美元，利率也有所调低。

就在赞比亚获准达到 HIPC 完成点期间，英国、荷兰、挪威、瑞典四国集团与赞比亚政府签署了一项援助谅解备忘录。根据备忘录，该四国在 2005 年至 2007 年间，将向赞比亚提供 1.615 亿美元的直接减贫预算支持（PRBS）。由捐助国直接提供 PRBS 资金援助，在赞比亚历史上尚属首次。2005 年 4 月 8 日，IMF 批准在减贫与增长方案下，向赞比亚提供 830 万美元的资金支持，使赞比亚在该计划下获得的资金援助达到 2.567 亿美元。这可以视作各援助方对赞比亚的鼓励。

2010 年 3 月，赞比亚财政和国家计划部副部长 Daka 表示赞比亚现有外债总额 12 亿美元。2005 年赞比亚达到重债穷国完成点之后，国际社会免除其债务 70 亿美元，故当年外债余额仅为 5 亿美元。Daka 表示，赞比亚借债目的是为了保持经济发展，且外债利息仅为 0.75%，政府完全有能力偿还所有债务，国家没有陷入债务危机的风险。

2012 年 11 月，赞比亚成功发行了 7.5 亿美元的欧元债券，赞比亚外债自 2011 年底的 19 亿美元上升至 26 亿美元，引发社会对于赞比亚可能会再次陷入"以债养债"困境的担忧。

2013 年 12 月，IMF 对过去两年里赞比亚公共债务总额增长 10% 表示担忧，认为赞比亚有可能重陷债务泥潭。赞比亚目前外债水平仍处于可控范围内，但过快的增长速度应得到重视。IMF 提醒，随着惠誉评级将赞比亚信用等级由 B 降为 B-，明年赞比亚对外借贷成本将有所增加。

2015年2月，世界银行驻赞比亚代表对赞财政赤字表示担忧，认为这已导致克瓦查贬值、通胀压力增大、政府举债成本上升和私营部门投资被挤出，有损政府财政的可持续性，并对金融市场造成扰动，建议赞政府尽快实施有效的债务管理措施以应对风险。世界银行表示，人事支出、利息偿还和政府补贴是赞财政赤字扩大的主要原因。

2015年9月，鉴于较低的增长速度和大宗商品价格的持续疲软，穆迪曾将赞比亚主权信用评级从B1下调至B2，评级展望从"负面"上调为"稳定"。

2015年10月，赞比亚外债总额已达到63亿美元。

2015年12月，赞比亚政府需要再筹措6.43亿美元以支付中方的项目预付款，这笔预付款是与中国对赞比亚的贷款相配套的。此前披露的一份赞比亚内阁备忘录显示，截至2015年12月，赞比亚和中国签订的优惠贷款和普通商业贷款协议总值约为30亿美元。这些贷款将为在赞比亚开展的各类项目提供85%的融资支持，剩余15%将由赞比亚政府以预付款的形式先行支付。然而由于当前经济形势严峻，政府财政收入不如预期，赞比亚政府需要考虑其他选项支付该笔首付款，以保证相关项目能够按时开展，比如借入新的债务。

2016年4月，穆迪投资者服务公司将赞比亚主权信用评级从B2下调至B3，同时将评级展望从"稳定"下调至"负面"。穆迪表示，本次调整的主要原因是在增长速度下滑和政府收入下降背景下，赞比亚即将面临较大的流动性压力和债务危机。2015年赞比亚财政赤字达到了GDP的8.1%，而2014年这一数据仅为5.6%，2016年财政赤字预计还将达到GDP的7%甚至更高。目前赞方政府借款成本高企，一年期国债收益率高达28%，十年期国债收益率也达12%。2016年政府债务预计占GDP的56%，2018年则将超过60%。

受新冠肺炎疫情冲击，2020年8月10日，在G20债务减缓倡议（Debt Service Suspension Initiative，ISSD）框架下，赞比亚政府与巴黎俱乐部达成新的债务重组协议，参与国分别是比利时、法国、日本、英国。该协议下，赞比亚在2020年5月1日至12月31日期间暂停偿还债务本息。此次重组为净现值中性，即只是暂缓偿还债务，并没有实质性减少债权人的债权。对于这些暂缓偿还的债务，要在4年内还清（含1年宽限期）。

第三节　在HIPC倡议下国际社会的总减债支出

一、国际社会总减债支出情况

在HIPC倡议下，不止IMF给予符合条件的国家债务减免，世界银行旗下国际开发协会、非洲开发银行、巴黎俱乐部、其他双边或多边债权人、商业债权人等也都积极配合，给予符合HIPC条件的国家债务减免。表4-2清晰地展现了各类债权人的减债支出情况。

表4-2　HIPC倡议主要债权人投入资金情况（减债额度）（截至2017年底）

单位：十亿美元

	达到完成点的HIPCs（36）	过渡时期的HIPCs（0）	全部达到认证点的HIPCs（36个国家）	达到认证点之前的HIPCs（3个国家）	总额（39个国家）
	1	2	3=1+2	4	5=3+4
多边债权人合计	28.3	0.0	28.3	5.5	33.8
世界银行	13.2	0.0	13.2	1.5	14.7
IMF	4.6	0.00	4.6	1.9	6.5
非洲开发银行	5.1	0.0	5.1	0.4	5.5
泛美开发银行	1.6	0.0	1.6	0.0	1.6
其他	3.8	0.0	3.8	1.6	5.3

续　表

	达到完成点的HIPCs（36）	过渡时期的HIPCs（0）	全部达到认证点的HIPCs（36个国家）	达到认证点之前的HIPCs（3个国家）	总额（39个国家）
双边和商业债权人合计	30.5	0.00	30.5	12.0	42.4
巴黎俱乐部成员	21.8	0.0	21.8	5.9	27.7
其他官方双边债权人	4.9	0.0	4.9	5.0	9.9
商业债权人	3.8	0.0	3.8	1.0	4.8
总额	58.7	0.0	58.7	17.4	76.2

资料来源：世界银行和IMF。

可见，HIPC倡议下，共对39个国家实施债务减免762亿美元。其中多边债权人减债338亿美元（占44.36%），双边和商业债权人减债424亿美元（占55.64%）。

多边债权人中，资金主要出自IMF（65亿美元）、世界银行（147亿美元），非洲开发银行（55亿美元）、泛美开发银行（16亿美元）、其他多边机构（53亿美元）。

双边和商业债权人中，巴黎俱乐部成员是主力，共在HIPC机制下减债277亿美元（占全部762亿的36.35%），其他双边债权人99亿美元，商业债权人48亿美元。

二、IMF减债信托基金（DRTF）情况

IMF的减债资金主要来源于双边捐助和自有资金，其中自有资金主要是1999年IMF出售黄金所得。这些资金都存放于IMF的减债信托基金中。目前，该基金中的可用资金已经不足以协助所有国家达到减免合格条件和达到认证点。主要原因是，基金最初的融资计划中没有包括苏丹和索马里这两个国家，他们于2006年加入了倡议。这些未达到认证点的国家一旦达到认证点，减债信托基金中的资金将不足以履行减债承诺。所以，IMF表示，该基金亟须继续融资，以支持完成倡议。

减债信托基金的捐助者有双边债权国，也有国际多边组织机构。具体捐助情况如表4-3。截至2018年8月，基金资助者共提供了近69亿美元的资金支持，基金累计投资收益达6.08亿美元，已经实际支付73亿美元。加上德国和美国承诺的未来将贡献的1.45亿美元，减债信托基金目前只有2亿美元的资金可以用于后续债务减免。

表 4-3　IMF 减债信托基金捐助者情况（截至 2018 年 8 月）

单位：百万美元

双边资助者	资源贡献	累计投资收益	实施倡议已经支出数额	可用余额
澳大利亚	13	2	（15）	0
奥地利	96	5	（99）	2
比利时	59	4	（60）	2
加拿大	195	50	（224）	21
丹麦	72	0	（66）	6
欧盟	953	70	（1,022）	0
芬兰	98	16	（97）	17
法国	101	11	（102）	10
德国	195	20	（214）	1
希腊	5	2	（7）	1
冰岛	3	0	（3）	0
爱尔兰	27	7	（31）	3
意大利	99	7	（100）	6
日本	258	54	（241）	71
韩国	10	1	（11）	0
卢森堡	1	0	（1）	0
荷兰	509	26	（520）	15
新西兰	2	0	（2）	0
挪威	368	49	（391）	25
葡萄牙	15	1	（16）	0
俄罗斯	25	6	（27）	4

续　表

双边资助者	资源贡献	累计投资收益	实施倡议已经支出数额	可用余额
西班牙	125	7	（125）	7
瑞典	105	22	（119）	8
瑞士	100	25	（114）	10
英国	423	5	（428）	0
美国	675	15	（688）	2
小计	4,530	405	（4,722）	213
多边捐助者				
世界银行	2,330	202	（2,532）	0
北欧发展基金	31	1	（31）	1
西非发展银行	1	0	（2）	0
小计	2,362	202	（2,564）	1
合计	6,893	608	（7,286）	214

资料来源：IMF。

三、两个认证点之前的国家能否通过认证点仍面临挑战

债务国维持和平与稳定、改进政府管理和基础服务建设，解决这些挑战需要IMF和世界银行持续帮助这些国家加强政策和组织管理，争取来自国际组织的支援。根据HIPC倡议债务减免的基本要求，债务国需要达到四项要求，且能够积极主动地表达债务重组意愿和态度，才能符合认证点要求，实现初步债务减免。实践中，这四项要求对债务国的政府执政能力、经济稳定性和债务可持续性提出较高的要求，债务国在初期往往已经面临社会混乱、经济衰退或政局动荡的局势，要达到这些要求起步艰难，但只有度过艰难时期，才有可能获得日后的国际援助。

目前，未达到认证点的2个非洲国家（厄立特里亚、苏丹），都有很多困难。截至2018年底，厄立特里亚对世界银行的欠款为0.937亿美元；苏丹对世界银行、IMF和非洲开发银行的欠款分别为9.628亿美元、13.469亿美元和3.538亿美元。

四、非巴黎俱乐部成员官方债权人和商业债权人的参与很重要

虽然最大债权人组织（世界银行、IMF、泛美发展银行、非洲开发银行和所有巴黎俱乐部债权人）已经在倡议框架下最大可能的提供了债务减免，一些非巴黎俱乐部官方双边债权人，如中国、阿联酋等，也提供了很大程度的减免，但仍有部分国家并不积极。中国在倡议框架下的减免额达到4.39亿美元，减免比例高达85%；阿联酋的减免额为1.31亿美元，减免比例为81%。非巴黎俱乐部双边债权人整体对他们持有的债务进行了平均51%的减免，减免额度达到49亿美元，但仍有三分之一债权人并未采取任何减债行动。商业债权人的债务减免近年来显著上升，他们主要通过国际开发协会的"债务减免与回购便利（Debt Reduction Facility buyback）"项目实行债务减缓。倡议初期，有些商业债权人就倡议提起诉讼，试图激起对倡议的合法性挑战。近年来这类诉讼逐渐减少和平息。

表4-4　中国对重债穷国的债务减缓情况（截至 2017 年底）

序号	重债穷国（HIPCs）	中国减免额（百万美元）
1	阿富汗	0
2	贝宁	6
3	玻利维亚	11
4	布基纳法索	3
5	布隆迪	5
6	中非共和国	21
7	喀麦隆	7
8	乍得	5
9	科摩罗	0
10	刚果民主共和国	36
11	刚果共和国	14
12	科特迪瓦	15
13	埃塞俄比亚	13
14	冈比亚	3

序号	重债穷国（HIPCs）	中国减免额（百万美元）
15	加纳	13
16	几内亚	14
17	几内亚比绍	3
18	圭亚那	5
19	海地	0
20	洪都拉斯	0
21	利比里亚	9
22	马达加斯加	8
23	马拉维	0
24	马里	26
25	毛里塔尼亚	23
26	莫桑比克	8
27	尼加拉瓜	4
28	尼日尔	7
29	卢旺达	7
30	塞内加尔	19
31	塞拉利昂	41
32	圣多美和普林西比	3
33	坦桑尼亚	38
34	多哥	14
35	乌干达	15
36	赞比亚	45
合计		439

资料来源：IMF。

第四节　IMF 与世界银行对低收入发展中国家（LIDCs）债务可持续的管理

IMF 和世界银行一直高度关注低收入经济体（Lower Income Economies，LIEs）或低收入发展中国家（Low Income Developing Countries，LIDCs）公共债务的可持续问题，或者说公共债务的脆弱性问题。在重债穷国倡议下获得减债的 39 个国家，都在 IMF 所定义的 59 个低收入发展中国家之列。

表 4-5　59 个低收入发展中国家列表

1. 阿富汗	21. 洪都拉斯	41. 卢旺达
2. 孟加拉国	22. 肯尼亚	42. 圣多美和普林西比
3. 贝宁	23. 基里巴斯	43. 塞内加尔
4. 不丹	24. 吉尔吉斯共和国	44. 塞拉利昂
5. 布基纳法索	25. 老挝	45. 所罗门群岛
6. 布隆迪	26. 莱索托	46. 索马里
7. 柬埔寨	27. 利比里亚	47. 南苏丹共和国
8. 喀麦隆	28. 马达加斯加	48. 苏丹
9. 中非共和国	29. 马拉维	49. 塔吉克斯坦
10. 乍得	30. 马里	50. 坦桑尼亚
11. 科摩罗	31. 毛里塔尼亚	51. 冈比亚
12. 科特迪瓦	32. 摩尔多瓦	52. 东帝汶
13. 刚果民主共和国	33. 莫桑比克	53. 多哥
14. 吉布提	34. 缅甸	54. 乌干达
15. 厄立特里亚	35. 尼泊尔	55. 乌兹别克斯坦
16. 埃塞俄比亚	36. 尼加拉瓜	56. 越南
17. 加纳	37. 尼日尔	57. 也门
18. 几内亚	38. 尼日利亚	58. 赞比亚
19. 几内亚比绍	39. 巴布亚新几内亚	59. 津巴布韦
20. 海地	40. 刚果共和国	

注：上述国家分类依据 IMF2019 年 4 月发布的《世界经济展望》。

IMF与世界银行认为，自重债穷国倡议实施减债以来，低收入发展中国家的公共债务水平得到了较好的控制，但最近十年，这些国家的债务水平又快速增长，到2018年底，已经有25个国家的债务水平处于高风险水平或者已经陷入债务困境，这比2013年增加了一倍。不断增加的利息负担约束了这些国家的财政作为空间，限制了其采取逆周期财政政策的能力。到2019年底，39个重债穷国中的半数国家的"利息-收入比率（Interest to revenue ratio）"已经超过减债前的水平，而且这些国家的债务目前更多依靠商业性融资（而非优惠性融资或无偿援助），这让其在遭受内部或外部冲击时显得格外脆弱。

表4-6　部分国家在低收入国家债务可持续框架（LIC-DSF）下的风险状况变化

序号	国家名称	2017年评级	2018年评级	2019年评级	变化的主要原因
1	圣多美和普林西比	高风险	债务困境	债务困境	债务重组迟迟未能达成
2	冈比亚	高风险	债务困境	债务困境	债务重组
3	莫桑比克		债务困境	债务困境	国有企业隐形债务，外汇贬值
4	刚果共和国		债务困境	债务困境	大的财政赤字，不断增加的公共福利支出，低油价
5	多哥	高风险			台风导致的自然灾害
6	塞拉利昂	中风险	高风险		脆弱的财政表现
7	埃塞俄比亚	高风险	高风险		为推动颇具雄心的投资计划而借入的大量商业借款，而非优惠融资
8	肯尼亚		中风险		为推动颇具雄心的投资计划而借入的大量商业借款，而非优惠融资
9	莱索托		低风险	中风险	脆弱的财政和经济表现
10	乍得	债务困境	高风险	高风险	与商业债权人达成了债务重组
11	洪都拉斯	中风险	中风险	低风险	良好的财政和经济表现

序号	国家名称	2017年评级	2018年评级	2019年评级	变化的主要原因
12	东帝汶	中风险		低风险	更现实的投资计划，对石油基金更好地利用
13	马达加斯加	中风险	中风险	低风险	良好的财政和经济表现

资料来源：IMF。

IMF和世界银行认为，临时性的双边债务重组已经不能很好解决一些国家的债务问题，需要国际社会集体行动起来，对这些国家的债务协调达成统一的债务重组方案，以解决他们的债务问题。自2015年以后，巴黎俱乐部连续三年未达成任何债务重组协议，这一方面反映了巴黎俱乐部对发展中国家持有的债权数量已经较之前明显下降，另一方面反映出很多低收入发展中国家越来越多地通过商业银行、国际金融市场（主要是欧洲债券市场）和新兴市场债权人处融资。世界银行和IMF一方面高度赞赏一些新兴官方债权人，如中国，对某些低收入国家进行债务重组，另一方面也一直呼吁中国等加入到国际社会关于低收入发展中国家债务的集体行动（Collective Action）中来。

同时，对于官方债权人来说，应该在提供融资时更加关注债务人的债务可持续问题，并尽可能更多地提供优惠贷款，以减轻这些国家的债务负担，让其债务保持在可持续水平。

IMF和世界银行高度重视低收入国家公共债务的数据透明度问题。目前，59个低收入国家中的57个国家（只有南苏丹和西太平洋岛国基里巴斯两个国家从未报告过）每季度向世界银行的债务申报系统（Debtor Reporting System，DRS）逐笔报告债务信息（loan-by-loan debt information）。该系统是目前使用最为广泛的低收入发展中国家外部债务统计数据库。按照世界银行1951年的规定，凡是从该行借款的国家，均需要每季度向世界银行报告本国外债情况，以便让世界银行这个债权人知晓该国的债务情况。

IMF和世界银行还有另外三个主要的统计数据库，分布是：①季度公共债务统计（Quarterly Public Sector Debt Statistics，QPSDS），季度更新；②季度外部债务统计（Quarterly External Debt Statistics，QEDS），季度更新；③政府融资统计（Government Finance Statistics，GFS），每年更新。每个数据库都有其专门用途，统计口径也不相同，其中QPSDS的统计范围最广、数据最详尽。

为了指导低收入发展中国家更科学合理地借款，帮助他们控制债务风险，IMF和世界银行在2005年首次建立了"低收入国家债务可持续框架，以监测低收入国家的债务水平，为低收入国家的融资决策提供指导。多边组织和发达国家也普遍使用该框架来决定各个低收入国家可以获得的无偿援助和官方发展援助的金额。框架旨在"支持合理融资以促进发展"与"保持债务可持续"方面保持平衡，因为太少的借款会限制其发展能力，而太多的借款又会导致债务风险，这都不利于低收入国家的长期发展。

为了评估债务可持续性，框架使用一系列指标来预测债务可持续性，比如一国债务当年需偿还额与其当年出口的比值（即偿债率，国际警戒线为20%。IMF与世界银行对1974年至2014年所有发生债务危机的低收入发展中国家的研究发现，在发生债务危机之前，一国偿债率会有一个迅速上升，发生风险时的中位数为17%）。其他指标有债务现值/出口、债务现值/GDP、债务现值/财政收入、当年需偿债额/财政收入等。考虑到不同的国家有不同的债务承受能力，可持续分析框架还考虑一些其他指标，以更好评估一国债务承受能力。同时，该框架不只是分析外债，也考虑该国整体公共债务水平（包括内债）。经过多年的运营，该框架较好地提供了对债务风险的早期预警（可以评估这些国家未来20年期限内陷入债务困境的风险），例如2012—2014年间对加纳的债务预警以及对蒙古国和乍得的债务风险的准确预警。

IMF和世界银行定期对该框架进行评估更新，以反映最新情况。2006年、2009年、2012年分别进行了一次评估与更新，最近一次更新是2018

年7月，更新后的框架更好适应了"债权人类型更加广泛、商业性融资占比更高、更多通过债券融资"等最新情况。

OECD组织和巴黎俱乐部成员都深度参与债务可持续性分析框架工作。OECD出口信贷与信用担保工作组（Working Party on Export Credits and Credit Guarantees，ECG）在根据《官方支持的出口信贷的安排》对各个国家进行国别分类时，要对该国的债务水平与偿债情况进行评估，其所使用的方法论，即国别风险分析方法（The Country Risk Classification Method，CRCM），会深度参考债务可持续框架中的数据。每一次债务可持续性分析框架的评估与更新，巴黎俱乐部都要和IMF、世界银行进行研讨，并分享自身在债务重组方面的经验与做法。

第五章　巴黎俱乐部

第一节　巴黎俱乐部概述

　　成立于1956年的巴黎俱乐部，是主权债权人重新协商对其他国家官方信贷的重要论坛（官方信贷包括债权人政府直接发放贷款，或提供官方政策性保险或担保的信贷），它致力于减免或重新协商俱乐部各成员国对发展中国家的债务。自1956年以来，巴黎俱乐部长期主导成员国官方持有的对发展中国家或重债穷国的主权债务重组，截至2019年底，它已经成功地与90个债务国达成了451份债务重组方案，重组金额达到5870亿美元，其中35%的协议有非俱乐部成员国参与。

　　1956年，阿根廷政府表示自己可能发生债务违约，由于涉及的债权国众多，且各债权国都申诉自己在债务清偿中的优先权，使阿根廷的债务压力节节攀升。1956年5月14日，为避免阿根廷主权债务违约，法国财政部邀请各债权国政府（当时参会的共11国政府，分别是奥地利、比利时、丹麦、法国、德国、意大利、荷兰、挪威、瑞典、瑞士和英国），在巴黎召开了三天的会议，于16日就重组阿根廷5亿美元的债务达成了协议，并建议阿根廷加入IMF。这标志着巴黎俱乐部的诞生。

　　从此，巴黎俱乐部逐渐成为解决和协调国际主权债务的重要场所。除了债权国和债务国，国际金融组织（IFIs，主要是IMF和世界银行）和地区发展银行（如亚洲开发银行、泛美开发银行、非洲开发银行等）也会出席参与巴黎俱乐部讨论。IMF、世界银行等国际金融组织会向俱乐部提供债务国经济状况评估。

　　巴黎俱乐部的历届主席均由法国财政部部长级官员出任，一般为某位副部长级高官。其2021年3月的网站显示，现任主席为 Mr. Emmanuel Moulin，为经济与财政部的幕僚长（参谋长）。为促进巴黎俱乐部的发展，法国财政部在20世纪70年代后期为该俱乐部组建了一个12人的小型秘书处，并为俱乐部建立了初步的制度体系。到20世纪80年代，在债务谈判会议（negotiations meeting）之外，又逐渐形成了"月度研讨 tour d'horizon"会议机制。

　　巴黎俱乐部由三类成员组成，包括成员国、临时参与者和观察员。成员国（permanent members）通常在巴黎俱乐部规则下与其他国家开展开放性对话，其债权由政府或官方相关机构（出口信用机构）持有，它们有权对本国双边债务和其他成员国双边债务纠纷或拖欠进行处理。截至2021年3月1日，巴黎俱乐部的成员国为22个国家，除俄罗斯和巴西为非OECD成员国（巴西已经在2017年申请加入OECD，美国已经表示支持）外，其他国家均为OECD成员国。他们分别是：澳大利亚、奥地利、比利时、加拿大、丹麦、芬兰、法国、德国、意大利、爱尔兰、日本、荷兰、挪威、俄罗斯、西班牙、瑞典、瑞士、英国、美国、以色列、韩国、巴西。

　　临时参与者（Ad Hoc Participants）指的是非巴黎俱乐部成员国的国家或债权人能够以临时参与者的身份参加谈判和月度研讨，并被要求以诚信和遵守规则的姿态参与讨论。到目前，阿布扎比、阿根廷、中国人民银行、科威特、墨西哥、摩洛哥、新西兰、葡萄牙、南非、特立尼达和多巴哥、土耳其、印度等都以临时参与者的身份在巴黎俱乐部的债务重组协议或月度研讨会议中出现过。

　　观察员（observers）能够出席谈判会议但不参与讨论，也不会签署任何正式协议，观察员包括三类，一是国际机构和组织：国际货币基金组织、世界银行、经合组织、联合国贸发会议、欧盟、非洲开发银行、亚洲开发银行、欧洲复兴与开发银行（EBRD）和泛美开发银行；二是与谈判会议的债务或债务国无相关重组谈判事项的成员国，也有可能是小份额债权国，出席会议但不会影响债务重组程序；三是与谈判会议中的债务国有债权债务关系的非巴黎俱乐部国家，这类观察员无权签订协议且需成员国和债务国同意其出席。

最新加入的成员国包括：俄罗斯（1997年9月17日加入）、以色列（2014年6月24日加入）和韩国（2016年6月3日加入）、巴西（2016年11月29日加入）。

韩国近20年来一直是巴黎俱乐部的观察员，多次收到俱乐部的加入邀约，2016年时巴黎俱乐部持有的国际债权比例已经降至全球50%以下，而韩国作为债权人持有超过6650亿美元的外国债权，其中很大一部分是对发展中国家债权。几个月之后，新兴市场国家的代表之一——巴西，也宣布正式加入巴黎俱乐部，巴西财政部长 Henrique Meirelles 表示，这是巴西与巴黎俱乐部三十多年良好合作和巴西作为债权人参与65次重组的自然结果。巴西是巴黎俱乐部中第一个拉美国家成员。韩国和巴西的加入有助于提升巴黎俱乐部的全球影响力。

俄罗斯加入巴黎俱乐部

自1992年以来，作为苏联全部债权与债务的继承者，俄罗斯一直与巴黎俱乐部这一国际组织保持着频繁接触。1997年9月17日，俄第一副总理丘拜斯和巴黎俱乐部主席努亚耶在巴黎签署协议，俄罗斯被正式接纳为该组织的债权国成员。

俄罗斯积极致力于加入巴黎俱乐部有其深刻的原因。苏联解体后，IMF、巴黎俱乐部以及伦敦俱乐部等西方债权人不断对俄罗斯施加压力，要求俄罗斯承担苏联到期应偿还的债务。俄罗斯与其他独联体国家经过多轮谈判后，决定苏联全部的对外债权与债务均转由俄罗斯承担。当时的情况是，苏联留下来的既有大量外债（1992年1月1日的外债约为1080亿美元，约为俄罗斯GDP的50%），同时也有可观的国外资产，但却是"硬负债、软资产"。所谓"硬负债"是指苏联从西方国家政府或金融机构获得的贷款，按协议到期应偿还，这对于当时寄希望于西方经济援助的俄罗斯来讲，是理应承担而不能推卸的，因此偿债压力不可谓不重；"软资产"是指苏联的绝大部分国外资产体现为向亚非发展中国家以及原东欧社会主义国家提供的技术援助和军事设备，进入90年代以后，这些国家或由于经济困难无力还债，已提出债务延期、减免的要求，或按原有协议，无须用硬通货而仅以商品还债（大部分商品难以转换为硬通货），从而使得俄罗斯的绝大多数国外资产实际上形同虚设，能收回的寥寥无几。

最初，俄罗斯是以债务国的身份参与巴黎俱乐部、伦敦俱乐部的协商。例如，在1994年6月，俄罗斯与巴黎俱乐部各成员国达成协议，将70亿美元到期债务的归还时间推迟了3年，偿还期为15年；1996年4月，俄罗斯又争取到巴黎俱乐部的同意，延缓25年偿还380亿美元的苏联债务。这些措施尽管缓解了燃眉之急，但并未从根本上解决问题。到1995年底，俄罗斯的外债总额已达1300亿美元，成为世界上第一大债务国。很显然，对于处在经济困境中的俄罗斯，仅仅依靠自身的力量实在难以摆脱这一沉重包袱。因此，在与巴黎俱乐部达成延缓债务偿还协议的同时，俄罗斯也一直力争其作为一个大的债权国应享有的权利，这也是它与巴黎俱乐部进行了两年多谈判磋商的核心议题。

俄罗斯加入巴黎俱乐部，有得有失。从得的方面看，首先，加入巴黎俱乐部使俄罗斯在收回国外资产上较以前更有保障，因为根据俱乐部的运作机制，如果有关债务国不履行偿债义务，俱乐部成员国将集体对之施加经济和政治压力。在加入巴黎俱乐部之前，俄罗斯单独与各个债务国打交道，非常困难，能收回的债权很少。但加入巴黎俱乐部之后，债务国迫于压力，会更切实地履行偿债义务。其次，由于1992年以来卢布急剧贬值，有关债务国以什么样的比价向俄罗斯还债，也是一个各方争执不休的问题。在加入巴黎俱乐部的谈判中，俄方最终坚持了1美元兑换0.62卢布这一苏联时期的比价，并以此核定债务国所欠俄罗斯的债务数额，这也算作是一项相当大的成功。

从失的方面看，俄罗斯为加入巴黎俱乐部付出的代价可谓不小。例如，它必须承认沙皇时期所欠法国的债款，并承担偿还义务。此外，俄政府还不得不接受巴黎俱乐部提出的向债务国提供最大限度债务减缓的要求，即各债务国所欠俄罗斯的债务一律减免35%—80%，其余部分债务也都进行了重新安排，分20年还清。据估计，根据这项安排，与巴黎俱乐部有关系的发展中国家所欠俄罗斯的债务将由520亿美元减至120亿美元。但按照俄第一副总理丘拜斯的话说，"与其幻想那抽象的520亿美元，不如拥有实实在在的120亿美元"，对于当时资金极为短缺的俄罗斯来讲，每一个能拿到手的美元都相当宝贵。

韩国加入巴黎俱乐部

一、韩国债权国地位演进历程

韩国的债权国地位经历了多次历史变迁。通常在经济危机时期，韩国的经济下滑、债务增加，债权人地位也随即发生改变。

第一阶段，20世纪60年代至90年代中期。韩国经济经历了30年的快速发展，跨入了新型工业化经济体行列。"汉江奇迹"就是用来形容那个时代韩国翻天覆地的发展成就的。

　　第二阶段，1997—2001年，韩国沦为债务国。1997年亚洲金融危机爆发，韩国经济受到波及，股市暴跌，汇率跌至冰点，韩国政府无奈只好在危机爆发后的一个月向IMF申请了195亿美元紧急贷款援助，才使危机趋于平静。此后，按照与IMF的贷款协议，韩国着手对公共领域、企业、金融和劳动力市场进行改革。得益于打破刚兑和债券市场融资举措，韩国经济在1999年出现大幅回升。逐渐恢复了宏观经济稳定。

　　第三阶段，2002—2007年，转为债权国。2001年8月，韩国全部还清IMF紧急援助贷款。2002年5月，韩国宣布提前归还亚开行和世行的38亿美元贷款。至此，韩国才从危机中完全走出来，完成了从债务国到债权国的地位转变。

　　第四阶段，2008—2009年，再次沦为债务国。2008年9月，受金融危机影响，外汇贷款增加，韩国再次沦为债务国。不过当时的韩国国内债券市场趋于成熟，起到了很好的风险缓释作用；再加上近十年的经济改革基础，韩国在这次危急中较为有效地抵御了外部危机。

　　第五阶段，2009年至今，重获债权国身份。2009年9月，韩国仅时隔一年就再次恢复为净债权国，重获债权国身份。此后，韩国对外债权随着投资增加而持续增加，债权数量、结构和质量都稳步趋好。整体来看，韩国对外债权在过去25年间呈上升趋势，仅有两次金融危机时的存量出现下滑，而对外投资发展更使韩国债权不断增加。

　　综上所述，韩国对外债权情况与经济走势密切相关。通常在经济危机时，其国内经济发展问题暴露，外汇储备消耗，外部资产减少，外部借贷增加，直接导致债权下降；在危机后的复苏阶段，通过经济改革和政策调整，流动性问题得到缓解，对外投资增加，对外债权存量相应上升。

二、韩国加入巴黎俱乐部的原因

韩国加入巴黎俱乐部是内外部因素共同作用下的结果。从内部因素来看，韩国加入巴黎俱乐部有其自身考虑。

一是韩国对外投资增长引发外部资产安全担忧。2016年，韩国对外投资力度加大，投资行业主要集中在金融业、矿业和制造业，而且对亚洲和中南美地区投资还在增加。以非洲矿业为例，大宗商品价格低迷对矿业打击很大，这将增加非洲国家的偿债压力。与此同时，全球经济复苏乏力，以中国、巴西、俄罗斯等国为代表的新兴经济体经济增长出现不同程度的困难，韩国对外部投资过程中形成的债权安全越发担忧。

二是参与集体行动，拉近与国际组织的关系。韩国与IMF的交往始于1997年金融危机之后的"IMF时代"。其间，韩国的金融监管权和经济控制权被大大剥夺。此后，虽然IMF对韩国经济无权继续干预，但也向韩国提供经济咨询，就在8月5日，IMF还曾表示韩国有财政空间采取扩张性政策。可以说，韩国"IMF"时代的终结并不意味着与IMF交往的结束。此次韩国加入巴黎俱乐部的一个重要原因就是配合IMF等国际组织在主权债务问题上采取的债权国集体行动原则和立场。这就意味着，韩国会在债权重组与执行过程中更多地配合IMF和巴黎俱乐部的集体行动，这不仅使其能够在相对平等和透明的环境下参与债权管理，还能够进一步拉近韩国与这些国际组织的关系。

三是借助国际债权人组织平台获得更多信息。巴黎俱乐部除了月度研讨会和债务谈判会议这些正式会议外，成员国之间还会以非正式的途径相互交流，大量的交流信息会帮助韩国对债务国经济情况作出及时判断，并尽早作出债权处置安排。同时，韩国加入巴黎俱乐部也能够提升国家形象和国际影响力。

除此之外，还受外部因素影响。

一是担心新兴经济体发生债务违约风险。大宗商品价格持续低位徘徊，减少了新兴市场国家的外汇收入，增加了偿债压力，尤其是长期依赖石油的经济体受创严重，比如委内瑞拉和俄罗斯，引发韩国担忧。

二是迎合发达国家要求。近些年，巴黎俱乐部屡次向韩国发出加入邀请，主要有两点考虑：一方面近几年巴黎俱乐部手中持有的债权出现下滑，已不足全球债权的50%，远不如20世纪80年代的盛况；另一方面，韩国的加入不仅能带来充足的债权储备，还能继续扩大巴黎俱乐部在全球的影响力。韩国加入巴黎俱乐部存在很大的被动性。无论从文化到经济，再到军事，韩国一直紧紧追随西方步伐。韩国是在美国庇护下成长起来的，然而今天的世界已不再是美国独霸，韩国既要加强与其他大国交往，又要看美国脸色。总之，韩国一直很被动，一直在听从老朋友和寻找新庇护之间游离，此次加入巴黎俱乐部或许是韩国在维护对美关系上的又一次平衡之举。

纵观巴黎俱乐部近期对新成员的吸纳，不难看出，在当前的国际政治经济新格局之下，全球治理的参与者和参与方式也在发生改变。更多情况下，参与全球治理面临的是多方博弈和妥协的过程，其实质是进行利益互换，各取所需。因此，参与全球治理能够体现国际担当，能够提高国际地位和争夺话语权，但是参与的背景、立场和姿态更加重要，这是一种外交策略，也是一种国家战略。

第二节　巴黎俱乐部的会议机制

一、月度研讨（Tour d'Horizon）

巴黎俱乐部每月会举行债权人会议（Tour d'Horizon，2月和8月除外），利用一天的时间讨论各自债务国的债权情况，以及发展中国家债务的处理方法问题。有时也会对达到协商条件的某些债务国进行研讨。当债务国达到IMF所认可的该国无法履行外债偿付义务并且需要债务重组的时候，会被邀请与其债权国一起参加月度会议（通常由本国财政部带队出席）。巴黎俱乐部之所以与IMF建立这种联系是因为适当的经济评估和改革措施能够为债务国重建良好的宏观经济框架，并且降低将来违约的可能性。

与被邀请的债务国存在债权债务重组诉求的成员国都可以参加月度研讨，与该债务国没有债权债务关系的成员国则可作为观察员出席。其他官方双边债权人可能会以"临时参与者（Ad hoc participants）"身份被邀请参会，但以常任成员国和债务国最终协议为准。

二、谈判会议（Negotiation Meeting）

在月度研讨会议期间，巴黎俱乐部可能还会与达到谈判条件的一个或多个债务国展开谈论，召开谈判会议。会议流程如下：

巴黎俱乐部主席简短发言之后宣布会议开始。债务国代表首先声明表达现阶段有迫切进行债务重组的诉求。这项声明是基于IMF和世界银行，或其他出席的国际组织的评估之上的。然后债权国代表可以要求债务国代表澄清或提供关于债务国的其他相关和补充信息。对所有问题应答之后，债务国代表团退席直至整个谈判结束。然后债权国开始提出各自的债务重组方案，当所有债权人就重组方案达成一致时，会议负责人将会告知债务国代表团。如果债务国不同意并要求修改该计划，负责人将向债务国询问修改需求后，再次组织债权人讨论，并形成新方案。这种讨价还价将持续几个回合直至双方达成一致。当双方就债务重组条款达成一致，则会使用英文和法文各生成一项正式"商定记录 Agreed Minutes"。该文件由秘书处起草，随后由债权国和债务国确认，由债务国代表团、会议主席和参与债权国代表共同签署。在谈判会议结束后，巴黎俱乐部将在债务双方同意后发布新闻公告。

第三节　巴黎俱乐部的重组规则

一、重组方式（Types of the treatment）

（一）9 种重组条款

在60余年的发展过程中，巴黎俱乐部产生了多种债务重组的标准条款，适用于不同的时期和不同的债务国，并以产生这种条款的国际会议召开的地点命名。按照产生的先后顺序，列示如下：

1.基础条款（Classic terms）：也称为标准条款或传统条款。是1956—1987年期间的规则，先后在60个国家的173次债务重组中使用。该规则下，一般没有债务减免（non-concessional rescheduling），主要是就债务偿还期进行协商，即采取延长还款期的方式进行重组，大部分情况下是3年的宽限期和10年的还款期。

2.专用条款（Ad Hoc terms）：强调个案个议和对债务国的重组方案的灵活性和针对性，有多个版本，自1972年在对巴基斯坦债务重组中开始使用。先后在50个国家的70次债务重组中使用。

3.威尼斯条款（Venice terms）：1987年开始使用，也没有债务减免，主要为了应对撒哈拉以南的非洲最贫穷国家的债务困境，在延长还款期的同时增加了宽限期，宽限期最长可达10年，还款期则最长可达20年。

4.多伦多条款（Toronto terms）：1988年开始使用，针对重债穷国，第一次采取债务减免的方式（减免力度为33%），自此之后很多债务重组都包括一定量的债务减免，而不再是仅延长还款期或增加宽限期。后被那不勒斯条款取代。

5.休斯敦条款（Houston terms）：1990年针对中等收入以下国家新设立的条款，在基础条款基础上进行了三方面强化：一是非官方发展援助（Non-ODA）债务偿还期限延长至15年，官方发展援助（ODA）债务延长至20年，较修改前最高延长了10年；二是ODA债务将在优惠利率下被重组；三是债务互换（debt swaps）可以在双边自愿的基础上进行。21个债务国使用过该方式。 只有达到以下三项基本要求的债务国才能适用休斯敦条款：一是低收入国家，人均GDP低于2995美元；二是高度负债，达到下面三项中的两项，包括债务与GDP之比超过50%、债务与出口之比大于275%、计划内债务重组占出口超过30%；三是拥有私营债务1.5倍的官方双边债务规模。

6.伦敦条款（London terms）：在多伦多条款基础上，1991年加大对低收入国家减债力度，将非ODA债务减免力度从33%提高到50%。对ODA债务，提供宽限期为12年、还款期为30年的重组方案。后被那不勒斯条款取代。

7.那不勒斯条款（Naples terms）：是多伦多条款和伦敦条款的升级版。1994年12月针对最贫穷国家（重债穷国）新设立的条款，减免程度要求至少达到50%，对于非ODA债务可提高至67%。对于ODA债务，宽限期可以延长到16年，还款期可以延长到40年。36个债务国使用过该方式。那不勒斯条款的适用要求债务国存在巴黎俱乐部与IMF项下的跟踪记录表明其高负债水平和低收入水平。

8.里昂条款（Lyon terms）：1996年推出，对重债穷国的非官方发展援助贷款（Non-ODA），减债程度达到80%。对于官方发展援助，提供宽限期为16年、还款期为40年的再融资。后被科隆条款取代。

9.科隆条款（Cologne terms）：是对里昂条款的升级版。1999年11月推出，将HIPC倡议框架内重债穷国的非ODA债务减免比例提升至90%，对

ODA减免比例为100%。在此基础上，俱乐部各成员一致表示将在双边基础上进一步提高减免力度。例如，欧盟倡议其成员国都采取100%的债务减免。34个债务国使用过该方式。

这些重组方式均有具体债务国适用的条件和安排。适用哪种方式，主要取决于巴黎俱乐部和IMF对债务国的评估，特别是人均收入、债务水平和偿债能力等指标。

（二）依云方式（Evian Approach）

巴黎俱乐部在2003年10月8日达成了针对非重债穷国（non-HIPC countries）的新方式——依云方式（Evian approach）。这是一种没有标准条款的债务重组方式，强调个案个议，对具体债务国的重组方案更加灵活和有针对性。2003年之后就非重债穷国新达成的债务重组协议，基本都是在依云方式下达成的，到2019年底共15个国家使用该方式。在依云方式下，巴黎俱乐部将从债务可持续性的角度考虑，采取更具针对性的应对措施，对即将发生债务违约的国家提供重组或减免待遇，推进债务国的财务状况更加具备可持续性。

巴黎俱乐部将根据IMF的债务可持续性分析标准，审查该国债务的可持续性。分析时，将特别注意下列因素：债务率随时间的变化趋势以及债务国的经济潜力；调整财政政策的努力；外部冲击的存在与否、持久性和强度；IMF设定的基准情景及其变量；债务人此前对巴黎俱乐部的求助行为以及未来进行求助的可能性。

对于那些正在面临流动性问题但被认为未来债务可持续的国家，巴黎俱乐部将根据现有条款设计债务重组方案，以确保债务国的财务状况与债务处理方案相适应。债务问题最严重的国家将根据新的债务处理方案得到更有效的解决。对于其他国家，仅在有正当理由时才能使用现有条款中最为慷慨的债务处理方式。

对于那些被IMF和巴黎俱乐部一致认为债务不可持续的国家，将在

IMF支持框架下，由巴黎俱乐部对其进行全面的债务重组，并向其其他外部债权人（包括私营债权人）寻求可比待遇。该过程可以分为三个阶段。在第一阶段，该国将与IMF达成第一项安排，巴黎俱乐部将给予该国流动性待遇，即允许延缓偿还债务。根据债务国过去的表现，这一阶段的期限可能是一年到三年不等，这将使债务国能够在执行IMF方案和向巴黎俱乐部债权人付款方面提供令人满意的记录。在第二阶段，该国将与IMF达成第二项安排，并可以接受巴黎俱乐部给予的第一阶段的重组待遇。在第三阶段中，巴黎俱乐部可以根据IMF后续计划的实施及该国对巴黎俱乐部是否有令人满意的付款记录来完成对该国债务的处理。因此，该国只有长期保持其良好的对IMF和巴黎俱乐部的付款记录，才能从重组方案中充分受益。

依云方式下，并没有标准条款。巴黎俱乐部将根据债务国的财务状况来调整处理方式。具体将借鉴过去使用过的方式或在依云方式下开发新的方案。仅在个别例外情形下，才会考虑通过减少本金或净现值来减免债务。在这种情况下，分阶段进行重组的做法将使巴黎俱乐部有机会在一段时间后审查债务减免的要求是否必要和数量是否合理。

表5-1 依云方式下的债务重组

债务国	时间	重组条款	处理金额 （百万美元）	名义债务消减比例
肯尼亚	2004	休斯敦条款	353	0%
多米尼加	2004	基础条款	193	0%
加蓬	2004	基础条款	716	0%
格鲁吉亚	2004	休斯敦条款	161	0%
多米尼加	2006	基础条款	137	0%
摩尔多瓦	2006	休斯敦条款	151	0%
吉布提	2008	休斯敦条款	76	0%
安提瓜和巴布达	2010	基础条款	110	0%
圣基茨和尼维斯	2012	基础条款	5	0%

续　表

债务国	时间	重组条款	处理金额（百万美元）	名义债务消减比例
伊拉克	2004	专用条款	37158	80%
吉尔吉斯斯坦	2005	专用条款	555	22&
尼日利亚	2005	专用条款	30066	60%
塞舌尔	2009	专用条款	163	45%
缅甸	2013	专用条款	9868	56%

资料来源：European Stability Mechanism。

二、债务重组的六项原则

巴黎俱乐部对债务重组有六项基本原则，所有加入巴黎俱乐部的成员国必须承诺始终遵守这六项原则，以确保成员国对债务人"集体行动"的最高效率和最好效果。

（一）一致性原则（Solidarity）

在债务重组过程中，巴黎俱乐部全体成员国同意作为具有共同利益的集体出现，并且时时关注本国债权的管理措施对其他成员国债权的影响。

（二）共识原则（Consensus）

巴黎俱乐部的决议只有在全体参会债权国一致同意的基础上才能够生效和实施。

（三）信息共享原则（Information sharing）

巴黎俱乐部是一个统一的信息分享平台。得益于IMF和世界银行的加入，成员国通常会在互惠基础上彼此分享对债务国的看法和信息数据。为了确保分享效果，这些讨论是对外保密的。

（四）逐案处理原则（Case by case）

为了针对每一个债务国不同情况为其量身定制债务重组方案，巴黎俱乐部会逐案处理作出决策。

（五）限制性原则（Conditionality）

巴黎俱乐部只与达到下列条件的债务国展开债务重组协商：由IMF认定该国迫切需要债务减缓，债务国需要提供针对本国经济和金融情况的详细描述；已经完成或正在致力于实施重建经济和金融改革；在IMF有可被证实的执行改革的跟踪记录。这意味着债务国必须正在接受IMF的资金支持或政策支持（比如备用安排[①]、中期贷款[②]、减贫与增长贷款PRGF[③]、政策支持工具PSI[④]）等，巴黎俱乐部的减债程度取决于IMF在这些项目中所认定的债务国融资缺口。当俱乐部选择对债务进行流量处理（flow treatment）而非一次性存量重组（stock treatment）时，债务重组的巩固期起始于IMF指出债务国需要减债处理的时间，如果流量处理的时间超过1年，巴黎俱乐部的债务重组协议就将分阶段执行，第一阶段到期的债务将在重组协议生效后尽快得到重组，后续阶段的重组将在商定记录（Agreed Minutes）中提到的条件满足时实施。

[①] IMF备用安排（IMF Stand-By Arrangement，SBA）：于1952年6月创立，多次被用于帮助成员国解决国际收支问题，是IMF为新兴经济体和发达国家提供的有力的贷款工具。SBA框架下的贷款会根据成员国实际外部融资需求作出具体安排，力求通过相对简易的限制条件和程序，尽快收到成效。

[②] IMF中期贷款（又称扩展贷款，Extended Fund Facility）：IMF通过中期贷款向成员国提供的确保一国能够提取一定数额以内的资金，通常是在3—4年内提取，以帮助其解决导致严重国际收支缺陷的结构性经济问题。

[③] IMF减贫与增长贷款（Poverty Reduction and Growth Facility，PRGF）：IMF为低收入国家提供的减贫与促进增长贷款，为了增加贷款的灵活性，更好地满足低收入国家的实际需求，该贷款从2009年开始，逐步被中期贷款（扩展贷款）所取代。

[④] 政策支持工具（PSI）：为不愿意或不需要基金融资支持手段来帮助解决困难的国家提供无借款安排的非金融性工具。这项工具是对减贫与增长信托（PRGT）借款方式的有效补充。PSI帮助受援国制定设计有效的经济项目，同时对捐助者、多边开发银行和市场发出这些政策和执行力度的明确信号。

（六）待遇可比性原则（Comparability of treatment）

债务国与巴黎俱乐部成员国签署债务重组协议后，不得与其他债权人（包括双边债权人和商业债权人）签订对债权人更为有利（即对债务国更为不利）的重组条件，以防止其他债权人获得更优待遇。简而言之，该原则要求对不同债权人的待遇要有可比性，不得存在待遇差别。这意味着非俱乐部债权人（商业和双边重组条款）的待遇不会高于俱乐部债权人的待遇，有利于保证所有债权人参与债务重组集体行动的积极性。

上述这些原则是针对不同利益相关主体制定的。

限制性原则主要针对债务人，要求债务国对债务重组有迫切的需求，并且有强烈的意愿通过改变经济状况得到债务减缓或补偿。这个原则一方面在客观上有助于提高债务人的支付能力，另一方面对IMF框架实现了集体行动上的激励，因为要想获得巴黎俱乐部债务减缓则首先要获得IMF的援助。

待遇可比性原则、一致性原则和信息共享原则是针对债权人设定的规则。待遇可比性原则实际上确保了债权人的待遇公平，该原则使巴黎俱乐部所属的债务减缓不会沦为非巴黎俱乐部债权国的流动性补贴，也抑制了那些集体行动以外的债权国想不合作而获利的情况。一致性原则和共识原则将债权人作为一个利益整体，各个债权人的利益都在原则内进行协调与谈判，在整个债务重组过程中，所有相关债权人应是一个共进退的利益集合体。信息共享原则进一步巩固了巴黎俱乐部集体行动的有效性，及时听取来自债权国、IMF与世界银行等组织针对债务国的状况分析，增加了债务重组的信息透明度，增强了全体债务人集体行动的有效性。

逐案处理原则主要关注债权人和债务人关系协调。为了提高债务重组的效率，根据债务国不同经济情况进行划分和逐一处理，使重组方案更富有针对性，也使重组过程更加灵活，同时可以在参与重组的债权人中间形成事先判断，形成处理架构并集中参与谈判，而且也降低了债务国的谈判成本。谈判内容和意见的形成往往先在巴黎俱乐部的组织下，在债权国之间形成一致意见之后，才与债务国展开谈判，这避免了不合作债权国对整个谈判进程的影响。

三、截止日规则

截止日（cut-off date）是需要纳入重组的债务的相关合同签署的最后一天。只有在这个日期之前签署的贷款协议所产生的债务才能纳入重组。也就是说，截止日之后签订的贷款协议对应的贷款不进行重组。截止日规则为债务重组确定了一个截止日期，巴黎俱乐部只重组截止日之前签订的贷款协议对应的债权，避免了重组范围的不确定性。

在债务国第一次与巴黎俱乐部就债务重组进行谈判时，就把截止日确定下来，此后一般不会改变。

需要注意的是，截止日是基于信贷协议，而不是基于提款，如果信贷协议在此之前签订，即便提款发生在截止日之后，也纳入重组。

截止日规则一方面划清了重组的范围，另一方面也保护了在此之后签订贷款协议的债权，它们将不被纳入重组。原则上，在此日期之后的贷款要优先于先前的贷款进行偿还，以避免再次对截止日之后的贷款进行重组，这实质上保证了截止日之后贷款的优先性。

四、债务互换条款

巴黎俱乐部的很多重组协议中都有一个债务互换条款（Possibility to conduct debt swaps）。这个条款允许债权人在自愿基础上进行债务互换，具体形式可以是债务换资源、换援助（官方发展援助）、换股权、换当地币债权等。这些互换通常涉及债权国政府将债务出售给一个投资者，后者又将债务出售给债务国政府以换取当地公司的股份或者换得当地货币用以投资当地的项目。为了保证待遇可比性原则，进行债务互换的额度不得超过每个债权人债权总额的一定比例（如20%），同时也不能超过一个最高限额（如2000万特别提款权）。具体互换的条件将在重组协议中详细列明。为了保证信息透明，债务人和债权人应每半年向巴黎俱乐部秘书处通报互换的具体情况，秘书处将负责把情况再通报给每一个债权国政府。

五、善意条款（good will clause）

也称为诚意条款，该条款一般规定在1年或1年半的期间内，债务国应该认真落实IMF提出的改革建议和经济调整方案，并应积极从巴黎俱乐部以外的债权人处争取同样的债务重组条件。如果债务国做了上述债务减轻的积极努力，巴黎俱乐部债权人会对其之后的债务重组采取与本次重组相同或更优惠的条件。

六、撤回条款（pullback clause）

也称为后卫条款，是巴黎俱乐部达成的协定议事录中的条款。根据该条款，如果不满足一定的条件（如取得IMF的某项认定，或重组款项之外的某些款项必须在规定日期之前偿还），债务重组以及其他协议将宣布无效。

第四节　巴黎俱乐部与IMF、世界银行的关系

作为维护国际货币和金融稳定的多边机构，IMF工作的一项重点是防范和化解金融危机。20世纪80年代以来，主权债务危机多次冲击国际金融体系的稳定，如何设法化解主权债务危机、限制并减少其系统性冲击，成为一项重要的工作。解决主权债务危机的一项重大挑战，是如何迅速有序地对不可持续的债务进行重组，从而使债务国能够走出财政和金融的泥潭，恢复经济增长的活力，并防止一个国家的债务危机发生系统性蔓延。

在债务危机中，IMF的主要职能之一就是向成员国提供暂时融资，帮助它们解决一系列国际收支问题，使得成员国有时间调整其政策，稳定经济，并能在一定的期限内偿还IMF的贷款。在大多情况下，政策调整以及IMF的贷款可以催化私营部门的融资，同时也会吸引官方资金。因此，成

员国仍可以继续按原始合约偿还债务，并能通过市场融资。但是在有些情况下，借贷国外债沉重无法通过市场融资，它所需的援助远远超过了IMF能够提供的贷款以及政策调整的能力。此时，为了确保借贷国能按时还款，并保证其中期外部稳定，IMF要求借贷国要通过重组债务来达到国际收支稳定。这是IMF提供贷款的前提条件。

某种程度上可以说，IMF充当了国际最后贷款人的角色。尽管它自身不能印制自己的货币，但在国际社会支持下，IMF拥有极其可观的资源，可以在其他机构不愿意提供融资的情况下，向成员国提供大额的低成本的资金。

巴黎俱乐部与IMF、世界银行从一开始就有紧密的联系，其中，与IMF的关系最为紧密。从第一次将阿根廷债务纳入IMF框架内处理开始，巴黎俱乐部的所有活动都与IMF、世界银行紧密相关，债权人同意债务国在巴黎俱乐部进行债务重组的前提之一，就是债务国获得IMF的资金支持，并通过IMF关于该国财政状况和债务负担的评估。对于有些国家其财政状况尚并不需要IMF或世界银行给予直接融资支持，此时IMF或世界银行会帮助其制定经济调整政策或为其提供政策咨询（如政策支持工具，Policy Support Instrument，PSI）。对于巴黎俱乐部债权人来说，由IMF提供资金并监督债务国执行相关的结构调整政策，是债务国改善经济财政状况、债务重组得以有效执行的重要保障。巴黎俱乐部与IMF的合作符合他们双方的利益，既有利于维护他们各自债权的安全，也有利于维护他们各自在国际政治经济舞台上的话语权和影响力。尽管国际社会很多学者在不断抨击IMF和世界银行对低收入国家的结构调整政策并没有取得预期效果。

其实，巴黎俱乐部的成员国主要是欧美日等发达国家，而IMF和世界银行也主要由这些国家所把持，他们在债务重组问题上相互合作，是必然的。

表5-2　持有IMF 1%以上投票权（votes）的国家列表

序号	国家	投票权（%）	是否巴黎俱乐部成员国
1	美国	16.51	是
2	日本	6.15	是

序号	国家	投票权（%）	是否巴黎俱乐部成员国
3	中国	6.08	否
4	德国	5.32	是
5	英国	4.03	是
6	法国	4.03	是
7	意大利	3.02	是
8	印度	2.63	否
9	俄罗斯	2.59	是
10	加拿大	2.22	是
11	巴西	2.22	是
12	沙特阿拉伯	2.01	否
13	西班牙	1.92	是
14	墨西哥	1.8	否
15	荷兰	1.76	是
16	韩国	1.73	是
17	澳大利亚	1.33	是
18	比利时	1.3	是
19	瑞士	1.18	是

资料来源：IMF。

可以说，巴黎俱乐部是IMF制定的规则制度的有效补充。IMF擅长制定限制性规则，而巴黎俱乐部则更倾向通过谈判与磋商解决制度框架以外的利益共享与权责共担，以及各方权利义务的谈判空间。

巴黎俱乐部的有效运作，很大程度上取决于IMF和世界银行体制稳固，故也可以说，巴黎俱乐部与IMF、世界银行都是美欧等西方国家在二战后建立的布雷顿森林体系的组成部分，是全球金融治理的重要内容。一方面，IMF和世界银行是债务纾困的主要来源，它们联同其他多边金融机构（如亚洲开发银行等）提供的新的融资是债务国能够在债务重组之后按照重组协议偿还债务的保障；另一方面，IMF、世界银行等会在债务重组的前、中和后整个过程中监测、指导债务国的经济调整政策和财政状况。对于巴黎俱乐部而言，其主要参与国更加关注债务国对于债务在一个较长时期内能否清偿债务以实现自己的债权权利，与IMF进行联动目的在于确保债务人的流动性与债务可持续。当然，巴黎俱乐部的债务处理原则与执行规则并不是强制性的，也不涉及明确的惩罚机制，具备软法①的性质，由于软法本身的强制能力弱，地位不明确，内容固定性较弱等缺陷，导致巴黎俱乐部的规则约束也表现出类似的弱点。

对于诸如古巴之类的非IMF成员国，巴黎俱乐部则会根据情况自行对债务国的经济情况进行评估，并在就债务国的经济改革方案协商达成一致的基础上进行债务重组。

古巴债务重组

古巴是美洲唯一的社会主义国家，是加勒比地区的农业和旅游业大国，同时拥有完善的公费医疗和教育体制，国民福利较好。但经济结构比较单一，对进口依赖度高，自然灾害频繁。特别是苏联解体后，古巴经济发展缓慢，尽管采取了多项经济体制方面的改革，但受制于美国制裁，仍积累了大量债务。

古巴不是IMF成员国，故无权从IMF获得救助资金或紧急贷款。针对这种情况，巴黎俱乐部会自行对古巴经济进行评估，并与古巴协商达成就其经济改革的方案，在此基础上，进行债务重组。

2001年，古巴与巴黎俱乐部进行了债务重组谈判，但未能达成协议，主要障碍是前苏联遗留下的高达350亿美元债务。此后，俄罗斯通过双边途径免除了古巴的绝大部分债务。2008年，劳尔·卡斯特罗上台执政以后，限制进口，推行政府机构裁员，降低政府补贴，强

---

① 软法（soft law），是指那些不能运用国家强制力保证实施的法规范。软法是相对于硬法（hard law）而言的，后者是指那些能够依靠国家强制力保证实施的法规范。

调维持国家财政秩序，履行债务义务。2011年开始，古巴实现收支经常项目顺差，支付债权人和供应商的信用记录也得到改善。此后四年间，古巴先后与日本商业债权人、墨西哥和俄罗斯政府进行了债务重组，每次均获得70%~90%不等的债务减免，剩余债务则延长了支付期限。例如，在2013年11月，墨西哥对古巴一笔近5亿美元的债务减免了70%。同年，俄罗斯免除古巴一笔320亿美元债务的90%。

在美古关系改善的新形势下，西方国家普遍希望与古巴加强经贸联系，在债务问题方面对古巴展现出灵活性。一位欧洲外交官表示，"所有人都希望解决债务问题，以便面向未来。坦率地讲，债务问题存在了30年，我认为债权人只要能多少拿回些就会感到非常满意了。"

2015年12月12日，经过两天的谈判，巴黎俱乐部债权人集团（不含美国，包括澳大利亚、奥地利、比利时、加拿大、丹麦、芬兰、法国、日本、意大利、荷兰、西班牙、瑞典、瑞士、英国）与古巴政府达成了债务重组安排，对古巴18年期间的存量债务——截至2015年10月31日共计111亿美元（包括未付利息）进行重组。本次重组，共减免古巴所欠款项85亿美元，剩余26亿美元需要在2033年之前还清。该协议为最终解决古巴债务问题提供了框架，在签署双边协议后，债权国的官方出口信用保险机构将恢复对古巴的承保。

根据重组协议，债权国可以出售或交换大部分剩余债务，包括双方共同设立名为"等价基金"的债转投基金，通过利用该基金对古巴当地发展项目进行投资，古巴所欠债款可按比例减少。该基金总值为26亿欠款中的7.5亿美元。后续，古巴与西班牙签署了九个投资项目，支持在古巴设立合资企业和开发制造纸箱、铝结构零部件、脚手架和其他项目，这些项目的总价值相当于2400多万美元。与法国开发银行签署了一项价值4600万美元的项目，用于开发牧场和制造奶制品，古巴出资600万美元。此外，意大利、日本和俄罗斯等国家均试图通过与古巴签署基础设施工程合同（包括交通运输和建筑等）来换取债务免除。

2018年2月，商业债权人在伦敦俱乐部项下对古巴发出偿还要约，希望与古巴就10亿美元商业债务进行协商。这些债务可追溯到20世纪70和80年代，很多债务已经40年未获得还款。伦敦俱乐部债权人委员会聘请了曾处理过希腊债务危机的美国顶尖律师李·布赫海特（Lee Buchheit），律师表示，只有古巴处理完这些麻烦问题，主要投资者才会考虑将资金投放到该国。阿德兰特资产管理（Adelante Asset Management）的朱利安·亚当斯（Julian Adams）是古巴伦敦俱乐部债权人委员会负责人，他表示委员会更倾向协商解决问题，但如果未能达能一致，他们将会诉诸法律，到时可能采取的措施将包括扣押资产或是中断古巴的国际支付和贸易。商业债权人表示愿意把他们持有的债务换成未来的股权。

2016—2018年，古巴在上述重组协议下分别向巴黎俱乐部还款4000万美元、6000万美元、7000万美元。但2019年古巴又开始拖欠部分国家的款项。

第五节　巴黎俱乐部与OECD出口信贷工作组（ECG）的关系

OECD出口信贷工作组作（Working Party on Export Credits and Credit Guarantees，ECG）为OECD组织内部专门从事出口信贷与出口信用保险事务的机构，一直在努力推动OECD内部的官方出口信用机构ECA，主要是各国的出口信用保险公司和进出口银行等）实施审慎的信贷/信用保险政策和可持续融资政策，并与IMF的债务限额政策（Debt Limit Policy，DLP）和世界银行旗下国际开发协会的非优惠借款政策（Non Concessional Borrowing

Policy，NCMP）保持一致。

对于中低收入国家，特别是已经参与巴黎俱乐部债务重组的低收入国家来说，ECA在可持续融资和保持这些国家债务可持续方面发挥着重要作用。正因为如此，OECD出口信贷工作组与巴黎俱乐部一直保持密切协作，在IMF和世界银行的支持下，工作组各成员国协商达成了《在向低收入国家提供官方支持出口信用时的可持续融资实践原则和指引》（the Principles and Guidelines to Promote Sustainable Lending Practices in the Provision of Official Export Credits to Lower-Income Countries）（以下简称《原则和指引》），并在2016年进行了更新。

上述《原则和指引》要求，在向低收入国家提供主权信贷或信用保险时，必须：（1）充分考虑IMF和世界银行最新的对该国债务可持续性分析；（2）遵守世界银行对该国设置的非优惠借款限额；（3）对于有"非优惠借款"额度的国家，要向该国适当的政府部门进行确认拟发放的融资或拟承保的交易符合IMF和世界银行关于该国的债务限额政策（DLP）和非优惠借款政策（NCBP）；（4）对于非优惠借款限额为零的国家，不许提供官方出口信用支持。

同时，为了保持信息透明，工作组各成员国需要及时向IMF和世界银行通报交易情况。

2018年5月，OECD理事会部长级会议通过了《理事会关于可持续融资实践和官方支持出口信贷的建议书》（Recommendation of the Council on Sustainable Lending Practices and Officially Supported Export Credits），呼吁各成员国以及非成员国遵守IMF和世界银行的相关规定，建议ECA在向非优惠借款限额低于500万特别提款权（SDR）的低收入国家的主权政府或由主权担保的项目提供信用支持前，通过专用邮箱向IMF和世界银行通报交易信息。

第六节　巴黎俱乐部对重债穷国倡议的配合

在主权债务重组过程中，巴黎俱乐部在促成集体行动的同时，非常注意与IMF重债穷国倡议计划的时点配合。

初始阶段（preliminary period）。为了获得援助，债务国必须对IMF和世界银行援助项目实施调整和改革，同时建立跟踪记录。一旦债务国被认定具备参与倡议的资格，将会得到来自巴黎俱乐部债权国（那不勒斯重组条款）和其他官方和私营债权人的初步债务减缓。

认证点（decision point）。初始阶段完成时，IMF和世界银行会颁布债务可持续分析报告来反映债务国目前外债状况。如果经过传统的债务减缓机制，外债现值与出口比超过150%，则获得倡议援助。对于高度开放经济体（出口与GDP比值超过30%）的高负债情况，要求其债务净现值在认证点达到财政收入的250%。认证点内，多方国际组织将致力于提供充分有效的援助帮助债务国达到债务可持续的评估标准，以便债务重组顺利到达完成点。同时，来自国际组织或金融组织的帮助还取决于其他债权人对债务减缓的确定性和积极程度。

过渡阶段（interim period）。按照逐案处理原则，巴黎俱乐部债权人可以为债务国提供过渡性减免，以便帮助债务国在IMF项下的认证点与完成点之间形成良好的经济表现，具体可通过前面提到过的流处理（flow treatment）的方法达到90%的商业债务减免（剩余10%仍执行后续重组计划）和100%的ODA债务减免（科隆条款），从而达到逐案处理的效果。或者直接减免之前巴黎俱乐部公布的债务。对于之前在里昂条款下获得债转股处置的国家，或基于前期巴黎俱乐部处置，按照科隆条款未能获得有效减免的，将不能获得过渡性减免。

完成点（completion point）。在认证点阶段剩余的债务减免将在这时获得减免，通过巴黎俱乐部所认定的合格债务减免，遵从负担均分原则，获得可比性债务减免（不低于其他债权人）。

巴黎俱乐部在HIPC倡议框架内的债务减免情况是：截至2017年底，巴黎俱乐部债权人承诺为达到认证点的36个重债穷国提供217.94亿美元的债务减免，多数债权人还积极承诺并实际提供了HIPC倡议之外的额外债务减免，实际减免额达到401.84亿美元，完成率达184.4%。喀麦隆、科特迪瓦、海地、洪都拉斯和多哥累计接受了巴黎俱乐部债权人相当于承诺减免额400%以上的实际减免（见表5-3）。

表5-3　巴黎俱乐部成员国对重债穷国双边债务实际减免情况（截至2017年底）

单位：百万美元

债务国（36个）	HIPC倡议承诺减免额	HIPC倡议实际减免额	HIPC倡议外额外减免	减免总额	实际减免额与承诺减免额之比（%）
阿富汗	514.9	514.9	682.4	1197.3	232.5
贝宁	89.2	89.2	0.0	89.2	100.0
玻利维亚	561.5	561.5	0.0	561.5	100.0
布基纳法索	32.2	32.2	25.5	57.7	179.3
布隆迪	111.9	111.9	5.6	117.5	105.0
喀麦隆	1211.6	1211.6	3897.5	5109.1	421.7
中非共和国	40.6	40.6	7.5	48.1	118.6
乍得	19.7	19.7	43.9	63.7	322.5
刚果民主共和国	5372.8	5372.8	1500.3	6873.1	127.9
刚果共和国	1059.2	1059.2	1633.1	2692.3	254.2
科摩罗	9.5	9.5	0.6	10.1	105.8
科特迪瓦	1601.1	1601.1	5279.6	6880.7	429.7
埃塞俄比亚	693.9	693.9	234.5	928.4	133.8
冈比亚	6.7	6.7	0.0	6.7	100.0
几内亚	263.7	263.7	332.9	596.6	226.3
几内亚比绍	143.6	143.6	31.4	175.0	121.9
加纳	1135.5	1135.5	698.5	1834.0	161.5
圭亚那	257.2	257.2	43.5	300.7	116.9

续　表

债务国（36个）	HIPC 倡议承诺减免额	HIPC 倡议实际减免额	HIPC 倡议外额外减免	减免总额	实际减免额与承诺减免额之比（％）
海地	18.5	18.5	83.6	102.1	550.7
洪都拉斯	236.0	236.0	1099.9	1335.9	566.0
利比里亚	1025.7	1025.7	124.1	1149.8	112.1
马达加斯加	548.4	548.4	664.7	1213.1	221.2
马拉维	197.7	197.7	270.8	468.5	237.0
马里	159.3	159.3	0.0	159.3	100.0
毛里塔尼亚	192.1	192.1	23.3	215.3	112.1
莫桑比克	1479.5	1479.5	0.0	1479.5	100.0
尼加拉瓜	1217.3	1217.3	186.5	1403.8	115.3
尼日尔	150.0	150.0	62.8	212.9	141.9
卢旺达	48.4	48.4	9.9	58.3	120.5
圣多美和普林西比	20.2	20.2	0.7	21.0	103.7
塞内加尔	176.5	176.5	440.3	616.8	349.4
塞拉利昂	272.8	272.8	27.4	300.2	110.0
坦桑尼亚	1114.5	1114.5	0.0	1114.5	100.0
多哥	120.8	120.8	473.2	594.0	491.7
乌干达	166.0	166.0	0.0	166.0	100.0
赞比亚	1525.7	1525.7	505.5	2031.2	133.1
合计	21794.4	21794.4	18389.7	40184.1	184.4

资料来源：重债穷国相关文件、债务国政府和IMF。

2020年3月，索马里达到认证点。巴黎俱乐部根据科隆条款对其截止日为1984年10月1日的26.25亿美元债务进行重组，减免债务13.58亿美元，对剩余12.66亿美元债务进行了重新安排，其中官方发展援助（DOA）债务分40年偿还（含16年宽限期），非官方发展援助（Non-ODA）债务分23年偿还（含6年宽限期）。

第七节 巴黎俱乐部债务重组总体情况

一、总体情况

巴黎俱乐部自成立以来，截至2020年12月31日，成员国数量逐步增加到22国，参与债务重组的债务国数量达到99个，累计达成的债务重组协议达到470份（这是俱乐部与债务国根据谈判会议达成的协议数量，并不是两国之间后续签订的双边债务重组协议，这种双边协议数量要达到数千份），累计重组金额达到5880亿美元。

表5-4 巴黎俱乐部近十多年债务重组整体情况

截止日期	成员国数量	累计已经重组国家数量	累计达成协议数量	累计重组金额（亿美元）
2008.09.01	19	86	408	5390
2009.12.31	19	87	415	5430
2010.12.31	19	88	421	5530
2011.12.31	19	88	423	5560
2012.12.31	19	89	427	5630
2013.12.31	19	90	429	5730
2014.12.31	20	90	430	5830
2015.12.31	20	90	433	5830
2016.12.31	22	90	433	5830
2017.12.31	22	90	433	5830
2018.12.31	22	90	433	5830
2019.12.31	22	90	433	5870
2020.12.31	22	99	470	5880

资料来源：巴黎俱乐部网站。

其中很多国家参与过多次重组（如下表所示），甚至有些国家在完成重组后不久即宣布再次违约，只得再次进行重组。有些国家则提前偿还了大部分债务，如俄罗斯、尼日利亚等，这种提前偿还也需要征得重组协议各债权人的同意，因为他们损失了很多未来的利息。

表 5-5　部分国家参与巴黎俱乐部重组的情况（截至 2020 年 6 月）

国家（按重组金额排序）	重组次数	累计重组金额（亿美元）
尼日利亚	5	706.89
埃及	2	282.62
科特迪瓦	13	216.77
阿根廷	9	210.19
印度尼西亚	8	204.88
巴基斯坦	7	185.94
秘鲁	8	149.29
刚果	9	109.06
缅甸	2	98.68
喀麦隆	8	85.00
坦桑尼亚	7	55.95
厄瓜多尔	8	27.61
古巴	1	26
埃塞俄比亚	6	25.51
苏丹	4	15.36
肯尼亚	3	11.89
乌干达	8	8.47
安哥拉	2	4.46
斯里兰卡	1	2.27

资料来源：作者根据巴黎俱乐部网站信息整理。

值得一提的是，在1988年之前，巴黎俱乐部在债务重组时，基本没有采取债务减免的方式，而是主要采取延期方式。自1988年推出多伦多条款（Toronto Terms）后，巴黎俱乐部开始针对重债穷国采取债务减免的方式，此后很多债务重组都包括一定量的债务减免，而不再是仅延长还款期或增加宽限期。1988年之后，每年达成的债务重组协议中超过一半都包括债务减免。

在达成的协议数量方面，1956—1980年的早期25年中，累计达成的债务重组协议只有30份。其中，1966年与第一个亚洲国家（印度尼西亚）达成债务重组协议；1976年与第一个非洲国家（扎伊尔，现刚果民主共和国）达成债务重组协议。与第一个欧洲国家（波兰）达成协议则是在1981年。

20世纪80年代和90年代是达成协议的高峰期，很多年份达成的协议数量都超过10份，1985年和1989年更是超过20份（1985年与22个债务国达成协议，1989年与24个债务国达成协议）。2005—2018年的14年里，每年达成的协议数量都不超过10份。

1996年，IMF和世界银行推出重债穷国减债倡议，巴黎俱乐部积极响应，陆续与36个重债穷国达成了多项重组协议。

2010年之后，巴黎俱乐部的债务重组活动陷入低谷。2011—2019年的9年时间里仅达成12份协议。其中，2016年、2017年、2018年、2019年连续四年，巴黎俱乐部没有达成任何新的债务重组协议。

但2019年后，部分低收入国家重新陷入债务困难，特别是受到新冠肺炎疫情冲击，在G20和IMF、世界银行的缓债倡议下，2020年当年达成了37份重组协议。

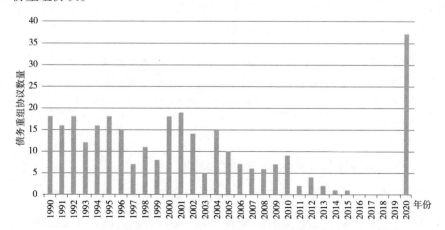

图5-1　巴黎俱乐部1990—2020年间各年度达成的债务重组协议数量

资料来源：巴黎俱乐部网站。

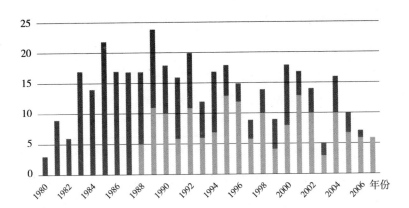

图 5-2　巴黎俱乐部 1980—2007 年间各年度达成的债务重组协议数量

资料来源：巴黎俱乐部 2007 年年报。

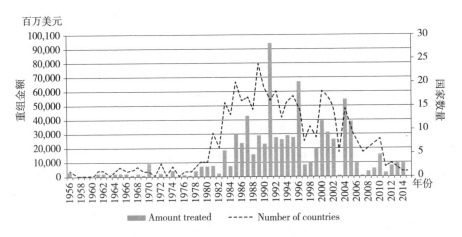

图 5-3　巴黎俱乐部 1956—2014 年间各年度债务重组金额和涉及国家数量

资料来源：Gong Cheng，Javier Diaz-Cassou，Aitor Erce，From Debt Collection to Relief Provision:60 Years of Official Debt Restructurings through the Paris Club，European Stability Mechanism，2016。

二、20 世纪 80 至 90 年代的高峰期

20 世纪 80 年代臭名昭著的债务危机，是巴黎俱乐部发展过程的一个转折点。1981 年后，巴黎俱乐部每年都要达成 10 份以上的债务重组协议，使其在国际社会和国际金融市场上的地位陡增。

此次债务危机起始于1982年的墨西哥主权债务违约，之后多个拉美国家（智利、阿根廷、巴西）、撒哈拉以南非洲国家、中东国家（埃及、约旦）、东欧国家（如波兰、原南斯拉夫、保加利亚）、亚洲（菲律宾）相继陷入危机。

1981—1987年，巴黎俱乐部仍然沿用基础条款进行债务重组，即给予一定的延期，并配以IMF的救助。这种方式对于暂时遭遇流动性问题的国家和债务需偿还额较小的国家来说，可以较好地解决问题。

但到了80年代中期，国际社会越来越对一些负债较多的国家的偿还能力表示担忧，开始认识到对于这些国家，简单的延期和配以IMF的救助已经很难解决问题。1988年10月，巴黎俱乐部债权人同意采用多伦多条款，该条款首次给予最贫穷国家债务减免。1988—1991年，共有20个国家使用多伦多条款在26个重组协议下进行了重组。此后，又在1991年12月和1994年12月，分别启用了伦敦条款和那不勒斯条款，进行更大程度的减免。

对其他尚可以偿还债务的国家，则继续沿用传统延期的方式，并不给予减免。1990年9月，巴黎俱乐部针对部分中低等收入国家适用基础条款存在的困难，达成了休斯敦条款，这是对基础条款的改进。

三、债务国提前还款情况

为了适应不断变化的宏观经济环境，债务国可能希望对重组后的债务进行动态式管理。这包括期限结构、货币结构等。而实现这种动态管理的一个常用方法就是提前还款。这样做的好处有：减少需偿还的债务；减少某一特定货币的风险敞口；或通过将外债转换成国内债务来发展自己的国内债券市场或增加其流动性。

在大多数情况下，债权人都能够接受这种提前还款。自1997年以来，巴黎俱乐部已经允许一些债务国预先偿付其债务。提前还款需要通过所有巴黎俱乐部债权人的评估和同意。为了保持巴黎俱乐部债权人之间的团结，提前还款必须满足以下条件：以相同的条件向所有巴黎俱乐部债权人提出提前还款要约；所有巴黎俱乐部债权人均同意提前还款的条款。但是否参与提前还款是自愿性的，每个巴黎俱乐部债权人可以自己决定是否参加。

提前还款操作可以在两个框架下实现：

1. 按面值提前还款：以票面价值对债务进行偿付。

2. 以市场价回购：以市场价偿还债务。市场价值的定义为剩余现金流量的净现值（NPV）。债务的市场价值可能高于或低于其票面价值。

巴黎俱乐部的大部分提前还款业务发生在2005—2007年之间：波兰（44亿美元）、巴西（10亿美元）、俄罗斯（370亿美元）、阿尔及利亚（79亿美元）、马其顿共和国（1.04亿美元）、秘鲁（41亿美元）、加蓬（22亿美元）和约旦（25亿美元），这些债务的账面价值约700亿美元。此后仅有的一项提前还款是2015年与塞舌尔达成的。

几次比较典型的提前还款安排是：

（1）2005年接受俄罗斯150亿美元提前还款，2006年接受俄罗斯220亿美元提前还款。几乎全部巴黎俱乐部债权人都参加了该次提前还款。

（2）2007年1月24日同意马其顿共和国的提款还款要约，范围是1995年重组项下的债务，约1.04亿美元。巴黎俱乐部债权人均决定参加该安排。

（3）2005年接受了秘鲁的第一笔提前还款，金额为16亿美元。2007年5月23日接受了秘鲁第二笔提前还款，范围是1993年和1996年两次重组项下的非官方发展援助债务，金额约为25亿美元。几乎全部巴黎俱乐部债权人参加了该安排。

（4）2007年7月18日同意加蓬提出的以市场价进行回购债务的要约，范围是1994年，1995年，2000年和2004年四次重组项下的非官方发展援助债务。债务总额约为22亿美元。几乎全部巴黎俱乐部债权人参加了该安排。

（5）2007年10月18日同意约旦提出的以市场价值回购其债务的要约，范围是1994年、1997年、1999年和2002年重组项下的非官方发展援助债务。债务总额约为25亿美元。几乎所有巴黎俱乐部债权人决定参加。

（6）2015年2月25日同意塞舌尔提出的以市场价值回购债务的要约，范围是2009年重组项下的3000万美元债务。所有巴黎俱乐部债权人以及南非决定参加。

四、2020年受新冠肺炎疫情影响最新达成的重组协议

2020年，除3月份在IMF重债穷国倡议下对刚刚达到完成点的索马里进行债务重组并消减大量债务外，其他债务重组都是受全球新冠肺炎疫情影响在G20缓债倡议（Agreement on the Debt service suspension Initiative，ISSD）机制下达成的，到12月31日，巴黎俱乐部在ISSD机制下陆续与36个国家达成重组协议。这些协议的条款基本相同，均是同意债务国在2020年5月1日至12月31日期间暂停偿还债务本息。重组债权的范围均是2020年3月24日（截止日）之前签署的贷款协议。此次重组为净现值中性（NPV Neutral），即只是暂缓偿还债务，并没有实质性减少债权人的债权。这些暂缓偿还的债务，均要在4年内还清（含1年宽限期）。同时，重组协议均包括善意条款（good will clause），即如果债务国严格遵守了重组协议的约定（一是充分披露所有公共债务；二是遵守IMF、世界银行关于非优惠融资限额政策），债权国政府将积极考虑给予进一步延期。

表5-6 2020年巴黎俱乐部达成的债务重组一览表

序号	日期	重组条款	债务国（中文）
1	2020.05.31	科隆条款（Cologne）	索马里
2	2020.05.15	专用条款（Ad Hoc）	马里
3	2020.05.15	专用条款（Ad Hoc）	多米尼加
4	2020.05.18	专用条款（Ad Hoc）	格林纳达
5	2020.05.19	专用条款（Ad Hoc）	尼泊尔
6	2020.05.19	专用条款（Ad Hoc）	喀麦隆

续　表

序号	日期	重组条款	债务国（中文）
7	2020.05.26	专用条款（Ad Hoc）	布基纳法索
8	2020.06.2	专用条款（Ad Hoc）	毛里塔尼亚
9	2020.06.4	专用条款（Ad Hoc）	尼日尔
10	2020.06.9	专用条款（Ad Hoc）	刚果
11	2020.06.9	专用条款（Ad Hoc）	巴基斯坦
12	2020.06.9	专用条款（Ad Hoc）	乍得
13	2020.06.9	专用条款（Ad Hoc）	埃塞尔比亚
14	2020.06.10	专用条款（Ad Hoc）	缅甸
15	2020.06.11	专用条款（Ad Hoc）	科特迪瓦
16	2020.06.15	专用条款（Ad Hoc）	科摩罗
17	2020.06.15	专用条款（Ad Hoc）	多哥
18	2020.06.16	专用条款（Ad Hoc）	吉尔吉斯斯坦
19	2020.06.24	专用条款（Ad Hoc）	几内亚
20	2020.07.21	专用条款（Ad Hoc）	塞内加尔
21	2020.07.27	专用条款（Ad Hoc）	刚果民主共和国
22	2020.08.10	专用条款（Ad Hoc）	吉布提
23	2020.08.10	专用条款（Ad Hoc）	赞比亚
24	2020.08.12	专用条款（Ad Hoc）	弗得角
25	2020.08.12	专用条款（Ad Hoc）	圣多美和普林西比
26	2020.08.14	专用条款（Ad Hoc）	塞拉利昂
27	2020.08.20	专用条款（Ad Hoc）	巴布亚新几内亚
28	2020.08.27	专用条款（Ad Hoc）	萨摩亚
29	2020.08.31	专用条款（Ad Hoc）	安哥拉
30	2020.09.3	专用条款（Ad Hoc）	塔吉克斯坦
31	2020.09.10	专用条款（Ad Hoc）	莱索托
32	2020.09.14	专用条款（Ad Hoc）	马尔代夫
33	2020.09.30	专用条款（Ad Hoc）	莫桑比克
34	2020.10.08	专用条款（Ad Hoc）	也门
35	2020.10.12	专用条款（Ad Hoc）	马达加斯加
36	2020.10.23	专用条款（Ad Hoc）	坦桑尼亚

序号	日期	重组条款	债务国（中文）
37	2020.11.25	专用条款（Ad Hoc）	圣卢西亚

资料来源：作者根据巴黎俱乐部官方网站整理。

案例a：越南

资料来源：越南财政部副部长张志忠 Truong Chi Trung 2012年发言

1993年12月13日，在越南对IMF的欠款被结清的几周后，巴黎俱乐部与越南达成协议，这是在其重新融入国际金融市场的过程中具有决定性作用的一步。巴黎俱乐部的债权人订立的条款遵循了1990年英国财政大臣在特立尼达提出的建议与1991年7月召开的七国集团伦敦峰会上达成的"伦敦条款"。

巴黎俱乐部协议确保了越南的其他双边债权人与商业债权人具有与俱乐部债权人相当的权利（待遇可比原则，即非俱乐部债权人的待遇不会高于俱乐部债权国的待遇），从而确保其公共债务的可持续性。它也为越南提供了修整的时机来实施其发展战略，使越南从低收入国家过渡到低中收入国家。越南现在正积极地履行其对巴黎俱乐部债权人及其他债权人的偿付义务。

1.债务处理及巴黎俱乐部在其中的作用

在20世纪90年代初期，越南是外债负担沉重的国家之一。1993年12月，越南根据"伦敦条款"与巴黎俱乐部签署了一项多边协定，其中债权人集体承诺至少减少该国50%的合格债务（以净现值计算）。

巴黎俱乐部债权人：在1993—1997年间，越南的10个巴黎俱乐部债权人执行了1993年12月签署的多边协定，并通过双边协定将债务减缓范围从53%扩大到100%。

非巴黎俱乐部官方债权人：在1997—2000年间，越南与所有非巴黎俱乐部主权债权人达成协议。以净现值计算，债务减免程度为63%~85%。

商业债权人：1998年3月，越南与伦敦俱乐部签署了一项债务偿还重组协议。约定减少53.9%的合格债务。

这些债务清偿安排极大程度上减少了越南的外债总额，使该国从1993年外债金额超过GDP 100%的重债国转变为2000年外债占GDP 43%的债务可持续国家。

2.这些债务安排对越南社会经济发展的影响

这些主权债务重组协议使越南与世界上所有债权人的关系得以正常化，并打开了其进入全球金融市场的渠道。外债的清算有助于越南在2012年从低收入国家变为低中收入国家。

在1993—2012年间，国际捐助者为越南提供了超过780亿美元的官方发展援助。这是支持该国GDP高速增长的重要因素。

由于现有债务负担的减轻及新的外部融资渠道的获得，越南得以将其核心投资集中在战略基础设施建设和社会经济项目上，其中包括：

（1）农业与农村发展：实施有效的脱贫战略。越南的贫困率已从2005年的22%降低到2010年的14.2%和2012年的11.5%（预估）。

（2）能源部门：官方发展援助预算的13%用于能源部门。越南的平均电力生产能力每年增长10%以上。

（3）交通基础设施，电信和城市排水系统：例如国家高速公路系统，港口，机场，铁路和地下系统，信息技术和城市环境。

（4）医疗保健，教育和培训，环境保护：例如设备采购，将医疗保健网络扩展到农村地区，教育改革，自然资源管理能力提升，灾害风险管理，植树造林，水资源管理以及实施国家目标计划以应对气候变化等。

官方发展援助在国民账户收支平衡中发挥了重要作用，占国家预算总投资的15%~17%。

3.维持外债的可持续性

巴黎俱乐部的债务重组安排帮助越南维持了外债的可持续性。2012年，越南外债占GDP的比重预估为42%，中长期外债还本付息金额占商品和服务出口的3.5%。

2012年7月，越南发布了《2011—2020年公共与国家外债战略及对2030年的展望》，其中承诺将其外债控制在GDP的50%以内。

案例b：坦桑尼亚

资料来源：坦桑尼亚共和国财政部长William MGIMWA 2012年发言

2000年4月，坦桑尼亚被世界银行和IMF宣布有资格享受"重债穷国倡议（HIPC Initiative）"提出的各项条件，并且于2001年11月成为第四个达到完成点的国家。2002年1月17日，在到达完成点之后，巴黎俱乐部债权人批准给予其7.37亿美元（以现值计价）的债务减免，以恢复其债务可持续性。

坦桑尼亚决心实施一项具有广泛基础且十分严格的经济计划，得益于债务减免，该计划为坦桑尼亚可持续经济增长及全面脱贫战略奠定了基础。巴黎俱乐部债权人对此计划表示支持。

1.背景

在20世纪90年代中期到2002年之间，坦桑尼亚经济增长缓慢，贫困程度高且债务不可持续，社会局势动荡不安。为了改善局势，该国在2000年发布的《减贫战略文件》中阐明要着手加强宏观经济管理，采取更为全面的社会政策与更具可持续性的债务管理政策。

鉴于坦桑尼亚根据重债穷国倡议坚决致力于经济与社会结构改革，该国在2001年11月27日达到重债穷国倡议完成点，因此有资格被减免外部债务。2002年1月17日，巴黎俱乐部债权人给予了其7.37亿美元（以现值计价）的债务减免，以恢复该国债务的可持续性。继乌干达、玻利维亚和莫桑比克之后，坦桑尼亚成为根据重债穷国倡议完成巴黎俱乐部减债进程的第四个国家。

2. 改善经济与金融状况

重债穷国倡议和多边减债倡议中的债务减免极大减轻了坦桑尼亚的债务负担，其所有债务指标均降至风险阈值以下。根据2012年2月进行的债务可持续性分析（DSA），外债净现值占GDP比例为18.0%，低于债务可持续性框架（DSF）中规定的阈值50%；外债现值占财政收入的比例为106.1%，低于DSF中设定的阈值300%；外债还本付息金额占财政收入的比例为4.8%，低于DSF中设定的阈值35%；外债现值占出口金额的比例为53.6%，低于DSF中设定的阈值200%。

巴黎俱乐部债权人所采取的债务减免为坦桑尼亚政府实施其《减贫战略文件》中阐明的政策和计划提供了必要的财政资源。该国的减贫战略目前被称为国家经济增长与减贫战略（NSGRP），又被称为MKUKUTA。随着时间的推移，直接用于MKUKUTA的政府预算份额一直在不断增加，从2005、2006年的54.1%增加到2011年、2012年的75.5%。2011年、2012年期间，实际发展预算占GDP的比重逐步上升9.5%。

3. 债务减免对减贫支出的影响

巴黎俱乐部的债务减免使得坦桑尼亚政府能够执行旨在实现减贫千年发展目标的社会政策与方案。坦桑尼亚国家经济增长与减贫战略旨在提高教育、卫生及其他诸如安全且清洁的饮用水、通电线路、道路改善与电信网络建设等基础设施的质量并扩大其覆盖面。

在教育领域，各类教育的普及率都有所提高：小学的入学率极高，受过训练的教师比例也持续显著增加。例如，小学的毛入学率在1997年为78%，而到2012年，该数据为98.4%。

在卫生领域，五岁以下儿童及婴儿的死亡率急剧下降，孕产妇死亡率显著降低。在2000年，该国婴儿死亡率大约为8.097%，到2012年已降至6.574%。此外，2007—2008年度，该国艾滋病毒流行率已从2003—2004年的6.3%降至4.6%，且HIV患者获得抗病毒治疗药物的机会也大大增加。

政府除了加大对卫生与教育等社会领域的投资外，还非常重视对清洁且安全的饮用水的提供。2012年，城市与农村地区获得安全饮用水的比例分别上升至84%及57.8%。

4.结论

坦桑尼亚在推动经济增长、创造就业机会、改善基础设施建设、发展与减少贫困等议程方面仍然面临若干挑战，这与该国为在2015年前实现千年发展目标而需付出的努力相一致。面临这些挑战，之前传统优惠融资的大幅下降使该国不得不通过昂贵的非优惠融资渠道进行借款。传统捐助者和债权人通过提供优惠融资来继续支持其发展就变得异常重要。

案例C：尼日利亚

资料来源：尼日利亚债务管理办公室主任（Director-General of the Debt Management Office）Abraham Nwankwo博士2013年发言

2005年，尼日利亚联邦共和国获得了巴黎俱乐部提供的债务减免待遇。根据对尼日利亚的国家经济状况进行分析以及尼日利亚承诺实施已被IMF在"政策援助计划"项下提供支持的经济改革，促使巴黎俱乐部根据"那不勒斯条款"对该国的合格债务进行减免。在债务减免计划的第一阶段，尼日利亚结清了其对巴黎俱乐部的所有欠款，并得到了300亿美元债务中33%的债务减免。在对IMF的计划进行首次回顾，确认改革的成功实施后，巴黎俱乐部将债务减免的额度提高到合格债务的60%，随后尼日利亚立即偿还了截止日期后的债务并回购了该国家/地区的剩余合格债权。根据IMF和世界银行制定的《债务可持续性框架》中的标准，上述债务减免安排使尼日利亚得以回到"低风险债务困扰"等级，得益于尼日利亚在债务管理方面的重大体制性努力，此等级得以保持。此外，这也使得尼日利亚财政中被释放的那部分重新被分配到减贫领域。尼日利亚向巴黎俱乐部债权人偿还了曾拖欠的124亿美元债务，作为2005年债务减免计划的一部分。

1.寻求债务减免

截至2004年12月，尼日利亚的外债达到了约360亿美元的峰值，其中欠巴黎俱乐部的债务为304亿美元（约占外债总额的84.44%）。很明显，为了使尼日利亚的债务可持续，它必须从巴黎俱乐部获得大量的债务减免待遇。在2005年，通过总统Olusegun Obasanjo和当时的财政大臣Ngozi Okonjo-Iweala博士参加的国际外交会议，尼日利亚得到了巴黎俱乐部60%的债务减免，减免金额为180亿美元，且尼日利亚有望在六个月内偿还巴黎俱乐部债权人剩余124亿美元的债务，以实现对巴黎俱乐部的全部债务清偿。2006年4月尼日利亚对剩余债务进行了清偿。随后在2006年赎回了伦敦俱乐部的债券（平价债券和本票）和部分相关的石油认股权证。此后，尼日利亚的外债急剧下降至35亿美元的可持续水平。作为与巴黎俱乐部达成债务重组协议的前提之一，尼日利亚已与IMF在政策支持计划项下签署了一项新的经济发展框架，该框架包括：对所有债权人的债务数据进行核对；宏观经济改革；提高公共财政管理水平；减少腐败行为；跟踪与千年发展目标有关的支出以及使用年度预期债务减免节余设立减贫基金（Virtual Poverty Fund，VPF）。这些举措的根本目的是使IMF能够正式支持尼日利亚的国内发展和地方驱动的经济改革计划——国家经济赋权与发展战略（NEEDS）——这一改革计划被证明非常有效。

必须指出，在获得债务减免之前，尼日利亚已根据NEEDS倡议进行了重大改革。这一倡议方案可分为以下四个关键战略进行概述：旨在提供能够传递更多价值的专业性公共服务的公共部门改革；富有弹性和竞争力的私营部门的快速增长；赋予中小型企业经济权力；简化商业注册登记程序，以鼓励外国资本流入。NEEDS战略的各项文件为尼日利亚设定了十分具有野心的宏观经济、社会及公共部门改革目标。这些特定目标之一就是引入了以石油价格为基础的财政规则，该规则要求为石油价格设定预算基准。这项政策的实施加上有利的国际原油价格，使尼日利亚的"超额原油账户"中积累了大量资金，达到了较为可观的储蓄金额。

2.债务减免对发展的影响

债务减免对国家社会经济环境的总体影响可以从以下几个方面来看，例如债务管理及可持续性的提高；外国投资者对投资环境的信任程度及外国直接投资的流入；国际收支平衡和公共财政管理水平的增强；宏观经济稳定；政策和机构改革；以及社会和谐与减贫倡议。部分上述债务减免措施对国家发展的影响能够在以下领域中进一步感受到：

a）债务可持续性与债务管理

值得注意的是，在2005年获得债务减免之前，尼日利亚每年需要偿还超过10亿美元的债务。这将令其在面对竞争进行资源分配时遇到严重的发展挑战。在没有获得债务减免的情况下，考虑到尼日利亚现有的经济与政治状况，不仅只能勉强维持其债务可持续，在负面效应不断上升的情况下，预计债务会在2009年底增加到约500亿美元。

　　为了实现债务可持续，在债务减免之前实施公共财政管理改革的关键要素之一在于债务管理领域改革。正如在前面强调的那样，尼日利亚为简化和分散当时的债务管理业务（DMO）已付出了相当大的努力。尽管基于政府的强烈意愿，即使没有债务减免，债务管理的进展依然可能会持续下去，但其动机与希望取得的成果依然是债务得到清偿。在获得债务减免后，在债务管理领域实施的旨在确保该国不陷入债务不可持续性状态的具体举措包括：2005年开始使用世界银行/IMF提供的债务可持续框架来进行年度债务可持续性分析；制定国家债务管理框架五年计划（NDMF，2008—2012），其主要目标是"确保国家和地方政府遵守审慎及可持续的借贷原则，有效利用资源，并创造强劲的国内借贷市场来支持私营部门的发展"，以及最近得到发展的中期债务管理战略（MTDS），旨在实现债务管理目标，以最低的成本满足政府的融资需求，同时保持较低的风险程度。截至2012年12月底，尼日利亚的公共债务与国内生产总值的比率约为19.40%，而同级国家/地区（世界银行/IMF评估的国家政策制度评估指数中的"中等级别"）的阈值为40%。根据2012年5月进行的债务可持续分析，该分析（通过采取压力测试和情景模拟的方法研究一国在受到本国经济政策变动或外部冲击时发生债务危机的可能性。）显示，特定国家/地区在压力情景下的债务现值与出口的比率、债务现值与收入的比率、债务还本付息金额与出口的比率及债务还本付息金额与收入的比率分别为6.0%、32.1%、0.3%和1.5%，而阈值分别为150%、250%、20%和30%。因此，该国没有债务威胁的困扰，并且一直在可接受的债务范围内运行。

旨在确保该国债务总体可持续性的一项特别举措是关注尼日利亚实施财政联邦制这一事实。尼日利亚在联邦一级实现了债务可持续并将有效的债务管理制度化之后，也需要在州一级复制此类举措，因为州的经济是尼日利亚经济的重要组成部分。基于此，尼政府于2007年开始实施一项计划，以协助联邦各州建立自己的债务管理机构，称为债务管理部门（DMDs）。这是一个典型的在强大的联邦制下，各州在相互理解与共同合作下均参与该计划的例子。

　　b）提升国家信誉度及鼓励私营投资流入

获得债务减免这一意料外的情况立即将尼日利亚从"都是坏账和可疑的债务国"重新被归类为信誉良好的国家，并且随着信用等级的提高，债权人变得更加容易接受尼日利亚的借贷及合作请求。各国官方出口信用机构恢复了对尼日利亚的承保，帮助该国更多吸引了外资，提高了该国私营企业的竞争力。获得债务减免后，两家评级机构对尼日利亚进行了首次主权评级。此后，由于货币政策的改善、财政的稳定以及整体经济管理水平的提高，2012年底，尼日利亚国在惠誉、标准普尔上的评级已提升至BB-，展望正面，在穆迪（Moody）上的评级为Ba3。此外，私营资本的流入水平也从2005年的44.7亿美元分别增长到2009年的66.8亿美元和2011年的115.6亿美元。

　　c）宏观经济稳定

受到政策改革、不断上涨的原油价格的影响，该国的宏观经济政策也得到了改善，并且对宏观经济指标产生了积极影响，尤其是通货膨胀、利率和汇率这几个指标。"超额原油账户"上不断累积的储蓄金额，使尼日利亚能够实施相当于GDP 5%的财政刺激措施，从而缓解了2008年和2009年全球经济与金融危机对尼日利亚的影响，维持了其宏观经济的稳定性。自债务减免措施实施以来，尼日利亚的经济年平均增长率为7%，是世界上经济增长率最高的国家之一。

d）减贫举措

对于债务减免的预期及债务减免本身有助于加强对实现千年发展目标及减贫政策的资金倾斜，其中包括建立减贫基金。对实现千年发展目标的财政支出在政府预算中的比重无论是绝对值还是实际值层面均有所增加。从2006年的999亿荷兰盾分别增加到2010年的1340亿荷兰盾和和2012年的1406.3亿荷兰盾。

特别是，作为与巴黎俱乐部达成的债务减免协议中的一部分而建立的减贫基金，在减少贫困方面给尼日利亚的经济和人民带来了巨大的好处。它还包括在千年发展目标总裁特别高级助理办公室（OSSAP-MDG）的监督下跟踪千年发展目标项下的各项支出。这是为了确保将每年约10亿美元的债务减免节余用于在2015年前实现千年发展目标。这项安排预计将持续到2015年。在预算中会对这项安排进行追踪——其产出和成果会通过权利下放的监测和评估框架，即OPEN（Oversight for Poverty Expenditure of NEEDS）进行监督，在这一监管机制下，私营部门、民间社会团体都会参与其中。VPF计划是通过联邦、州、地方政府及其机构实施的。国家统计局的最新数据表明，生活在国家贫困线以下的人数从2004年的64.2%下降到2010年的62.6%，减少了2%。

以债务减免为基础，VPF在多个经济相关部门，尤其是卫生、教育、农业、水、农村电气化和社会福利方面都有中间产出及成果。VPF已被证明是一项非常宝贵的举措，由于已经引起了众多利益相关者包括州及地方政府、国会议员和民间社会的兴趣，VPF被认为会是一个长期的举措。

e）对经济增长的影响

自2006年获得债务减免待遇以来，尼日利亚的经济一直保持着强劲的实际GDP增长率，平均为6.5%。最低点为2008年的5.3%，最高点为2010年的8.4%。非石油行业的增长率甚至更高，达到9%左右，尤其是在农业及服务业领域。毫无疑问，上述的增长趋势部分可以归因于债务减免，因为债务减免待遇可以改善债务的可持续性，维持宏观经济稳定，提振对经济的信心，提高国家信誉，增加外国资本流入，且尼日利亚的经济处于稳健状态的事实可以更好地抵御2008年及2009年全球经济、金融危机带来的影响。此外，政策环境、治理水平的提高及稳健的财政举措也对该国的投资环境产生了积极影响。更重要的是，VPF的某些成果是通过偿还债务时节省的10亿多美元而实现的，如改善了农村基础设施和社会治安网，这些年来这些举措也促进了经济的增长及贫困水平的降低。

3.结论

毫无疑问，债务减免措施对该国的经济增长和贫困人口减少都具有十分积极的影响。该国在债务减免前后所进行的改革措施除了解决外债过剩的遗留问题外，还被这些年来尼日利亚稳健的宏观经济基础与不断增强的投资者信心（通过外国直接投资的流入来体现）证明是十分有效的。有鉴于此，本届政府准备继续沿用其改革措施，以应对该国转型计划中可能出现的新情况，同时确保通过改善政策环境来创造就业机会和减少贫困人口。

第八节　巴黎俱乐部成员持有的债权数量

巴黎俱乐部成员国政府或官方出口信用机构手中掌握着大规模全球债权。根据巴黎俱乐部官方公布的数据来看，2008年金融危机之后，巴黎俱乐部主要债权人手中持有的全球债权均保持在3000亿美元以上（见表5-7），在2011年达到峰值（4143亿美元）。据统计，在2011-2014这四年间，稳居巴黎俱乐部债权前十位的债务国分别是：希腊、印度尼西亚、古巴、印度、中国、越南、巴基斯坦、埃及、菲律宾和朝鲜。受希腊债务危机影响，从2011年以来，希腊均以超出第二名一到两倍的债务规模位居榜首。巴黎俱乐部手中持有的中国债权在2010年达到30.573亿美元的最高值后呈现出逐年下降的趋势。

表5-7 巴黎俱乐部持有的非成员国债权金额数量

单位：亿美元

截止日期	成员国数量	巴黎俱乐部对非成员国持有债权金额	官方发展援助	非官方发展援助
2008.09.01	19	3302	1725	1577
2009.12.31	19	3424	1891	1533
2010.12.31	19	3528	2024	1504
2011.12.31	19	4143	2060	2083
2012.12.31	19	3978.9	1879.9	2098.9
2013.12.31	19	3731.5	1658.2	2073.3
2014.12.31	20	3040.7	1468.2	1572.5
2015.12.31	20	3109.5	1499.5	1610
2016.12.31	22	3011.8	1509.4	1502.5
2017.12.31	22	3130.8	1634.2	1496.7
2018.12.31	22	3146.5	1645.1	1501.4
2019.12.31	22	3170	1790	1380

资料来源：巴黎俱乐部官方网站。

表5-8 2019年底巴黎俱乐部持有主权债务金额排名前15国家

排名	借款国	官方发展援助	非官方发展援助	合计
1	希腊	–	57732	57732
2	印度	24757	2824	27581
3	越南	17935	2114	20049
4	印度尼西亚	17087	1719	18806

排名	借款国	官方发展援助	非官方发展援助	合计
5	中国	14703	673	15377
6	伊拉克	4018	7763	11781
7	巴基斯坦	8295	1984	10279
8	孟加拉国	6977	2503	9479
9	埃及	7699	761	8460
10	菲律宾	7994	92	8086
11	白俄罗斯	15	7675	7691
12	委内瑞拉	66	7272	7338
13	摩洛哥	5016	229	5246
14	古巴	189	5022	5211
15	乌克兰	995	3872	4867

资料来源：巴黎俱乐部官方网站。

表5-9汇总了截至2019年12月31日，巴黎俱乐部成员国对主权债务人及其他公共借款人所享有的债权金额，并分为官方发展援助债权和非官方发展援助债权。巴黎俱乐部成员直接或通过其机构（特别是出口信贷机构或官方发展援助机构）持有这些债权。巴黎俱乐部的债权总额（不包括未到期利息）为3170亿美元，其中1790亿美元属于ODA项下的债权，而1380亿美元为非官方发展援助项下的债权。

该表中的数据，涵盖了巴黎俱乐部成员对主权国家及公共实体的所有债权。它涵盖了不同的借款人类别，其中大约一半的借款人始终对其所欠的债务进行全部偿付。表格中列出的借款国中有90个国家已经通过谈判与巴黎俱乐部达成协议。

表 5-9　巴黎俱乐部对主权及公共借款人所享有的债权金额（截至 2019 年底）

单位：百万美元

序号	借款国	官方发展援助	非官方发展援助	合计
1	阿富汗	24	1378	1401
2	阿尔巴尼亚	610	10	620
3	阿尔及利亚	285	1	286
4	安哥拉	475	1187	1662
5	安提瓜与巴布达	4	123	127
6	阿根廷	336	1863	2198
7	亚美尼亚	649	161	810
8	阿塞拜疆	1001	266	1267
9	孟加拉国	6977	2503	9479
10	巴巴多斯	–	–	–
11	白俄罗斯	15	7675	7691
12	伯利兹	–	–	–
13	贝宁	27	14	40
14	玻利维亚	591	2	593
15	波斯尼亚和黑塞哥维那	357	333	690
16	博茨瓦纳	28	–	28
17	保加利亚	154	–	154
18	布基纳法索	240	0	240
19	布隆迪	–	–	–
20	柬埔寨	1521	1396	2917
21	喀麦隆	1281	18	1298
22	佛得角	168	61	229
23	中非共和国	–	1	1
24	乍得	112	1	113
25	智利	184	–	184
26	中国	14703	673	15377
27	哥伦比亚	2823	236	3060
28	科摩罗	–	3	3

续　表

序号	借款国	官方发展援助	非官方发展援助	合计
29	刚果民主共和国	50	28	78
30	刚果共和国	103	314	417
31	哥斯达黎加	316	–	316
32	科特迪瓦	338	25	363
33	克罗地亚	73	–	73
34	古巴	189	5022	5211
35	塞浦路斯	–	–	–
36	捷克共和国	–	18	18
37	吉布提	83	9	92
38	多米尼克	19	7	26
39	多米尼加共和国	693	11	704
40	厄瓜多尔	806	260	1067
41	埃及	7699	761	8460
42	萨尔瓦多	295	1	296
43	赤道几内亚	–	86	86
44	厄立特里亚	88	–	88
45	斯威士兰	40	–	40
46	埃塞俄比亚	538	222	760
47	斐济	4	–	4
48	加蓬	433	154	587
49	冈比亚	1	1	2
50	格鲁吉亚	845	51	897
51	加纳	897	316	1213
52	希腊	–	57732	57732
53	格林纳达	3	3	6
54	危地马拉	200	–	200
55	几内亚	38	199	237
56	几内亚比绍共和国	10	64	74
57	圭亚那	3	–	3

序号	借款国	官方发展援助	非官方发展援助	合计
58	海地	–	–	–
59	洪都拉斯	248	2	249
60	匈牙利	–	300	300
61	冰岛	–	–	–
62	印度	24757	2824	27581
63	印度尼西亚	17087	1719	18806
64	伊朗	22	126	148
65	伊拉克	4018	7763	11781
66	牙买加	36	3	39
67	约旦	2927	63	2990
68	哈萨克斯坦	439	24	463
69	肯尼亚	2606	189	2795
70	朝鲜民主主义人民共和国	75	2124	2199
71	吉尔吉斯斯坦	338	23	361
72	老挝	491	304	795
73	拉脱维亚	1	–	1
74	黎巴嫩	254	–	254
75	莱索托	4	–	4
76	利比里亚	–	–	–
77	利比亚	–	4546	4546
78	前南斯拉夫马其顿共和国	85	–	85
79	马达加斯加	149	53	202
80	马拉维	1	6	7
81	马来西亚	1838	–	1838
82	马尔代夫	36	–	36
83	马里	248	–	248
84	马耳他	0	–	0
85	毛里塔尼亚	118	94	212

序号	借款国	官方发展援助	非官方发展援助	合计
86	毛里求斯	237	–	237
87	墨西哥	1653	24	1677
88	摩尔多瓦	83	49	132
89	蒙古国	1416	7	1423
90	黑山	62	95	157
91	摩洛哥	5016	229	5246
92	莫桑比克	812	215	1027
93	缅甸	3370	1244	4615
94	纳米比亚	103	–	103
95	尼泊尔	350		350
96	尼加拉瓜	353	88	441
97	尼日尔	137	–	137
98	尼日利亚	637	7	645
99	阿曼	–	107	107
100	巴基斯坦	8295	1984	10279
101	巴拿马	155	3	158
102	巴布亚新几内亚	173	300	473
103	巴拉圭	219	28	247
104	秘鲁	1206	0	1207
105	菲律宾	7994	92	8086
106	波兰	3	1478	1481
107	葡萄牙	–	–	–
108	罗马尼亚	438	–	438
109	卢旺达	89	52	141
110	圣基茨和尼维斯	2	–	2
111	圣卢西亚	2	–	2
112	圣文森特和格林纳丁斯	2	–	2
113	圣多美和普林西比	1	16	17
114	沙特阿拉伯	–	1192	1192

续 表

序号	借款国	官方发展援助	非官方发展援助	合计
115	塞内加尔	1216	141	1358
116	塞尔维亚	390	1644	2035
117	塞舌尔	39	19	58
118	塞拉利昂	42	–	42
119	斯洛伐克	26	–	26
120	斯洛文尼亚	–	–	–
121	索马里	468	1185	1653
122	南非	665	122	787
123	斯里兰卡	4406	192	4599
124	苏丹	972	3021	3994
125	苏里南	35	–	35
126	叙利亚	989	250	1239
127	塔吉克斯坦	45	292	337
128	坦桑尼亚	975	209	1184
129	泰国	2917	–	2917
130	多哥	11	–	11
131	汤加	–	–	–
132	特立尼达和多巴哥	–	25	25
133	突尼斯	3225	11	3235
134	土耳其	3955	503	4457
135	土库曼斯坦	16	2810	2826
136	乌干达	391	95	486
137	乌克兰	995	3872	4867
138	阿拉伯联合酋长国	–	57	57
139	乌拉圭	40	4	44
140	乌兹别克斯坦	2142	730	2871
141	瓦努阿图	76	–	76
142	委内瑞拉	66	7272	7338
143	越南	17935	2114	20049

序号	借款国	官方发展援助	非官方发展援助	合计
144	也门	465	1174	1638
145	赞比亚	122	−	122
146	津巴布韦	1096	784	1880
147	其他国家	254	1269	1524
	总计	178889	138361	317250

注：截至2019年12月31日，且不包括未到期利息。

资料来源：巴黎俱乐部官方网站。

第九节　巴黎论坛（PARIS FORUM）

一、巴黎论坛概况

巴黎俱乐部在2013年创办了每年召开的巴黎论坛（PARIS FORUM），参与方包括债权国（包括非巴黎俱乐部成员）、债务国的代表，这是一个讨论交流主权融资、主权债务危机预防与治理的坦诚、开放的国际平台。其主旨是为国际社会各利益相关方，包括非巴黎俱乐部成员，搭建一个定期的、紧密的对话机制，重点探讨如何创建和完善有利于发展中国家经济可持续增长的国际融资环境。巴黎论坛特别强调非俱乐部成员国的参与，因为他们持有的债权越来越多。

参加2013年第一次巴黎论坛的国家包括：巴黎俱乐部成员国、巴黎俱乐部临时参与方（中国、南非、土耳其），非巴黎俱乐部成员国（阿根廷、印度、印度尼西亚、墨西哥、沙特阿拉伯），其他国家（莫桑比克、捷克、波兰、卡塔尔、塞内加尔、坦桑尼亚、塞舌尔）。

参加2013年第一次巴黎论坛的国际组织包括：国际货币基金组织、世界银行、经合组织、国际清算银行、欧盟理事会、G24秘书处（G24，即24国集团，是亚非拉发展中国家为在国际货币制度改革中协调立场、增强团结而结成的国际性组织，根据77国集团1971年11月利马会议决定于1972年1月成立，中国是创始成员国）。

二、研讨会概况

巴黎论坛自2016年起，开始每年举办研讨会（Paris Forum Workshop），各年研讨会的主题分别是：

2016年：

发展中国家的债务可持续——对一个老问题的新政策、新工具（Debt sustainability in developing economies: new policies and new tools to address an old issue）。

2017年：

1.如何防止新一轮的债务危机，推动主权债务可持续（How to prevent a new cycle of indebtedness and foster a sustainable financing of development）？

2.如何确保商业债权人充分参与未来的债务重组（How to ensure that private sector creditors adequately contribute to debt restructurings in the future）？

2018年：

抵押担保主权债务的利弊分析（Costs and benefits of collateralized sovereign debt）。

2019年：

1.如何实施G20关于债务可持续的操作准则（How to implement the G20 Operational Guidelines on Sustainable Financing）？

2.如何确保商业债权人充分参与未来的债务重组（How to ensure an adequate contribution of private creditors to future debt restructurings）？

三、地区会议概况

巴黎论坛在2017年和2018年还分别召开了第一届和第二届地区会议

（Paris Forum Regional Conference），主题分别是：加勒比地区的财政韧性与债务管理（2018），改善非洲地区的债务可持续和债务管理（2017）。

四、重要的论坛或地区会议简介

为便于读者了解巴黎论坛的具体情况，下面重点介绍几次研讨会或地区会议的情况。

（一）2018 年研讨会：抵押担保主权债务的利弊分析（Costs and benefits of collateralized sovereign debt ）

该研讨会于2018年10月在印度尼西亚的巴厘岛与IMF和世界银行的年会一起召开。这里所说的抵押担保融资，并不是指项目融资或其他抵押融资项目本身资产的融资方式，而是指抵押与融资毫无关系的资产。

在过去一些年，越来越多的发展中国家通过抵押担保债务的形式为其基础设施项目融资，这些长期融资往往以抵押该国某些资源的出口收入或其他可变现资产为前提，而这些被抵押的资产与该笔融资的目的没有直接关系。

通过设置抵押担保获取融资，好处是降低融资利率，增加融资可获得性，但另一方面，也导致一些国家过高估计了其债务偿还能力，如果未来发生债务违约，其就无法继续将这些抵押资产产生的资金用于经济建设（只能用来还债）。2014—2015年期间的国际大宗商品价格下降，导致了很多国家的资源出口收入锐减，也让债权人开始担忧抵押担保债务的安全性。

同时，一些国家通过抵押担保融资，导致其债务负担和陷入债务困境的可能性提高，在未来可能出现的债务重组中，如何协调不同债权人之间（特别是有抵押担保的债权人和没有抵押担保的债权人）的利益，将成为一个棘手的问题。有抵押担保的债权人视其债权为高级债权，进而不愿意参与债务重组。而对于无抵押担保的债权人而言，由于其认为抵押担保债权人不参与债务重组的行为是对公平负担原则（the key principle of fair burden sharing）的践踏，也对债务重组没有积极性。

良好利用抵押担保融资、尽量避免其负面影响的最好办法就是增强借款国公共财政的管理，强调长期债务可持续性，约束其债务/GDP的比重。具体措施包括：遵守世界银行的消极抵押条款（negative pledge clause）；与债权人、国际组织之间共享信息；有效管控离岸账户；保持国家财政预算的透明度。

国际社会承认抵押担保融资的好处，特别是对于一些评级特别差的国家来说，抵押担保融资可以帮助其获得低成本的融资。很多商业债权人或官方出口信用机构在提供主权融资时都要求抵押担保，所以巴黎俱乐部和IMF都认为要加大对其的研究力度，制定一些规则。

（二）2017年和2019年研讨会：如何确保商业债权人充分参与未来的债务重组（How to ensure that private sector creditors adequately contribute to debt restructurings in the future）

近十多年，商业债权人（private creditors）积极参与对发展中国家的主权融资，据统计，商业债权人在低收入国家的债权份额（不含已经投保官方信用保险的商业债权）已经由2007年的6%提升到2016年的11%。同时，很多发展中国家逐步进入国际资本市场融资，特别是2008年金融危机以来，很多中低收入国家开始进入资本市场融资，2017年，新的债券发行达到历史性高点，占当年这些国家主权融资的85%。1970年以来，官方债权人在中低收入国家的债权比重基本保持稳定（约45%—50%），商业银行当时约持有37%的债权，而这部分很大程度上被债券持有人（目前已经占中低收入国家全部债权的42%）取代。商业债权人在增强借款国债务可持续和参与债务重组方面变得越来越重要。

国际社会欢迎商业债权人参与融资，但近年来发现了一个突出问题，即融资的透明度。很多商业债权人的融资都没有被披露，而当这些债务曝光后，对应国家的债务率突然大幅上升，导致市场丧失信心。还有很多债务是借给国有企业或其他主体的，由政府提供主权担保，这些债务的透明度也较低。

随着新冠肺炎疫情的蔓延，如何协调商业债权人参与缓债倡议，也成为巴黎俱乐部和相关国际组织的重要议题。

（三）2018年地区会议（2nd Paris Forum Regional Conference 2018）

该会议由巴黎论坛和东加勒比地区中央银行（Eastern Caribbean Central Bank，ECCB）共同主办，会议召开地点为ECCB总部，位于圣基茨和尼维斯联邦（The Federation of Saint Kitts and Nevis）。加勒比地区是世界上碳排放最少的地区之一，但却遭受最为严重的因气候变化导致的自然灾害，区域内的部分国家不属于低收入国家，无权获取官方发展援助、优惠贷款。同时很多国家都是债务负担很重的国家。这些国家的经济体量都不大，属于小规模经济体，这就导致其很容易遭受外部冲击，财政较为脆弱、腾挪空间很小。

会议聚焦加勒比地区小规模经济体对外部冲击（特别是自然灾害，如飓风）的脆弱性，研究如何改善其财政韧性（financial resilience）和债务管理（debt management）。

会议研讨了可以减弱对公共财政外部冲击的工具，如长期本币债券（long term local currency bonds）、巨灾保险（disaster risk insurance）、国家应急债务工具（State contingent debt instruments，SCDIs）等。

近几十年来，IMF和巴黎俱乐部一直十分关注由外部冲击（如本轮新冠肺炎疫情、各种自然灾害）导致的主权债务可持续问题。在2015年对格林纳达（Grenada）的债务重组协议中，首次引入了"飓风条款（hurricane clause）"，该条款允许债务国在偿债过程中如遇到飓风等自然灾害可以自动推延还款期限，但债务的净现值并不会减少，即净现值中性。这样，就可以让债务国将资金更多用到抗灾和恢复生产中，帮助其尽快恢复经济。由于这种还款期限的调整是事先明确在融资协议中的，故如果触发延期还款，不算违约事件，这样可以保护债务国的信用评级，避免构成主权债务违约。对投资者而言，这类条款也可以避免债务违约后的减债压力（只是延迟了还款期限，净现值不变）。含有此类气候变化条款的贷款，被称为"气候韧性贷款（climate-resilient loans）"2018年6月，G7成员国财政部长在加拿大的会议上指示开发专门适用气候韧性贷款的贷款协议，随后，国际资本市场协会（International Capital Market Association，ICMA）和Clifford Chance LLP律师事务所就编制了这么一套贷款协议。

国家应急债务工具（State-Contingent Debt Instruments，SCDIs），被IMF视为对主权政策工具箱的有益补充，理论上可以为一国管理其主权债务提供明显的益处，但其也有一定的局限性，通过认真的规划设计和政策支持，可以取得更好的效果。SCDIs与一国主权债务偿付能力相挂钩，而偿付能力一般通过现实世界中的一系列指标或事件来体现。例如，SCDIs可以与一国的GDP、商品价格、自然灾害（如飓风或地震）相挂钩，这意味着当该国的宏观经济变差时、或遭遇自然灾害后，该国的主权债务负担会自动减小。这种减小可以给予主权政府更多的政策空间，让其采取逆周期或经济稳定政策。使用SCDIs减少债务后一些本来需要进行的债务重组就可以避免。当然，使用SCDIs也有其局限性。首先，主权政府需要向投资者支付一笔费用（期权费或保险费），以换取利用SCDIs减债的"期权"或"保险"，而这种费用可能很高。同时，这种工具还可能减弱政府管理其主权债务的积极性。考虑到这些局限性，IMF为这种工具量身定制了很多政策建议，具体可以在IMF网站查询。

第六章 伦敦俱乐部与国际金融协会

巴黎俱乐部是官方债权人组织，主要处理官方债权人持有的非成员国家的主权债务问题，而伦敦俱乐部是商业（私营）债权人组织，主要是国际商业银行等金融机构重组自己持有的主权债务。国际金融协会则是全球最大的商业金融机构组织，代表会员利益，开展有关主权债务问题的研究与解决。

第一节 伦敦俱乐部

伦敦俱乐部是国际商业金融机构（主要是商业银行）为寻求解决其持有的发展中国家主权借款重组问题（指未投保官方出口信用保险机构保险的主权借款，对于投保了ECA保险的，则由ECA在巴黎俱乐部项下重组）而临时组成的非正式债务谈判组织，与巴黎俱乐部相比，伦敦俱乐部没有固定办公地点，也没有秘书处，尽管其名称是"伦敦俱乐部"，但在20世纪80年代和90年代更多是在纽约召开相关会议，因为很多国际信贷合同的准据法是纽约州法律。当然，也有很多次会议是在伦敦召开，有时也会在其他地点召开。其也没有正式的会员或成员，而是根据每次债务重组的实际情况由具体的商业银行参加。

在参与债务重组时，伦敦俱乐部的成员一般选举产生"债权人委员会（Creditor Committee）"或"银行顾问委员会（Bank Advisory Committee, BAC）"，由其在重组中代表成员的利益，并在重组完成后随即解散。伦敦俱乐部的第一次会议在1976年召开，会议内容是开展对扎伊尔的债务重组。

在此之前，商业银行较少参与对主权债务的重组。一方面是由于商业银行对发展中国家的纯商业贷款较少，他们发放的贷款一般都投保了官方出口信用保险机构的担保或保险，这种情况下，均纳入巴黎俱乐部进行的债务重组；另一方面，即便有少量的商业贷款，也由于数量较少，而未被巴黎俱乐部所注意，未要求必须参与到债务重组中。但到20世纪70年代中期以后，巴黎俱乐部开始强调"可比性原则"，要求商业银行必须提供同等条件的债务减免，并将债务国与商业债权人达成债务重组作为巴黎俱乐部债务重组的条件之一。

由于巴黎俱乐部并不希望商业银行参与谈判，商业银行也不愿意参与巴黎俱乐部的活动，这种情况下，商业银行被迫自行进行债务重组安排。由此，诞生了伦敦俱乐部。

伦敦俱乐部的谈判都是依个案进行，每次谈判都与以前的谈判相独立，但由于参加者基本都是主要的国际银行，他们的连续参与保证了伦敦俱乐部活动的连续性，也有助于形成一些惯例。

伦敦俱乐部在20世纪80和90年代比较活跃，当时商业银行持有的主权债务主要是以银团贷款的方式形成的，且很少在二级市场交易。当债务国发生债务偿还困难时，在与几家份额较大的银行取得联系后，就可以通过这几家银行来召集更多银行共同参与重组。进入21世纪，由于主权债务越来越多是以发行债券的形式，而非商业银行的信贷，伦敦俱乐部的活动相对消沉，国际影响力也逐步下降，并逐步被国际金融协会所取代。

一、伦敦俱乐部的一些习惯做法

一是重组对象严格限于已经到期的本息，一般不包括未付利息；二是纳入重组范围的债务可以包括短期债务，如期限短于12个月的债务；三是在早期（1978—1983年间）重新安排债务的利率一般不低于现行利率，很多时候要收取更高的利率，即采取罚息形式。后来，随着大环境的变化和巴黎俱乐部方面逐步实施减债，伦敦俱乐部的重组利率也不断降低，还款期限逐步延长（有些长达18年）；四是提供过桥贷款，为了避免债务违约，商业银行往往会同意向债务国提供过桥贷款。

二、伦敦俱乐部的重组程序

与巴黎俱乐部的官方债权人比较集中不同，商业债权人比较分散，数量众多，在债务重组谈判时，为了避免各自为战，参与伦敦俱乐部重组的商业债权人一般组建一个"银行顾问委员会"或"债权人委员会"，由这个委员会代表所有的债权人谈判重组事宜。这个委员会一般由5~20家银行组成，其成员资格一般根据各银行的债权份额来分配。这里的份额的计算基础是所有未偿还债权的总金额，而不是已经逾期的债权金额。拥有最大份额的银行作为该委员会的主席。

但也有很多例外，在某些债务重组中，重组经验显得更加重要。比如在1996年阿尔及利亚债务重组中，尽管日本银行拥有最大的债权份额，但由于日本银行的经验有限，难以驾驭委员会事务，故银行顾问委员会的主席由法国兴业银行来担任。

伦敦俱乐部的谈判程序则与巴黎俱乐部类似。先进行债权审查，然后就数额、期限等进行谈判，最后与债务国政府签署债务重新安排协议。

伦敦俱乐部也必须依赖IMF对债务国的评估与监控。很多情况下，伦敦俱乐部会把自身掌握的数据都汇报给IMF，IMF也会把债务国的数据和其为债务国制定的经济改革方案分享给伦敦俱乐部。也就是说，伦敦俱乐部的重组往往也是与IMF对债务国的救助计划和改革计划相挂钩的。这样，IMF、巴黎俱乐部、伦敦俱乐部就紧密联系起来。

债权人委员会与债务国政府最终达成的债务重组协议，要得到持有债权总额的90%~95%的债权人同意才能有效。由于大多数贷款协议都规定，对于改变贷款本金和利息支付条款的修改，需要得到全部参贷银行的同意。故很多时候需要获得每一个债权人的同意，重组协议才能生效，而这个签字同意的过程就往往要花费一两个月的时间。现实中，在多数债权人都同意的情况下，较少出现某一家不同意的情况，因为本打算不同意的银行考虑到自己的行为会阻碍整个重组的进程，而不得不"委曲求全"，以免被同行视为"异类"并被排挤出业务联盟。由于"银行顾问委员会"或"债权人委员会"的成员都是规模较大的银行，这些机构会尽力说服较小银行参与并同意重组方案。如果真有坚决不接受债务重组的债权人，它也会中途退出或起初就不参加伦敦俱乐部的活动。也有很多情况下，由债务国政府或其他债权人买断"不合作债权人"的债权，以扫清重组障碍。

由于谈判中"债权人委员会"需要反复与各债权人沟通、征求意见，伦敦俱乐部的债务重组效率要低于巴黎俱乐部。一般各债权人的律师团队先审查这些方案，然后提交本机构内部审批，这个过程效率很低，有些情况下债权人达到上百家，达成重组协议需要好几年。

签署重组协议的过程与巴黎俱乐部类似，也是先达成原则性协议，然后再由债务国政府一一与各债权人签署具有法律约束力的双边协议，或者由所有债权人批准。

表6-1　伦敦俱乐部几次重组中的银行顾问委员会情况

债务国	时期	参与银行数量	委员会银行数量	委员会主席
阿尔巴尼亚	1991—1995 年	45	5	联合信贷银行（奥地利）
阿尔及利亚	1990—1992 年	240	8	法国里昂信贷银行
阿根廷	20 世纪 80 年代	300—350	11	花旗银行
巴西	20 世纪 80 年代	750—800	14	花旗银行
墨西哥	20 世纪 80 年代	500	13	花旗银行、美国银行
波兰	20 世纪 80 年代	500	8	联合信贷银行（奥地利）
俄罗斯	1998—2000 年	2000	12	德意志银行

资料来源：IMF working paper，Sovereign Debt Restructurings 1950-2010.

第二节　伦敦俱乐部与巴黎俱乐部的联系与区别

伦敦俱乐部与巴黎俱乐部都是债务国与债权人就主权债务重组进行谈判和磋商的舞台，他们之间联系密切，又有明显区别。

一、伦敦俱乐部与巴黎俱乐部的密切联系

（一）两个俱乐部都是非正式的组织。他们都没有正式的组织章程和国际法条约，都依靠一套自身逐渐摸索建立的习惯原则来维持其运作。其中，巴黎俱乐部作为官方债权人组织，相对更正式一些，有常设办公地点和秘书处。而伦敦俱乐部既没有常设地点，也没有秘书处，开会也不一定在伦敦。

（二）二者都与IMF密切合作。巴黎俱乐部同意进行债务重组和给予债务减免的原则之一就是债务国要经过IMF的评估，并同意实施由IMF为其制定的经济调整计划，因为只有如此，巴黎俱乐部的官方债权人才认为其未来有能力偿还重组后的债务，并逐步走上正轨。对于债务减免，巴黎俱乐部更是要得到IMF关于"债务国债务不可持续、必须进行减免才能保证后续债务偿还"的认定。伦敦俱乐部也是如此，这些私营债权人与债务国进行重组谈判也往往以债务国签署和实施IMF支持的经济稳定与调整计划为前提。两个组织对IMF的依赖与合作，体现了IMF在国际金融体系中的重要地位和在危机时给予紧急资金支持的重要性。

（三）二者都要求债权人得到平等待遇，其最终目的都是"追债"。巴黎俱乐部强调"待遇可比性原则"，伦敦俱乐部也强调贷款协议和重组协议中的同权条款，目的都是避免债务人单方面给予某些债权人更好的待遇。尽管二者在国际舞台上展现其"支持债务国发展、维护全球经济与金融稳定、体现国际责任"等姿态，但最终目的，或者说他们的初心，都是为了追债。为了达到这个最终目的，他们很多情况下不得不让步，对债务进行延期安排或减免重组。

（四）二者在操作流程上存在相似性。由于巴黎俱乐部和伦敦俱乐部都不是正式组织，他们与债务人达成的协议，从法律上来说对每一个债权人并无法律约束力。在巴黎俱乐部项下，债权人要最终与债务国达成重组协议，必须单独与债务人签订双边债务重组协议。在伦敦俱乐部，则是相关的债权人均批准这份债务重组协议并签署。

二、伦敦俱乐部与巴黎俱乐部的明显区别

（一）他们的诞生经历不同。巴黎俱乐部诞生于1956年，起因是国际官方债权人聚在巴黎商议阿根廷的债务重组问题。而伦敦俱乐部诞生于1976年，起因是国际商业银行聚在伦敦商议对扎伊尔的债务重组。

（二）他们重组的债务性质和范围不同。巴黎俱乐部重组的是官方债权人持有的主权债务。而伦敦俱乐部则是重组私营债权人持有的主权债务，如果私营债权人的贷款投保了官方出口信用保险机构的信用保险或担保，则该债权将转变为官方债权人的债权，进入巴黎俱乐部进行重组。在债务范围方面，巴黎俱乐部主要重组官方发展援助类（ODA）债权和由贸易投资活动产生并由官方ECA担保或保险的贸易信贷债权（Non-ODA），而伦敦俱乐部重组的则是商业银行放贷给债务国的各类债权。

（三）在重组方式上存在一定区别。巴黎俱乐部一般只重组已经到期并拖欠的债务（近些年也有所改变，巴黎俱乐部也可以将全部债权余额作为债务重组的对象），并规定一个截止日，即只有截止日之前签订的贷款协议项下的已经拖欠的债务，才可以纳入重组。对于截止日之后签订的贷款协议项下债权，巴黎俱乐部认为它们的优先性要高于截止日之前债权。但伦敦俱乐部并无这个惯例，他们一般重组所有存量债务，即对已经到期并拖欠和未到期的债务都进行重组。由于低收入债务国的债务主要是欠官方债权人的，且这些债务国一般都是先拖欠官方债权人的债务，再拖欠私营债权人，故巴黎俱乐部重组的债务数量要远远大于伦敦俱乐部。

（四）二者的重组效率存在差异。巴黎俱乐部的谈判要更快一些，因

为它们都是官方组织，很多时候要考虑到与IMF的配合，考虑到双边关系和国际影响，总体来说"站位较高"，故比较容易达成一致。但伦敦俱乐部都是私营债权人，而且它们并不直接参与谈判，而是由选举出来的"债权人委员会"来负责谈判，经常遇到"委员会同意，但有些银行不同意"的情形，导致效率较低。同时，巴黎俱乐部一般只有十来个成员国参与谈判（部分成员国没有债权），而伦敦俱乐部经常是十几家、几十家或上百家银行参与，这也导致效率较低。

（五）巴黎俱乐部的国际影响力要远大于伦敦俱乐部。由于需要重组的主要是低收入国家的主权债务，而这些债务主要由官方债权人持有，故在国际主权债务重组舞台上，巴黎俱乐部重组的协议数量和债权金额要远大于伦敦俱乐部，二者的国际影响力也是如此。根据世界银行2010年的统计，低收入国家的主权债务（含主权担保的债务）中超过95%由多边债权人（占62.4%，如世界银行、IMF等）和官方双边债权人（占34%，如一国的中央银行、进出口银行、出口信用保险公司、对外援助机构等）持有，这些债务中大部分都是长期限的贷款，更容易遇到偿还困难。而对于中等收入国家，则是多边机构持有39.4%，双边机构持有27.2%，私营机构持有33.3%。

第三节　国际金融协会及其与巴黎俱乐部的密切关系

一、国际金融协会简介

国际金融协会是全球最大的商业金融机构组织，成立于1983年，最初的目的是应对20世纪80年代初不断扩大的拉丁美洲国家债务危机。其总部设在美国华盛顿，历任主席一般为国际大型金融机构领导人，现任主席为瑞银集团（UBS）董事会主席 Axel Weber。国际金融协会积极组织开展主权债务问题研究，代表会员发出自己的声音。国际金融协会每年都要与巴黎俱乐部组织召开双方合作年度会议，商讨国际主权债务管理、危机预防和违约重组问题。

国际金融协会成员包括几乎所有世界主要银行和投资机构，以及资产管理公司、养老基金、评级机构、咨询公司、保险公司、贸易公司、政府机构和主要多边组织。时至今日，国际金融协会已经拥有491个成员。其中欧洲151个，亚洲81个，非洲109个，北美洲100个，南美洲50个。中国主要的大型金融机构，几乎都是该协会的会员。2010年11月，国际金融协会在北京成立其亚洲代表处。

该协会的使命是支持金融市场稳健风险管理，参与制定行业最优行为准则与标准。以成员利益和全球金融稳定为出发点开展监管、金融以及经济政策游说活动。该协会长期坚持协助会员在新兴市场从事风险管理、资产配置和业务发展；代表会员利益向多边机构如20国集团（G20）等反映金融机构的观点，以影响这些机构的政策；讨论全球性的金融监管问题，并向主要的监管机构转达会员银行的共同看法；该协会的另一职能是研究全球及各国经济状况，并将研究成果提供给各个成员。同时，协会还定期通过举办年会和其他专题会议，为成员提供广泛交流的平台。该协会与巴塞尔银行监管委员会（Basel Committee on Banking Supervision）、金融稳定理事会（FSB）、国际货币基金组织、世界银行、欧盟委员会（European Commission）和各国央行及金融监管机构都保持良好的关系并经常开展合作。国际金融协会参与并完成了希腊历史上最大的主权债务重组，对整个欧洲包括希腊的稳定性影响极大。

二、国际金融协会与巴黎俱乐部的关系

国际金融协会作为商业债权人的代表，高度关注低收入发展中国家的债务问题。根据世界银行的统计，商业债权人持有低收入国家主权债务的比例已经由2007年的6%增长到2016年的11%。可以说，低收入国家的债务问题会直接影响国际金融协会成员机构的利益。故，国际金融协会高度

关注低收入国家的主权债务重组，自2001年开始，国际金融协会与巴黎俱乐部每年都会组织专门的年会。会议期间，私营债权人与双边官方债权人共同商讨主权债务问题。国际金融协会还积极参与巴黎俱乐部组织的各类活动，如巴黎论坛。同时，在债务重组方面，也积极配合巴黎俱乐部的行动。

2018年以来，国际金融协会一直在巴黎俱乐部的支持下，在其会员中推进"债务透明原则"（the Debt Transparency Principles），其目的在于促进各成员机构对其向发展中国家的主权贷款和融资保持透明，共享信息，以避免某些国家恶意隐藏债务，引发债务危机。

三、国际金融协会关于公平债务重组的原则

国际金融协会在2006年提出了关于公平的主权债务重组的原则〔IIF原则（2006年）①〕，该原则得到了G7、G20、世界银行和IMF等的支持。该原则起初只适用于新兴市场国家的债务重组，在2010年改为在自愿基础上适用于所有主权债务的重组。该原则的主要目标是为债务国和债权人就债务重组和危机解决提供最佳实践规则。所谓"公平"主要体现为"债务国与债权人密切配合、信息共享与透明、避免不合理的资本流动限制、当条件允许时债务国应及时恢复偿付本息"等。原则的主要内容有：

（一）信息的透明度与及时流动

"一般性披露规则。发行人应确保通过对相关信息的披露，使债权人能够在知情的情况下，对债务国的经济与财务状况，包括整体债务水平进行评估。为了建立对该国国际收支平衡前景的共识，以使债权人作出明智而审慎的风险管理和投资决策，这种披露非常重要。"

"特别的披露规则。在进行债务重组时，债务人应向所有受影响的债权人披露其所有外部金融主权债务的到期日和利率结构，包括拟定的对此

---

① https://www.iif.com/Advocacy_old/Policy-Issues/Principles-for-Stable-Capital-Flows-and-Fair-Debt-Restructuring.

类债务的处理方式、经济政策与计划的主要内容，包括各项假设条件。债务人还应视情况披露其与其他债权人、IMF和巴黎俱乐部所达成的协议。在此过程中，也应确保重要的非公开信息的保密性。"

（二）加强债务人—债权人之间的对话与合作

"定期对话。债务人和债权人间应就有关重要经济金融政策与表现的信息和数据建立定期对话机制。投资者关系计划（IRPs）已经被证明是一种有效的手段，各债务国应实施此类计划。"

"维护投资者关系的最佳惯例。交流技巧应包括建立由具有符合资质的核心人员组成的投资者关系办公室；通过电子邮件或投资者关系网站发布准确及时的数据或信息；通过双边会议、投资者电话会议和视频会议，在决策者和投资者之间建立正式的沟通交流渠道；维护一个包含相关市场参与者联系信息的全面清单。鼓励投资者参加IRPs，并提供有关此类信息和数据的反馈。债务人和投资者应共同协作，以逐步完善这些方法。"

"政策行动和反馈。债务国应执行包括结构性措施在内的经济和金融政策，以确保宏观经济稳定，促进经济可持续发展，从而增强市场信心。一个关键是为这些措施提供政治支持，各国应密切监控这些政策的有效性，在必要时予以加强，并根据需要向投资者寻求反馈。"

"磋商：在IRPs的基础上，债务人应与债权人进行协商，探讨其他以市场为基础的解决问题的方法，以在违约发生之前解决债务偿还问题。此类磋商的目的是避免对政策方向产生误解，以政策性措施的力量提振市场信心，并支持持续性的市场准入规则。这些磋商将不关注特定的金融交易，其确切的形式将取决于实际情况。但无论如何，参与者不得利用此类磋商来获取出于交易目的的商业利益。必须遵守适用于有关重大非公开信息的法律限制。"

"债权人对债务人改革的支持。如果确有必要对借款国为避免大规模债务重组发生所实施的举措提供支持，在其与投资者进行磋商并对实施的政策进行改良的努力中，债权人集团应根据其商业目标和法律义务，适当考虑自愿、暂时地维持贸易与银行间贷款，以及对公共和私营部门的短期债务进行展期。债务人若承诺将采取强有力的调整计划会增强债权人对此类请求作出积极回应的可能性，但在某种程度上债权人的行为还取决于银行间贷款利息的持续支付和对其他债务的持续偿还。"

（三）真诚行动

"自愿、真诚的过程。当重组不可避免时，债务人和债权人应进行自愿的、具有诚意的重组程序。这一过程基于明智的政策，这些政策旨在为及时恢复新的市场准入条件、实现可行的宏观经济增长和可持续性的国际收支平衡这些中期目标创造条件。债务人和债权人一致认为，及时进行真诚的谈判是实现这些目标的首选措施，可以限制潜在的诉讼风险。债务人与债权人应当合作，以便确定最佳方法使国家恢复可持续的收支平衡路线，同时维持和保护重组期间的资产价值。在这种情况下，债务人和债权人强烈要求IMF在满足其规定时（包括关于善意磋商的标准）应充分实施其向拖欠私人债权的国家提供贷款的政策。"

"契约（合同）的神圣性。依照他们对合同的自愿修改，合同权利必须保持充分的可执行性，以确保谈判和重组过程的完整性。在与IMF进行磋商或一项计划已经实行的情况下，债务人和债权人将依靠IMF的传统职责，即作为体系的监护者，来支持债务人为避免违约所作出的合理努力。"

"重组谈判。谈判工具，如债权人委员会或其他代表债权人的组织（以下通称为"债权人委员会"）的适当形式和职责，应灵活地根据个案具体情况确定。发生违约时，债务人应尽早与债权人委员会进行有组织的谈判，以确保对现有债务合同条款的修改以及达成的自愿性债务交换约定符合市场实践、恢复经济发展及市场准入规则要求，并考虑了现有的集体行动条款规定（CAC）。如果成立了债权人委员会，则债权人和债务人都应在其框架下进行合作。"

"债权人委员会的政策和惯例。如果债权人委员会成立，就应制定有关规则和惯例，包括保护重大非公开信息的适当机制；在受影响的债务工具与其他受影响的债权人类别之间进行协调，以组成一个单一的委员会；成为债务人介绍其经济计划和融资建议的论坛；收集和分析经济数据；收集、评估和传递债权人对融资建议的意见；经常性充当债务人与债权人组织之间的沟通纽带。过去的经验还表明，在成立债权人委员会后，债务人将承担一个单一的债权人委员会的合理费用。债权人和债务人须根据普遍接受的惯例来共同决定什么是合理的费用。"

"债务人和债权人在重组期间的行动。债务人应尽可能恢复对部分债务的偿付，以表示真诚，并在条件允许时恢复对全部本息的偿付。在这种情况下，债务人和债权人认识到，通常在重组过程中，贸易信贷途径必须得到全部偿付和维持。债务人应避免对资本外流实施额外的外汇管制，除非在特殊情况下进行临时限制。不论使用哪种具体的重组机制和程序（例如，修改现有债券或交换新债券；违约前磋商或违约后与债权人委员会进行谈判），在宣布最终条款之前，都应就重组条款进行建设性对话，以获得大多数市场主体的支持。债务人应聘请法律和金融顾问。"

（四）公平待遇

"避免在受影响的债权人之间实施不公平的歧视性待遇。债务国应避免对受影响的债权人的不公平歧视。这包括寻求所有官方双边债权人的债务重组。按照一般性惯例，重组协议中应排除与短期贸易有关的信贷和银行间贷款等，并在必要时单独处理。"

"公平表决。由主权政府拥有或控制的债券、贷款和其他金融工具不应影响债权人对重组的表决结果。"

第七章　官方出口信用机构与巴黎俱乐部

官方出口信用机构是指代表一国政府或受政府委托为本国企业的出口提供信用支持（包括贷款或信用保险、信用担保）的机构，表现形式一般为政策性的出口信用保险公司和进出口银行。

ECA主要通过两种方式持有外国的主权债务，一是直接向主权政府发放贷款，或向由主权政府提供担保的主体发放贷款，在我国主要表现为优惠买方信贷或援外优惠贷款；二是向由贸易或投资活动而形成的主权债务提供信用保险或担保，在这些债务违约后，保险人或担保人在向被保险人赔偿的同时将取得对这些债务的代位求偿权。

"二战"以后，主权融资是发展中国家融资的典型特征。国际多边机构如世界银行、IMF、亚洲开发银行等为这些主权融资提供了大量资金。由于发展中国家的信用评级较低，非由多边机构提供的主权融资大部分都是由ECA直接发放或投保了ECA的信用保险。也就是说，发展中国家的主权债务，主要就是由国际多边机构和各国ECA机构持有。

20世纪70和80年代，西方发达国家经济出现滞胀，各国政府均强调通过ECA大力支持本国出口，这种情况下，OECD各国ECA积累了大量的发展中国家主权债务，但到80年代中期，很多国家出现偿债困难，这些ECA经历了痛苦的债务重组。最终，这些重组后的债务大部分在十多年后得到了偿还，这对ECA恢复元气起了决定性的作用，当然在这个过程中也因为政治原因减免了很多债务。西方国家很聪明，他们把这些减免的债务计算为对债务国的援助，以显示本国在援助方面很慷慨。

通过下图可以看到，1995年，OECD各国ECA的累计亏损达到近30年的最大值，为468亿特别提款权。1995年后，情况逐渐好转，到2006年受益于俄罗斯的两次提前偿还巴黎俱乐部重组项下的还款而扭亏为盈。

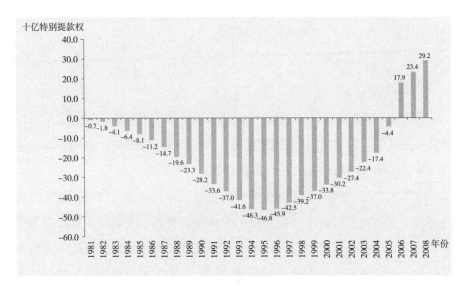

图7-1 OECD国家ECA机构加总累积净营业现金流

资料来源：OECD。

以德国为例，德国ECA机构Euler Hermes国家账户，在1999年达到累积亏损的最大值，累积经营亏损达134亿欧元，到2006年转正，这很大程度上得益于2004—2006年期间的大量巴黎俱乐部项下还款，其中2004年为10亿欧元（其中利息6.3亿欧元），2005年为22.2亿欧元（其中利息9.9亿欧元），2006年又收到23.5亿欧元（其中利息14亿欧元）。

进入21世纪，西方ECA对70多个低收入发展中国家的主权融资支持大幅下降，主要原因是：

1.IMF、世界银行和OECD、欧盟等组织对低收入发展中国家设定了严格的非优惠融资政策。对于某些陷入债务困境或极有可能发生债务违约的国家，设置的非优惠融资额度为零，只有在该国的债务情况大为改善或经过债务重组走出债务违约困境后，IMF和世界银行等才会调高该国的非优惠融资额度。而ECA提供的融资或其保险保障的融资，一般为非优惠融资，在一国的非优惠融资额度为零或很小的情况下，该国就不能从ECA处获取融资或保险。

2.很多ECA在20世纪经历的痛苦债务重组过程让其对主权融资的安全性和可追偿性有了更清醒的认识，迫使其提高定价并谨慎对待这些业务。现在西方ECA一般认为，主权债务发生违约后的追偿率平均在70%左右，而非100%，尽管主权政府不会像商业机构一样破产。

第一节　ECA如何参与巴黎俱乐部的债务重组

巴黎俱乐部主要重组两国间的还款期超过1年的官方债权债务（公共外债），一般包括两大类：官方发展援助（ODA）项下的款项和非官方发展援助款项（一般是官方支持的出口信贷形成的款项）。短期贸易或贸易融资项下的款项，一般不纳入重组范围或者给予其更好的待遇（主要是担心债务减免会影响贸易融资提供方的积极性，进而影响全球贸易）。高等级债权（如多边机构的优先级债权）和有担保的债权一般也不纳入重组范围。债务国发行的短期融资券一般也不纳入重组范围（担心影响债务国的短期融资能力）。

官方出口信用机构（Export Credit Agencies，ECAs）作为国际舞台上最重要的官方双边债权人，很大一部分业务都是主权业务，即主权借款或主权担保业务。这些业务，有些是ECA直接对外提供的贷款，有些是商业银行对外提供的贷款，有些是出口企业的应收账款，无论是哪种债权，只要ECA提供了保险或担保，在债务国发生拖欠后，ECA通过在保单项下的理赔取得向债务国的代位求偿权，成为官方债权人。此时，如果该国为巴黎俱乐部的成员国，该国ECA持有的债权便成为重组对象，纳入重组范围。

（一）参与方式

在实际重组谈判和后续签署双边协议过程中，都有ECA的参与，有些国家是全权委托给ECA来谈判和签署协议（在部分案例中，荷兰授权Atradius官方账户负责人代表财政部与债务国签署双边重组协议）。更多的国家则是财政部主导，如英国、法国、奥地利、德国等，也有些是外交部主导，发展署和ECA等机构负责提供咨询和协助。以日本为例，一般是NEXI、国际协力银行（JBIC）与外务部（含驻外使馆大使）一同参加谈判。NEXI为了更便利地参与OECD和巴黎俱乐部事务，1989年将其伦敦代表处迁至巴黎。

（二）债务重组方式

ECA在巴黎俱乐部项下的债务重组，一般分为三种方式：（1）消减本金；（2）延长还款期；（3）消减利率至市场水平以下。以日本为例，在1988—1989年巴黎俱乐部对重债穷国的重组中，由于受本国财政法的限制，无法直接消减本金，故采用消减利率的方式，最终达到减债三分之一的目标。

对于有些重组后的经济状况未见改善，在重组后又发生违约或逾期发生违约的债务国，ECA将及时提取足额的准备金。此时需要再次进行债务重组。有的国家不得不多次反复重组。

也有些国家会提前还款，根据巴黎俱乐部的重组规则，债权人可以同意债务国提前还款①，也可以不同意（仍按照原重组方案还款）。

重组日之前已经拖欠的利息一般予以"资本化"，即将这些利息和未偿还的本金合并计算为新的本金。

---

① 2005年5月，俄罗斯提出就1999年重组的债务向所有的债权人按比例（pari passu）提前还款150亿美元，此举得到绝大部分债权人的同意，随后俄罗斯在三个月内完成了支付。

（三）债务重组对象

ECA在中长期业务（还款期超过1年）项下直接提供的贷款或担保、保险的贷款、应收账款，都是巴黎俱乐部重组的对象。除非特殊情况，否则短期险（还款期1年以下）的贸易融资债权或贸易债权不纳入重组。

几乎所有ECA中长期险保单的赔付比例都不是100%（仅英国UKEF通常都是提供100%赔比的保险，其他部分机构是个别情况下提供100%赔比的保险），而是95%或其他比例，这种情况下，ECA赔付范围内的款项（95%部分）肯定是重组对象，赔付范围外的款项（5%部分），一般情况下，也一同纳入重组。为了避免被保险人不同意将其自身持有的5%部分纳入重组，部分ECA在保险条款中明确约定，在发生两国间债务重组时，5%部分必须服从保险人的指示。

巴黎俱乐部只对符合其重组条件的债务国进行债务重组，对于其他双边债务，成员国ECA一般通过双边谈判开展重组。

同时，对于商业银行、出口商或其他私营投资者持有的未投保ECA保险的债权，本不属于巴黎俱乐部重组范围，但为了更好地服务客户、提高重组效率，ECA也可以代为处置，将其统一纳入巴黎俱乐部进行重组。如在日本，应客户要求，NEXI自2014年10月起把客户对重债穷国的债权都承接过来，统一进行重组。

（四）政府对债务减免部分给予ECA补偿

大部分债务重组都包含一定程度的债务减免，有些减免额甚至超过50%或达到100%，这类债务减免，对ECA的财务基础产生很大负面影响。为了弥补ECA的财务损失，大部分国家都对政府主导的债务减免给予ECA一定补偿。大多数情况下，这种补偿不是全额的，而是根据一系列参数计算出来的，是对减免额对应的债务真实价值的一种体现。例如，2012年，瑞典政府拨付其出口信用机构（EKN）7800万瑞典克朗，以补偿其在刚果、黑山、塞尔维亚、多哥等国债务重组中的损失。英国出口信用担保局

ECGD在其2004—2005年的年报中也提及对于其在重债穷国（HIPC）机制下，由英国国际发展部（Department for International Development）代表英国政府对其减债部分给予一定补偿。

在日本相关法律中，明确了债务重组时ECA的资本金补偿机制。以日本为例，日本贸易保险法第36条明确规定，在NEXI执行债务重组协议时，政府应对债务减免部分给予NEXI一定补偿[①]。在多次债务减免中，日本财政预算都根据贸易保险特别会计规定向NEXI补充了资本金。以科隆首脑会议达成的对重债穷国100%减免为例，日本财政就减债事宜为NEXI补充资金324亿日元。

（五）巴黎俱乐部为ECA承做主权业务提供大量信息

巴黎俱乐部不仅是各成员国ECA开展债务重组的平台，也是各成员国政府及其ECA分析、管理和控制债务国主权项目风险的得力助手。得益于俱乐部本身的定期研讨和IMF、世行等多边组织提供的债务国信息和其债务可持续性分析报告，ECA可以清晰判断各债务国的债务负担情况，从而在承保前即作出合理决策，从入口端提高主权业务质量，避免出险后的被动重组。甚至可以说，西方ECA的主权类业务主要依赖巴黎俱乐部的信息支持。

得益于巴黎俱乐部的集体行动和分享的信息，西方ECA在主权业务

---

① 原文具体为：Article 36When NEXI has granted an exemption for or has waived claims that it obtained with regard to a trade insurance or reinsurance relating to a foreign government, etc., foreign juridical person, or foreign citizen, or the right to receive recovery（hereinafter referred to as "claims, etc." in this Article）and such exemption or waiver is considered to be especially necessary in light of treaties and other international agreements Japan has signed, the national government may provide NEXI with grants in the amount equivalent to the whole or part of the amount of the claims exempted or waived, within the scope of the amount determined in its budget）. 中文译文为：根据日本国政府与他国签署的条约或日本国签署的国际协议，NEXI需要就贸易保险/再保险项下的对外国政府、外国法人、外国公民等的债权或追偿权进行减免或豁免时，日本政府可以根据实际减免、豁免的债权金额，全部或部分给予NEXI补偿，该等补偿以政府预算实际确定的数额为准。

方面保持了较好的协调，对违约债务也取得了较高的回收率。西方ECA对主权项目的追偿回收率普遍在70%左右，而对商业项目的追偿回收率则因项目不同而差异很大，但总体上在20%~30%左右。在对债务人定价方面，西方ECA在计算违约损失率（LGD）时，对主权借款人适用的追偿回收率一般也为70%，这个比例要高于银行借款人（50%）和商业借款人（20%）。

随着债券市场的发展，国际评级机构也陆续开始为主权债券发行人发布回收率（recovery rating）和违约损失率（loss-given-default，LGD）估计。标准普尔（Standard & Poor）在2007年首次发布了针对非投资级主权国家的回收率评级，其评级范围从1（很高的回收率，在90%到100%的范围内）到最低的评级6（可忽略不计的回收率，0%到30%）。回收率评级考虑了主权国家在违约后恢复付款的能力以及官方（非商业）债权人的作用。

（六）债务重组达成之后，ECA恢复对该国的承保

与巴黎俱乐部达成债务重组，是很多债务违约国家重新获得债权国ECA融资和保险支持的前提。统计发现，很多债务国在与巴黎俱乐部达成债务重组之后，在几个月内就获得了债权人ECA新的融资和保险。如在厄瓜多尔2003年与巴黎俱乐部达成债务重组仅5个月后，加拿大ECA机构EDC就向厄瓜多尔提供了贷款支持。

当然，这要受限于IMF和世界银行在债务可持续框架下对该国设定的非优惠融资限额，对于有些国家，即便达成了债务重组，为了保证其债务的可持续性，IMF和世行仍然限制其举借非优惠的贷款，这种情况下，即便ECA愿意提供融资或保险，也无能为力。对于很多国家，在债务重组达成之后，IMF和世界银行都提高了其非优惠融资额度，这既符合债务国借助ECA支持发展本国经济的意愿，也符合债权国ECA通过提供融资与保险支持本国出口的意愿。

这里也有例外，即对于某些资产融资项目，如飞机或船舶融资，考虑到其主要依赖该资产的运营或抵质押来保障贷款的偿还，对债务国的偿债

能力依赖很小，很多ECA会在"关闭"对某国主权融资的同时，仍然支持该国的某些资产融资项目。例如，2003年，尽管美国进出口银行不受理巴基斯坦的主权融资或保险业务，但却在2003年2月20日为波音公司向巴基斯坦政府出口飞机提供了担保。同样是美国进出口银行，其在2010年7月、2011年10月、2012年5月为波音公司出口埃塞俄比亚的三架飞机提供了担保，尽管在那期间它一直宣称不为埃塞俄比亚主权借款提供支持。

第二节　日本NEXI参与巴黎俱乐部债务重组的具体情况

日本在1965年加入OECD，并于同年加入巴黎俱乐部。日本ECA机构——日本贸易保险公司（NEXI）和日本国际协力银行（JBIC）均在巴黎设立代表处，以协助日本外务部参与巴黎俱乐部事务。

在日本贸易保险历史上，多次因进口国主权债务重组导致赔付大幅增加，后来又随着债务国对重组款项的到期还款而实现追偿收入大幅增加。

一、NEXI参与巴黎俱乐部债务重组的流程

（一）债务国对IMF融资条件与要求的批准

债务国认为自身难以偿还债务后，就会向IMF提出融资需求，IMF则对债务国的经济重建计划进行检查评估，并对其具体实施附以一定条件。债务国接受IMF提出的条件后，IMF方能提供紧急救助融资。

对巴黎俱乐部而言，债务国承诺在IMF的监视和支援下进行经济重建是进行债务重组讨论的必要前提条件。

债务国如是IMF非成员国，巴黎俱乐部自身设定有实现IMF同样功能的条件。对古巴和波兰等有其成功运作范例。

（二）巴黎俱乐部的讨论

日本由NEXI和外务省（在外使馆）联合作为负责官员出席巴黎俱乐部

的讨论。在参加会议前，NEXI会在国内开展债权调查，以正确把握被保险人所持有的对象债权，为两国间交涉准备必要的数据。

（三）两国间协定的签署

巴黎俱乐部达成协议后，债权国和债务国在双边层面要针对债权范围和债务重组利率等细节进行更为具体的交涉，并签定两国间协定，明确信用保险项下债务重组方案方正式生效。

（四）对被保险人的说明

NEXI会将巴黎俱乐部谈论的结果、国家之间达成的协议和其内容向被保险人说明。在两国间重组协定签定后，NEXI会向各被保险人送达重组后还款计划表的复印件。

二、NEXI的赔款与追偿操作

1980年之前，当保险项下的债务进行重组时，NEXI仅对重组协议达成之前的欠款进行赔付，但对达成协议之后的应还款项，只是对原债权的支付期限进行延期，即在保单项下展期，并不赔付。这种对债务重组进行展期承保的做法，如债务国最终没有按照重组协议顺利还款，会导致更大金额的赔付（债务金额越延越大）。

鉴于上述问题，在1980年之后，NEXI逐步调整政策。在债务重组时，如果客户申请按照原合同中规定的原还款日期限进行赔款，NEXI会按照保险合同支付赔款。这种情况下，如果后续按照债务重组协议，债务国政府在还款日履行了还款义务，由于NEXI此前已经履行了赔付义务，则赔款对应权益（即承保比例或赔偿比例对应的90%或95%部分）的追偿款均归NEXI所有，即便追偿款金额大于之前赔款金额。对于客户自身权益部分的追偿款，NEXI会转付给客户。

值得一提的是，在2004年10月之前，NEXI在参与巴黎俱乐部重组时，常常只重组自己权益的债权部分（承保比例或赔偿比例对应的部分金额，多为90%或95%），对被保险人权益部分金额（客户自留风险部分，多为10%或5%），往往是让被保险人自行去商谈重组或追偿。这种做法，在西方其他ECA的早期实践中比较普遍，但后来均慢慢转变成ECA负责全部债权的重组与追偿，然后按照权益比例分配追偿款，部分ECA甚至将这一做法写入中长期险保险单中（提示一下：巴黎俱乐部一般不重组1年期以内的贸易债权）。2004年10月，NEXI为了迎合客户要求，也决定将被保险人权益部分的债权金额一并接管过来，由NEXI负责进行重组谈判和追偿。

三、债务消减与NEXI的选择

具有历史意义的事件是1988年巴黎俱乐部推出多伦多协议（减免债务30%），此后债务重组不再只是延期偿付，而是切实消减债务金额且对消减的金额不再追偿，这对日本贸易保险的财务收支平衡造成重大影响。日本政府认为，这些债务消减有着浓厚的国际援助（对最贫穷国家援助）的色彩，其负担不应由贸易保险的保户（被保险人）承担，而是应由日本国财政负担。特别是IMF与世界银行推出重债穷国倡议后，随着减债力度的不断增强，日本财政预算多次向日本贸易保险特别会计账户补充资本金，1989—2000年间共补充资本金3948亿日元。

在历次债务消减操作中，日本贸易保险选择的都是利率消减的方式，即在重组时降低利率，但不降低本金金额，最终其债务的净现值达到了巴黎俱乐部重组协议要求的债务消减比例即可。以一笔10年期、年利率为5%的买方信贷为例，如果重组后偿还期限为15年（一般含5年宽限期，宽限期内只还利息），但年利率降为2%，从净现值来看，就实现了债务的消减。

第三节　其他部分ECA机构参与巴黎俱乐部的情况

一、韩国K-sure

韩国加入巴黎俱乐部的时间较晚，2016年其加入巴黎俱乐部后，直至2019年，巴黎俱乐部都没有进行实质性的债务重组。为了方便参与巴黎俱乐部事务，韩国ECA机构K-sure于2017年在巴黎设立了代表处。

二、奥地利ECA-OeKB债务重组与核销情况

奥地利是巴黎俱乐部成员国，在巴黎俱乐部框架下，该国ECA提供担保的债权和ODA债权都要统一进行重组和减免协商。奥地利官方债权在巴黎俱乐部的重组由其财政部代表，奥地利ECA机构OeKB负责向财政部提供咨询。对于重债穷国，巴黎俱乐部在1999年6月的减债行动中给予了90%或更高的减免，而欧盟则倡议减免100%，对此，奥地利作为欧盟成员国，100%全部减免了对这些国家的双边债务。截至2016年12月31日，OeKB管理巴黎俱乐部框架下15个国家的重组债务，涉及重组金额约36亿欧元（本金22亿欧元、利息14亿欧元），其中非洲占63.7%，亚洲占18%，拉丁美洲和东欧国家占18.3%。

自1950年至2016年12月31日，OeKB通过债务重组累计收回逾期本金88.05亿欧元和逾期利息34.48亿欧元。1950—2016年，经评估无法追偿然后核销的贷款本金共计37.03亿欧元，利息19.39亿欧元，这包括巴黎俱乐部框架下和其他国际债务重组框架下的核销。上述本金和利息核销合计56.42亿欧元。其中2016年核销0.56亿欧元。

三、意大利SACE

意大利参与巴黎俱乐部债务重组主要由外交部牵头，经济财政部和意大利ECA机构SACE积极配合。SACE历史上最大一笔追偿款是2005年俄罗斯在巴黎俱乐部项下一次性向SACE支付的16.959亿欧元的重组款项，

同年，秘鲁也向SACE提前偿还了2.757亿欧元的欠款。

俄罗斯2005年5月13日在巴黎俱乐部项下与债权人达成了提前还款协议，一次性向各债权人提前还款150亿美元。

四、挪威ECA机构GIEK

挪威ECA机构GIEK的主管部门是贸易、工业和农渔部（Ministry of Trade.Industry and Fisheries，简称"贸工部"）。挪威外交部牵头负责挪威参与巴黎俱乐部的事务，GIEK配合参与并提供技术支持，挪威财政部和贸工部也一同参与。

同时，挪威贸工部、财政部和GIEK共同组成工作小组，负责评估和修订GIEK的违约债务和债务追偿管理方案。

除了在巴黎俱乐部框架下达成的债务减免外，挪威往往还会给予债务国额外的减免，具体由挪威外交部负责。对这些由挪威政府自行决定的额外减免，原则上挪威外交部要给予GIEK一定的补偿。

第八章　新冠肺炎疫情影响下G20缓债倡议（DSSI）实施情况

第一节　G20缓债倡议简介

一、缓债倡议的提出与国际响应

在全球新冠肺炎疫情蔓延之际，IMF率先行动，在2020年3月份宣布采取多项紧急融资措施，包括将快速信贷便利（rapid credit facility）和快速融资工具（rapid financing instrument）的额度翻倍。这些措施，总计可提供约500亿美元贷款，帮助低收入和新兴市场成员国应对新型冠状病毒肺炎疫情，其中，100亿美元将以零利率的形式发放给低收入地区。

2020年4月15日，G20[①]财长和央行行长会议批准了"暂缓最贫困国家债务偿付倡议"（Debt Service Suspension Initiative for the Poorest Countries DSSI，以下简称"缓债倡议"），要求双边官方债权人在2020年内中止要求最贫穷国家还本付息，以帮助这些国家集中资源用于抗击疫情和应对债务危机。

2020年7月8日，G20与巴黎俱乐部的巴黎论坛（Paris Forum）联合举办了高级别部长级会议，会议议题为"应对新冠危机：恢复资本可持续流动和稳健的发展性融资"，讨论了危机对国际资本流动的影响和应对政策。

---

① 由阿根廷、澳大利亚、巴西、加拿大、中国、法国、德国、印度、印度尼西亚、意大利、日本、韩国、墨西哥、俄罗斯、沙特阿拉伯、南非、土耳其、英国、美国以及欧盟20方组成。

会议特别就非洲发展融资可持续性进行了分组讨论，探讨了DSSI执行情况及后续措施，并对各国获取资源的创新方式和要求提出了建议。与会者强调，有必要将DSSI延期至2020年以后并开始考虑后续准备措施，以保证危机后的债务可持续性。

7月18日，G20国家财长和央行行长视频会议在沙特首都利雅得举行。此次会议旨在刺激全球经济从新冠肺炎疫情引发的衰退中复苏，同时呼吁扩大对受危机影响的贫困国家的债务减免。会议肯定了G20缓债倡议相关进展，要求官方双边债权人继续落实，鼓励多边开发机构进一步采取行动支持缓债倡议，强烈鼓励商业债权人按与官方双边债权人可比的条款参加缓债。

7月21日，财政部发布第七次中法高级别经济财金对话联合情况说明，双方鼓励有效落实G20缓债倡议，重申巴黎俱乐部作为官方双边债务重组的主要国际论坛的作用，支持巴黎俱乐部在主权债务问题方面的工作。中方愿意发挥更具建设性的作用，包括研究个案、参与巴黎俱乐部债务重组合作问题。

2020年10月14日，G20财长和央行行长视频会议中，同意将最贫困国家债务暂缓偿付期再延长6个月至2021年6月底，并将根据届时经济形势于2021年IMF和世界银行春季会议时决定是否需要再次延长。

二、缓债倡议实施措施

缓债倡议实行的对象是77个对IMF或世界银行有借款的最贫穷国家，入选具体标准是世界银行旗下有资格获得国际开发协会支持的国家（IDA Countries）①和联合国所定义的最不发达国家（Least Developed Countries）②。

符合上述条件的国家必须正在接受或已经申请IMF的紧急融资支持，

---

① https://ida.worldbank.org/about/borrowing-countries.

② https://www.un.org/development/desa/dpad/least-developed-country-category/ldcs-at-a-glance.html.

并且要主动申请进行缓债。这主要考虑到如果其没有申请 IMF 的救助，也就没有必要进行缓债，同时缓债对其信誉多少会有影响，有些国家会选择不对债务进行延缓，而是按期支付，以维护自身的国际信誉。

缓债受益国必须承诺：（1）使用释放的资源来应对危机，以增加社会、健康或经济支出；（2）承诺增强债务透明度，披露所有公共部门的财务规划（包括债务和类似债务的工具），以做出更合理的借款、投资以及吸引外国直接投资决策，并通过这些可靠的数据改善 IMF 和世界银行对其债务可持续性和融资需求的评估；（3）承诺缓债期内，在 IMF 和世界银行非优惠借款限额政策下不签订新的非优惠借款合同。

缓债期间为 2020 年 5 月 1 日至 2020 年底。在这期间的所有本金和利息支付都将被暂停，这些延缓的债务将在未来四年内还清，其中一年为宽限期，三年为还款期。缓债必须是净现值中性的，即缓债前后债务的净现值一致，没有实质性债务减免。缓债既可以通过重新安排还款计划（即重组）来实现，也可以通过再融资（即借新还旧）来实现。

为了保证债务国可以继续获得新的优惠资金，缓债倡议参照巴黎俱乐部的模式，设立了"截止日（cut-off date）"，为 2020 年 3 月 24 日。在此日期之后签订的新的融资协议（一般为 IMF 与世界银行等国际多边金融机构提供的融资，以及有关国家政府提供的优惠融资）将不受缓债倡议约束。

IMF 和世界银行通过监督支出、提高公共债务透明度和确保审慎借款来支持 DSSI 的实施，为 DSSI 提供技术支持，向各国通报该倡议，以及提供 G20 要求提供的信息，例如监测资源使用等。

IMF 认为，DSSI 有助于满足借款国当前的流动性需求，但并不意味着这些国家的债务可持续性问题将得到解决。新冠肺炎疫情引发了"二战"后最严重的全球衰退，但在新冠肺炎疫情暴发之前，许多低收入国家的债务脆弱性已经提高。而 DSSI 则是给这些国家更多时间，以便正确评估和解决债务可持续性问题。

G20 呼吁商业债权人通过国际金融协会参与缓债倡议。G20 会议认为，此时向低收入国家提供应对危机支持，符合商业债权人长期的商业利益。

第二节　缓债倡议实施情况

一、各债务国加入缓债倡议情况

DSSI实施以来，截至2020年3月19日累计向40个国家提供了50亿美元的缓债。共45个国家加入了缓债计划[①]。其中，根据IMF对这些国家在2020年5月至2021年6月的可能缓债金额估计，获得缓债金额最高的国家将是巴基斯坦（约61.3亿美元），其次是安哥拉（约30.3亿美元）、肯尼亚（约12.5美元）、埃塞俄比亚（8.3亿美元）和缅甸（7.4亿美元）。但也有多个国家至今仍未承诺加入DSSI。有人认为，未加入DSSI的国家可能是担心在参加缓债倡议后受到穆迪等信用评级机构监视，会导致本国主权评级遭遇下调。

表 8-1　DSSI 下缓债情况汇总（截至 2021 年 2 月 19 日）

序号	国家	是否加入DSSI	外债压力	整体债务压力	2020 年 5—12月潜在缓债金额（百万美元）	2021 年 1—6 月潜在缓债金额（百万美元）
1	阿富汗	是	高	高	39.3	36.7
2	安哥拉	是	–	–	1734.9	1292.8
3	孟加拉国	否	低	低	331.9	290.8
4	贝宁	否	适中	适中	16.1	15.2
5	不丹	否	适中	–	145.4	248.2
6	布基纳法索	是	适中	适中	24.2	12.7
7	布隆迪	是	高	–	4.5	2.8
8	佛得角	是	高	高	18	15.8
9	柬埔寨	否	低	低	219.2	209.2

[①] http://.www.worldbank.org/en/topic/debt/brief/covid-19-debt-service-suspension-initiative.

续　表

序号	国家	是否加入 DSSI	外债压力	整体债务压力	2020 年 5—12 月潜在缓债金额（百万美元）	2021 年 1—6 月潜在缓债金额（百万美元）
10	喀麦隆	是	高	高	337.3	271.9
11	中非共和国	是	高	高	7.4	8.7
12	乍得	是	高	高	65.4	43.9
13	科摩罗	是	适中	适中	2.3	1.9
14	刚果民主共和国	是	适中	适中	156.3	105.9
15	刚果共和国	是	困扰	困扰	181.8	190.5
16	科特迪瓦	是	适中	适中	224	67.7
17	吉布提	是	高	高	56.8	66.7
18	多米尼加	是	高	—	4.3	3.7
19	埃塞俄比亚	是	高	高	472.9	359.6
20	斐济	是	—		13.4	13.3
21	冈比亚	是	高	高	10.2	6.4
22	加纳	否	高	高	377.9	180.2
23	格林纳达	是	困扰	困扰	8	5.1
24	几内亚	是	适中	适中	70.6	29.2
25	几内亚比绍	是	适中	—	2.1	1.7
26	圭亚那	否	适中	适中	16.9	13.6
27	海地	否	高	高	76.2	59.6
28	洪都拉斯	否	低	低	102	27.5
29	肯尼亚	是	高	高	630.8	620.3
30	基里巴斯	否	高	高		
31	科索沃	否	—	—	7.5	3.9
32	吉尔吉斯斯坦	否	适中	适中	52.1	49.5
33	老挝	否	高	高	315	277.6
34	莱索托	是	适中	适中	9.8	5.9
35	利比里亚	否	适中	高	2.3	2.2
36	马达加斯加	是	低	适中	35.5	8.5
37	马拉维	是	适中	高	17.4	16.7

序号	国家	是否加入DSSI	外债压力	整体债务压力	2020年5—12月潜在缓债金额（百万美元）	2021年1—6月潜在缓债金额（百万美元）
38	马尔代夫	是	高	高	50.7	61.3
39	马里	是	适中	适中	82.5	46.3
40	马绍尔群岛	否	高	—		
41	毛里塔尼亚	是	高	高	90.8	102.5
42	密克罗尼西亚	否	高	高		
43	摩尔多瓦	否	低	低	23.2	19.9
44	蒙古国	否	—	—	69.9	60.4
45	莫桑比克	是	困扰	困扰	292.6	250.2
46	缅甸	是	低	低	379.9	359.3
47	尼泊尔	是	低	低	24.8	21.3
48	尼加拉瓜	否	适中	适中	33	20
49	尼日尔	是	适中	适中	26	24
50	尼日利亚	否	—	—	123.5	155.2
51	巴基斯坦	是	—	—	3645.4	2487.8
52	巴布亚新几内亚	是	高	高	326.9	26.3
53	卢旺达	否	适中	适中	13.2	11.7
54	萨摩亚	是	高	高	9.5	8.4
55	圣多美和普林西比	是	困扰	困扰	1.6	2.8
56	塞内加尔	是	适中	适中	139.2	97.7
57	塞拉利昂	是	高	高	8.1	6.9
58	所罗门群岛	否	适中	适中	1.5	0.7
59	索马里	否	困扰	困扰	1.7	1.4
60	南苏丹	否	困扰	困扰		
61	圣卢西亚	是	—	—	5.2	3.1
62	圣文森特和格林纳丁斯	否	高	高	4.1	2.9
63	塔吉克斯坦	是	高	高	63.8	50.3
64	坦桑尼亚	是	低	—	138.6	109.6

续　表

序号	国家	是否加入 DSSI	外债压力	整体债务压力	2020 年 5—12 月潜在缓债金额（百万美元）	2021 年 1—6 月潜在缓债金额（百万美元）
65	东帝汶	否	低	低	0	0
66	多哥	是	适中	高	26.6	23.9
67	汤加	是	高	–	6.3	6.2
68	图瓦鲁	否	高	–		
69	乌干达	是	低	低	91.1	107
70	乌兹别克斯坦	否	低	低	257.3	217.5
71	瓦努阿图	否	适中	适中	6.2	6.1
72	也门	是	–		211.5	137.7
73	赞比亚	是	高	高	165.4	184
总计					12109.8	9178.3

资料来源：IMF 官网。

二、巴黎俱乐部参与缓债倡议情况

截至 2021 年 3 月 1 日，已有 38 个国家/地区与巴黎俱乐部签署了实施 DSSI 的谅解备忘录。这些国家/地区是马达加斯加、也门、莫桑比克、马尔代夫、莱索托、安哥拉、布基纳法索、佛得角、喀麦隆、乍得、科摩罗、刚果民主共和国、刚果共和国、吉布提、多米尼加、埃塞俄比亚、格林纳达、几内亚、科特迪瓦、吉尔吉斯斯坦、马里、毛里塔尼亚、缅甸、尼泊尔、尼日尔、巴基斯坦、巴布亚新几内亚、萨摩亚、圣多美和普林西比、塞内加尔、塞拉利昂、多哥、赞比亚、肯尼亚、乌干达。其中肯尼亚和乌干达分别是在 2021 年 1 月 11 日和 1 月 28 日分别与巴黎俱乐部达成缓债协议的，其他 36 个国家/地区则是在 2020 年与巴黎俱乐部达成了协议。

这些国家将缓债倡议所释放出的财政资金，用于提高本国在社会、卫生和经济领域的抗击新冠肺炎疫情支出。

巴黎俱乐部期望并呼吁所有双边债权人以可比条件和透明方式全面实施该倡议，并会在下半年，基于IMF和世界银行提供的受益国家流动性需求报告，考虑是否可能延长缓债期限。

第九章 中国对外主权债务重组与管理

第一节 中国已经成为世界上重要的新兴债权国

中国崛起过程中，伴随对外投资和贸易，中国各类主体（含国家、出口信用机构、商业银行、企业与居民等）持有的对外主权债权不断增加，债权结构日益复杂化，由于很多债务方都是发展中国家，这其中蕴含的"坏账风险"不容忽视。巴黎俱乐部已经多次明确表示希望中国加入。

总体上，我国对外主权债权呈现出如下特点：

一是增速较快。近年来，中国持有外国主权债权迅速增加。自2000年开始，中国多次增持美国国债，2008年超越日本成为美国第一大债权国，截至2016年5月，中国持有美国国债总额为1.244万亿美元，居美国最大"债主"位置。同时，根据有关新闻报道，中国已经成为若干个发展中国家的最大双边债权人（不含多边债权人，如世界银行、IMF等）。

二是币种多元化。中国对外主权债权币种以美元为主，中国目前持有超过1.22万亿美元的美国国债和机构债券，对外出口信贷也多以美元计价。近年来随着中国外汇储备多元化战略的推进和商业银行对其他币种的接受，中国各类主体持有的日元、欧元、英镑等币种的主权债务也在不断增加，同时也出现了一些非主流货币的债务，比如韩元、俄罗斯卢比、印度卢比、南非兰特等。

三是贸易融资类对外主权债权和投资类对外主权债权都快速增加。这两类对外债权的上升来源于中国日益扩大的对外贸易和迅猛发展的对外直接投资。目前，中国是世界第一大出口国和第二大对外直接投资国，每年超过两万亿美元的出口和已经超过千亿美元的对外直接投资，这其中有大量的主权债务。随着中国经济转型升级以及企业竞争力的增强，再加上资本项目逐渐加快开放，"海外中国"的体量未来将更为巨大。

四是对发展中国家的主权债权增长迅速。随着中国对外开放战略的推进，中国与亚非拉广大发展中国家经贸往来日益密切，特别是一带一路战略的实施，沿线64个国家大都是发展中国家，中国与这些国家在官方援助、商业信贷、商品与服务贸易、直接投资等领域的交互越来越多，形成了大量的债权，其中很多都涉及所在国的主权支付义务，即主权债权。

第二节　中国对外主权债务减免与重组

中国对外债务减免是指中国免除部分发展中国家对我国到期的政府债务，从历史角度看，这是中国实施对外援助的一种重要形式。为减轻经济困难国家的债务负担，中国政府在国际会议上多次宣布免除与中国有外交关系的重债穷国和最不发达国家的到期无息贷款债务。

据观察，我国政府对外减债的主要事件有：2005年9月15日，时任国家主席胡锦涛在联合国成立60周年首脑会议上发表题为《五大举措援助穷国》的重要讲话，表示"在今后两年内免除或以其他处理方式消除所有同中国有外交关系的重债穷国2004年底前对华到期未还的全部无息和低息政府贷款"及"今后三年内向发展中国家提供100亿美元优惠贷款及优惠出口买方信贷"。2009年底，中国与非洲、亚洲、拉丁美洲、加勒比和大洋洲50个国家签署免债议定书，免除到期债务380笔，金额达255.8亿元人民币。2009年，中国政府承诺向阿富汗提供的7500万美元优惠贷款全部转为无偿援助，从2009年起分五年实施。2010年，我国政府完成与伊拉克政府的债务核对及重组谈判，重组协议规定，中国免除伊拉克85亿美元的债务，债务减免比例为80%，剩余19.47亿美元分18年付清。《中国的对外援助（2014）》白皮书中提到中国在2010—2012年期间免除了坦桑尼亚、赞比亚、喀麦隆等9个最不发达国家和重债穷国共计16笔到期无息贷款债务，累计金额达14.2亿元人民币。据有关媒体报道，截至2011年底，中国累计免除50个重债穷国和最不发达国家约300亿元人民币债务。

党的十八大以来，习近平主席提出"一带一路"倡议和"人类命运共同体"理念，强调中国作为负责任的大国，应积极履行国际责任，推动全球治理。中国对最不发达国家免除债务不附带任何条件，也不会牺牲别国利益。要"多算大账，少算小账，特别要多算政治账、战略账，少算经济账、眼前账。"2015年9月26日，习近平主席在联合国发展峰会上宣布，中国将免除对有关最不发达国家、内陆发展中国家、小岛屿发展中国家截至2015年底到期未还的政府间无息贷款债务。同时，宣布将设立"南南合作援助基金"，首期提供20亿美元。

2020年，中国积极参与并落实G20对最贫穷国家的缓债倡议。

第三节　中国面临是否加入巴黎俱乐部的外部压力

历史上，主权债务重组是非常重要的全球治理政治资源，重组的过程充满国家资源调配和国家利益博弈。

对于发展中国家的主权债权，由于这些国家和地区的对外支付能力相比发达国家较为脆弱，风险也就更大，一旦发生违约，不但会直接影响我国的经济权益，还直接关系到债务国经济发展和其他债权国债权利益。通常，这些国家拥有多个债权国一旦形成债务违约，所有债权国都会受到连带影响，即使是双边债权也会受到其他债务的拖累，债务国根本无法获得偿债流动性。从这一角度而言，债务国的所有债权人实质上是利益共同体。而确保债权国利益的根本办法是协助债务国恢复债务可持续性和偿债能力。

巴黎俱乐部、IMF和世界银行在重债穷国倡议计划内的做法就是在全部债权人达成一致的情况下，通过率先给予债务国再贷款和债务减免，帮助债务国恢复经济增长和稳定。在国际组织的债务重组机制中，存在债权国待遇可比性条件，这就确保了不参与重组的债权国即使能够获得搭便车利益，也十分有限。为了保持集体行动，2013年10月，巴黎俱乐部与多个新兴债权国代表进行了会谈，主要目的是保持借贷和重组行动的一致性，会议参与方包括中国、印度、墨西哥、土耳其和波斯湾阿拉伯国家以及19个巴黎俱乐部成员国。

一直以来，我国强调独立自主外交和对外进行债务重组与减免，不加入巴黎俱乐部等组织。但近些年，随着中国对外债权的不断增加，西方主要发达国家，同时也作为巴黎俱乐部成员国，都提出希望中国加入巴黎俱乐部等组织。可以说，国际上存在中国参与国际主权债务重组集体行动的强烈诉求。2016年7月1日，在巴黎俱乐部成立60周年纪念会上，IMF总裁拉加德发表演说，指出巴黎俱乐部未来的首要任务就是吸引新兴债权国加入俱乐部。2016年7月23日至24日，在成都举办的G20财长和央行行长会议上发表公报说，会议支持巴黎俱乐部作为主要国家官方双边债务重组平台讨论一系列主权债务问题，并支持巴黎俱乐部持续吸纳更多新兴债权国，欢迎中国定期参加巴黎俱乐部会议以及中方发挥更具建设性作用的意愿，包括进一步讨论潜在的成员身份问题。此前，美法等国家的财长也表示希望中国成为巴黎俱乐部的"正式成员"。

巴黎俱乐部希望中国加入，一方面是为了让中国承担更多的国际义务，另一方面是为了增强巴黎俱乐部自身的国际影响力。当前中国对外债权规模较大，是世界主要债权国之一。中国较大的对外债权规模使得中国对外债权的态度和政策具有较明显的"溢出"效应。如果加入巴黎俱乐部，相关政策在出台前就会经过俱乐部内部更加充分的协商沟通，对西方国家来说"溢出"效应的冲击将减小。同时，中国提供的贷款对受援国的经济和财政状况都会产生影响，巴黎俱乐部作为一个国际上的债权国协调机构迫切希望中国加入以增强其在国际上的作用。同时，20世纪七八十年代巴黎俱乐部成员国保有的债权规模占全球比重约60%，现在已经不到50%，如果不能持续吸纳新兴债权国加入，该机构的影响力将持续下降。

我们发现，近年来，国际社会希望中国加入巴黎俱乐部的呼声越来越高，特别是在2016年6月韩国和巴西加入巴黎俱乐部之后，这种呼声达到了一个高潮。

中国是否应该加入巴黎俱乐部，这是一个非常复杂的问题。有些专家认为加入是大势所趋，战略利益大于经济利益，利大于弊，何时加入只是时机问题。归纳起来，加入的好处是：第一，加入后，在IMF框架下，以巴黎俱乐部为平台，可以提升中国在全球经济治理中的制度性话语权，进一步提升我国的国际影响力和国际信用；第二，巴黎俱乐部的一个重要原则就是信息透明和共享，中国加入巴黎俱乐部后可以获得关于全球债务国相关情况的更充分的信息，减少债权国之间的冲突，避免因债务国财政情况的不可控酿成债务危机，进而有助于我国债务的回收、减少债务风险暴露；第三，可以增加和主要债权国的政策协调，交流外债管理的经验与方法。

反对加入者则强调，一直以来，中国都是作为参与者和巴黎俱乐部保持沟通，这种现状可以保持，而不是加入。不加入的主要考虑是其会影响中国对外经济政策自由度，目前巴黎俱乐部成员国中除俄罗斯和巴西外，其他20个国家都是OECD国家，其中巴西也一直在积极申请加入OECD。目前中国还没有加入OECD组织，仍然是发展中国家，还不宜加入由欧美等发达债权国组成的巴黎俱乐部。目前，巴黎俱乐部组织主要是以西方国家为一方，与发展中国家商讨债务重组、减免等事项，中国加入其中与中国自身强调的发展中大国的定位存在潜在冲突，其他发展中债务国可能觉得中国和西方国家站到一起对付发展中国家。除政治定位因素之外，加入巴黎俱乐部还可能会影响到中国之后相关政策和决策的自由度。巴黎俱乐部虽没有任何成文的规定，但是强调只同那些与国际货币基金组织签署了有关经济调整方面的协议的债务国进行谈判。而IMF的经济调整主张主要是按照"新自由主义"的药方开出来的，其适用性已经面临较大的挑战。如中国加入巴黎俱乐部后按此原则行事，对外经济政策的创新空间可能受到约束。此外，巴黎俱乐部高度强调信息透明和共享，如加入，将需要定期按照要求报送和分享各类信息，特别是对70多个低收入国家的主权融资和信用保险业务，部分需要按要求逐笔报送，这是一个较大的挑战。

事实上，自2013年以来，中国人民银行多次参与巴黎俱乐部的会议，强化与巴黎俱乐部的信息分享，并表态支持巴黎俱乐部作为官方债权人国际组织的工作，愿意发挥更大的建设性作用，并就可能的加入问题进行探讨。

第十章　政策建议

第一节　打铁还需自身硬，稳步推进人民币国际化

目前我们持有的债权主要都是美元债权，包括对美国的国债投资、对各类美元债券的投资以及对诸多发展中国家的中长期信贷债权。这些投资的价值都与美元的汇率与利率挂钩，深受美国美元货币政策影响，同时，还有美国动用金融制裁而被冻结的危险。从日欧等国的发展历程看，它们都是在一定阶段逐步加大本国货币的国际化进程，以逐步取代美元的垄断或主导地位的。日本在20世纪七八十年代就多措并举推进日元国际化，取得了较好效果，推动很多日本企业的国际贸易合同与日本金融机构的信贷合同的币种都改为日元。

如果我们持有的中低收入国家的主权债务的币种是人民币，那么我们在债务重组中将有更灵活的空间和应对策略，一旦涉及减债，我国政府也可以更好地应对。我国央行和金融机构在处置这些债权时将有更多的政策工具。

具体到实务中，有三点建议：

一是鼓励或采取某些措施激励我国企业、金融机构与国外企业签订人民币商务合同或信贷合同，提高人民币结算比例，降低对美元的依赖，也有利于规避制裁风险。当然，这需要国外企业可以获得还款所需的人民币，这就需要培养全球的人民币交易市场，并在双边货币互换协议下增加额度或向企业增加人民币购汇额度。

二是在出口信用保险、出口信贷等政策性金融工具中增加对人民币交易的优惠或鼓励措施，如适度降低保险费率和贷款利率，降低有关费用等。以德国为例，其官方出口信用机构 Euler Hermes 就在中长期保险业务中明确，如使用欧元之外的币种承保或支付赔款，保险费率提高10%。目前我国出口信贷主要使用美元，其次是欧元，但由于我国金融机构获取美元的成本较高，导致其贷款利率要明显高于欧美金融机构，这降低了我国出口信贷的竞争力，不利于更好地支持我国出口。当然，目前人民币的利率也并不低，但从长远看，摆脱对美元的依赖，是中国崛起必然要面对的问题，未来人民币利率可能进一步降低，这都需要我们提前筹划和准备。而且，使用人民币交易，可以为我国政府在费率、利率等方面提供更大的政策调整空间。

三是吸引部分条件较好的发展中国家发行人民币主权债券，如发行熊猫债券。筹资资金可以用于支付从中国的进口或支付中国承包商实施的项目的预付款，还款资金来源则可以是通过对中国出口或滚动发行债券。由于这些国家的信用评级不是很好，故发行利率较高，这样还可以补充我国金融市场的多样性，为我国一些追求高收益的投资者提供投资品种。如政策允许，此类债券也可以投保官方出口信用机构的保险，以增加其安全性，吸引更多投资者。日本就曾利用其出口信用保险机构 NEXI 为菲律宾等国发行的日元债券提供非约束性保险，帮助菲律宾筹集低成本的日元资金，同时促进了两国外交外贸关系，也推动了日元的国际化。

第二节　我国加大对低收入国家的投资与进口

几乎所有的债务危机都与贸易失衡有关。出口增长对于防范债务危机极为重要。通过对20世纪80—90年代拉美与亚洲国家经济发展的研究发现，拉美国家采取进口替代战略，在举借大量外债的同时，出口收入增长有限，同时汇率政策不合理，汇率高估导致资本外流，最终导致了债务危机。而同期亚洲部分国家（如亚洲四小龙）采取出口导向战略，出口增速很快，汇率政策也有利于出口，很快积累了大量外汇，尽管也举借了大量外债，但均成功避免了债务危机。

为了实现国家工业化的起步和经济的发展，很多发展中国家政府会通过举借外债的方式来引进技术、设备，从中国等多个国家的发展经验来看，这种借助国际资本获得建设资金、通过引进技术和设备迅速发展工业的模式，对实现经济的跨越式发展很有帮助。但这种模式对外债规模有严格的限制，并且客观上需要本国国内经济政策和贸易政策的配合，以确保承担的债务可以支持长期的经济发展，保证对外债务的偿付。然而很多发展中国家由于管理能力低下、政党利益争斗等因素影响，在大量举借外债后并没有根据投资额、偿债期限以及宏观经济发展速度和目标等因素进行综合考虑，制定出合理的外债使用战略，而是盲目通过举债实施超过国家承受能力的大型项目或形象工程（所谓白象工程）。由于这些工程具有耗资大、工期长、回报慢或回报差等特点，或者不符合本国国情和发展实际，导致很难在短期内产生有效的生产能力或投资回报，对偿还债务形成巨大威胁。

具体而言，有三点建议：

一是我国增加对发展中国家的投资，为其经济输血，并重点发展有利于其增加出口的投资项目，帮助其赚取外汇。实施"走出去"战略。近二十年来，我国对外投资蓬勃发展，但存在一定的散、乱的现象，即对一些地区或国家的投资，缺少整体的规划，企业自行其事，很容易只注重自身的盈利，而忽视了对投资目的国整体经济增长和外汇储备的关注。而当目的国发生经济危机以后，往往采取汇兑限制等措施，导致投资项目无法汇回分红款或无法还款，对我国投资者的投资造成不利影响。这方面，中国出口信用保险公司的海外投资保险是我国支持和保护对外投资的主要政策性金融工具，可以为企业的境外投资提供多种政治风险的保障，应充分利用这种工具，扩大我国对中低收入国家的投资。

二是我国不断增加来自中低收入发展中国家的进口，从进口端改变债务国贸易失衡状态。我国自2019年以来连续两年召开进口国际博览会，不断加大对进口的重视。建议我国政府协调相关国家驻中国使领馆，增加对该国各种产品的宣传介绍，协助他们增加对我国的出口，并在贸易中逐步加大对人民币的使用。

三是适当增加对中低收入贫困国家的援助。

通过上述工作，可以促进我国与中低收入发展中国家的外交外贸关系，形成"你中有我、我中有你"的多赢合作局面。这样在债务违约时，考虑到与我国的特殊紧密关系，有些国家就不会轻易对我国债权人违约，因为他们希望通过履行债务偿还来保持良好合作关系。

第三节　审时度势，推进业务转型，发展当地币融资

发展中国家要摆脱外债危机，很重要的一点就是少借外债，而这需要发展本土金融与资本市场，增加国内融资比重。这些措施可以帮助其逐步降低对外部资金的依赖，显著增强债务可持续性，降低违约概率。从中国发展路径看，我国在改革开放之初由于缺少外汇资金和本土融资市场，很多建设项目都需要使用西方国家的出口信贷，这些信贷大都是美元、英镑和德国马克等币种。但后来我国商业银行、本土融资市场和资本市场发展起来，同时又依靠出口积累了大量外汇，就摆脱了依靠出口信贷或举借外债来搞建设的局面。

另外很重要的一点就是发展公私合营（PPP）项目，降低财政负担。我国投资者应积极参与到这个过程之中，利用在中国积累的丰富经验，参与到各类项目的投资合营中，这样既可以带动我国产品、技术、劳务服务的出口，还可以在长期投资经营中获利。

为了适应这种发展趋势，建议我国金融机构和企业加大四个方面的工作：

一是加大海外投资保险支持力度。在传统的仅承保政治风险的基础上，学习借鉴日本、捷克等国的经验，在对投资型贷款的投资保险中增加承保商业风险，为投资型信贷业务增加保障，促进发展转型。

二是积极推广对项目融资的支持力度。很多PPP项目都是项目融资，但我国金融机构对此类结构性融资保险业务的经验仍然有限，需要不断加大人才培养力度，推广相关经验。

三是加大对本地币融资的保险支持力度。随着发展中国家本土融资市场的崛起，很多出口信贷或相关业务都将以本地币进行融资，出口信用保险要逐步加大对本地币业务的保险支持。

四是我国企业要学会与发展中国家当地金融机构、金融市场打交道。要积极利用本土融资，利用本地化资本市场，为自身的经营发展和融资投资寻求更多渠道和机会。中资金融机构也应积极去当地开设分支行，在为当地经济发展服务的过程中发展自己。

第四节　加强债权集中度管理和风险分析

随着全方位对外开放体系的构建和一带一路等战略的实施，我国对外债权将持续增长，债权管理的广度和难度都不断增加。美国布鲁斯金学会认为，中国在未来十年内，非常可能超过日本，成为全球最大的净债权国。

政府、有关金融机构、大型跨国公司都应该从自身职能和利益出发，加强各类对外债权管理，重点做好实时监测债务人状况和避免债权过度集中两方面工作。这两方面既是相互独立的，又是相辅相成的，避免过度集中就要求对债务人负债情况进行实时监测，通过国家限额、行业限额等手段，避免对某一地区、国家或行业过度提供信用；实时监测债务人状况是否良好，能否达到预期目的，就要求债权不能过度集中，否则将被债务人"绑架"，实时监测的效用将大大降低。

目前，我国的对外经贸活动具有鲜明的国别特征，在某些国家集中度较高。这就需要我们做好事先评估和事中预警，及时跟踪债务国政治和经济风险变动，监测和衡量债务穷国国别风险动态。目前，中国信保已经从定性和定量的角度，对全球国家的国家风险和主权风险进行实时评估，并提供详细的分析报告和评级，可供政府、企业和金融机构等参考。中国信保的国别风险评估具有十余年的丰富经验，每年都公布更新的国家风险报告和评级。

加强对主权债务风险的研究，对管理商业（私营）债权的风险也有很大帮助。研究表明，主权债务风险会影响公司债务的风险，他们之间存在传染和传导关系。一般认为，主权风险可以通过三个途径影响到公司债务。一是流动性传导，当主权政府发生流动性危机时，私人部门也往往很难取得融资；二是信任危机传导，当一国政府发生偿债困难时，投资者会认为该国的企业也不太靠谱，可能发生抽贷或断贷情况；三是债务国内部传导，债务国主权债务发生偿还困难时，往往要被迫采取一些财政、货币或税收等各方面的调整政策，此时企业部门就会受到很大影响，进而影响其债务的偿还。

现实中，有部分债权是对次主权政府的，如发展中国家的某个省、直辖市、州县、国有企业的直接借款或担保的债务，这些地方政府的债务与中央政府的债务之间也存在密切且复杂的关联。现在，很多国家都加强了对地方政府融资的限制和监管，部分国家还建立了地方政府破产的机制。在开展业务过程中，我国企业和金融机构应认真分析该国的政治运行机制和地方政府分权程度，综合判断次主权债务的风险。

第五节 衡量坏账风险，积极重组，慎重参与减免

目前我国对外债务减免基本上以不定期双边减免为主，一对一减免，或者通过国家领导人在国际重要会议讲话和提议实行针对性较强的债务减免，这主要受中国与债务国外交关系、贸易投资情况影响。随着主权债务结构的复杂化、中国参与国际经贸活动的深化和巴黎俱乐部要求中国加入的呼声，中国持有债权在未来面临坏账风险时，将面临其他债权人和债务国要求加入集体行动的强烈诉求。新冠肺炎疫情以来，我国在G20框架下主张并参与对最贫穷国家的缓债倡议，就在维护国家利益的同时较好地体现了我国的国际形象和国际担当。

实践中，我国政府、金融机构和大型企业集团都应该积极审慎评估债务违约后的坏账风险，同时积极寻求债务重组。要充分考虑债务国债务结构和我国的眼前和长远利益，全面分析债务重组或减免对中国利益的影响，在慎重衡量的基础上谨慎处理，既要避免出现坏账苗头后仍然盲目扩大借款或投资从而造成更大损失，也要避免盲目拒绝债务重组或借新还旧而逼迫债务国陷入债务危机。同时，从发展债务国经济和配合其他债权人努力的角度，适当参与多边债务重组。对于有些重债穷国或与我国双边关系较好的国家，要在认清债务减免的被动形势的同时，实施主动减免策略，综合考虑大国责任、国际形象、国际义务和双边外交情况，立足长远，顾全大局，适度减免。

在出现实质损失后，除了债务重组或减免，也要积极通过其他渠道或手段，控制或降低风险，最终达到减少损失、维护友谊的目的。对于企业，应通过法律或商业手段多渠道控制坏账风险，通过政策性信用保险、诉讼、仲裁、多边投资结构等多种方式，分散和控制债务违约风险。对于金融机构，一方面可以积极借助自身实力，采用多种方式向债务方施压，争取债务偿还；另一方面应积极通过政策性信用保险，转移债务违约风险。作为实际风险承担者的我国出口信用机构，要实时评估和监测债务人

风险，多手段控制债务集中度；对于需要重组的，要从国家利益出发，争取对我方最优的重组条件。

最后，我们强调，中国对外经济与投资的快速发展意味着我们将在更广的范围内形成国际经济关系，参与国际经济问题处理。作为负责任的大国，我们既要有担当、要形象，也要保权益、争利益。在债务重组时，是否减免主权债务以及是否参与巴黎俱乐部等组织的统一减免等，是需要全方位综合考量的复杂的政治经济问题。主权债务减免问题的处理牵涉到债务国国家信誉、国家可持续发展、政局稳定与对华关系，以及债权国国家利益、国际形象、合作共赢与国际政治经济局势。我们既要从大局出发，以帮助债务国债务重组摆脱困难为初衷，以债权利益为底线，以多国对话求同的方式，适度参与主权债务重组，同时为国际投资与主权债务问题处理营造公平和谐的国际氛围；也要从保护债权国自身利益、维护债权债务国双边关系和长远经贸发展出发，认真考虑债务重组、减免的形式、程度和时机，最大程度维护自身利益和国际形象。

附录1 巴黎俱乐部大事记[①]

作者根据巴黎俱乐部相关信息整理。

时　间	事　项
1956 年	5 月 16 日，巴黎俱乐部与阿根廷达成成立以来第一份债务重组协议，重组债务总额 5 亿美元。巴黎俱乐部成立
1961 年	与巴西达成债务重组协议，重组债务总额 3 亿美元
1962 年	与阿根廷达成债务重组协议，重组债务总额 2.7 亿美元
1964 年	与巴西达成债务重组协议，重组债务总额 2.7 亿美元
1965 年	与智利、阿根廷达成债务重组协议
1966 年	与印度尼西亚达成债务重组协议（首个亚洲国家），重组债务总额 3.1 亿美元
1967 年	与印度尼西亚达成债务重组协议，重组债务总额 1.1 亿美元
1968 年	与秘鲁、印度尼西亚达成债务重组协议
1969 年	与秘鲁达成债务重组协议，重组债务总额 1 亿美元
1970 年	与印度尼西亚达成债务重组协议，重组债务总额 20.9 亿美元
1972 年	与柬埔寨、智利、巴基斯坦达成债务重组协议
1974 年	与智利、巴基斯坦达成债务重组协议
1976 年	与扎伊尔（后改称为刚果民主共和国，即刚果（金））达成债务重组协议（首个非洲国家），重组债务总额 2.8 亿美元
1977 年	与塞拉利昂、刚果民主共和国达成债务重组协议
1978 年	与秘鲁、土耳其达成债务重组协议
1979 年	与苏丹、多哥、土耳其、刚果民主共和国达成债务重组协议
1980 年	与利比里亚、土耳其、塞拉利昂达成债务重组协议
1981 年	与利比里亚、马达加斯加、巴基斯坦、波兰、塞内加尔、多哥、乌干达、中非共和国、刚果民主共和国达成债务重组协议。其中，波兰是首个与巴黎俱乐部签订债务重组协议的欧洲国家

---

① 卡门·M. 莱因哈特，肯尼斯·S. 罗格夫. 八百年金融危机史 [M]. 2014:40.

续　表

时　间	事　项
1982 年	墨西哥危机引发了 80 年代"债务危机"。与马达加斯加、马拉维、罗马尼亚、塞内加尔、苏丹、乌干达达成债务重组协议
1983 年	与巴西、厄瓜多尔、利比里亚、马拉维、墨西哥、摩洛哥、尼日尔、秘鲁、罗马尼亚、塞内加尔、苏丹、多哥、赞比亚、哥斯达黎加、中非共和国、刚果民主共和国达成债务重组协议
1984 年	与牙买加、利比里亚、马达加斯加、莫桑比克、尼日尔、秘鲁、菲律宾、苏丹、多哥、赞比亚、前南斯拉夫、塞拉利昂、科特迪瓦达成债务重组协议
1985 年	与索马里、阿根廷、智利、厄瓜多尔、牙买加、马达加斯加、毛里塔尼亚、摩洛哥、尼日尔、巴拿马、波兰、塞内加尔、多哥、哥斯达黎加、多米尼加共和国、赤道几内亚、前南斯拉夫、中非共和国、科特迪瓦达成债务重组协议
1986 年	与玻利维亚、刚果共和国、冈比亚、几内亚、马达加斯加、毛里塔尼亚、墨西哥、尼日尔、塞内加尔、坦桑尼亚、赞比亚、前南斯拉夫、塞拉利昂、科特迪瓦、刚果民主共和国达成债务重组协议
1987 年	1. 与索马里、阿根廷、巴西、智利、埃及、加蓬、牙买加、毛里塔尼亚、摩洛哥、莫桑比克、菲律宾、波兰、塞内加尔、乌干达、几内亚比绍、科特迪瓦、刚果民主共和国达成债务重组协议 2. 与毛里塔尼亚签订了首份威尼斯条款协议
1988 年	1. 英国出口信用担保局（ECGD）专门设立了一个新的处负责债务重组工作（英国在巴黎俱乐部的工作名义上是英国财政部负责，但其实主要由 ECGD 完成。） 2. 与玻利维亚、巴西、厄瓜多尔、加蓬、牙买加、马达加斯加、马拉维、马里、摩洛哥、尼日尔、坦桑尼亚、多哥、前南斯拉夫、中非共和国达成债务重组协议 3. 与马里签订了首份多伦多条款协议
1989 年	1. 24 国及美国中部及南部国家进行巴黎俱乐部重组协商 2. 与毛里塔尼亚、几内亚比绍、安哥拉、阿根廷、贝宁、喀麦隆、乍得、厄瓜多尔、加蓬、几内亚、圭亚那、约旦、马里、墨西哥、尼日利亚、菲律宾、塞内加尔、多哥、乌干达、哥斯达黎加达成债务重组协议
1990 年	1. 与玻利维亚、刚果共和国、圭亚那、洪都拉斯、牙买加、马达加斯加、摩洛哥、莫桑比克、尼日尔、巴拿马、波兰、塞内加尔、坦桑尼亚、多哥、赞比亚、萨尔瓦多、中非共和国、特立尼达和多巴哥达成债务重组协议 2. 与摩洛哥签订了首份休斯敦条款协议

续 表

时 间	事 项
1991 年	1. 与阿根廷、贝宁、保加利亚、埃及、加蓬、牙买加、尼加拉瓜、尼日利亚、秘鲁、菲律宾、波兰、塞内加尔、科特迪瓦、布基纳法索、哥斯达黎加、多米尼加共和国达成债务重组协议 2. 与尼加拉瓜签订了首份伦敦条款协议，并给予波兰和埃及特别待遇
1992 年	1. 与马里、阿根廷、厄瓜多尔、埃塞俄比亚、赤道几内亚、玻利维亚、巴西、保加利亚、喀麦隆、几内亚、洪都拉斯、约旦、摩洛哥、坦桑尼亚、多哥、乌干达、赞比亚、塞拉利昂达成债务重组协议 2. 与俄罗斯签订了首份巴黎俱乐部递延协议
1993 年	与危地马拉、莫桑比克、阿尔巴尼亚、贝宁、圭亚那、牙买加、毛里塔尼亚、秘鲁、布基纳法索、哥斯达黎加、俄罗斯联邦、越南达成债务重组协议
1994 年	与喀麦隆、厄瓜多尔、约旦、赤道几内亚、阿尔及利亚、保加利亚、刚果共和国、加蓬、肯尼亚、尼日尔、菲律宾、塞内加尔、俄联邦、塞拉利昂、中非共和国、科特迪瓦达成债务重组协议
1995 年	1. 与阿尔及利亚、喀麦隆、玻利维亚、柬埔寨、乍得、克罗地亚、加蓬、几内亚、海地、毛里塔尼亚、尼加拉瓜、塞内加尔、多哥、乌干达、几内亚比绍、俄罗斯联邦、前南斯拉夫共和国马其顿达成债务重组协议 2. 与柬埔寨签订了首份那不勒斯条款协议
1996 年	1. 4 月 29 日，俄罗斯联邦与原苏联债权国集团达成债务重组协议，为巴黎俱乐部过去 40 年中规模最大的谈判，重组债务 401 亿美元 2. 与马里、贝宁、秘鲁、莫桑比克、乍得、刚果、加纳、洪都拉斯、尼日尔、也门、赞比亚、布基纳法索、俄联邦、塞拉利昂达成债务重组协议 3. 发起重债穷国倡议
1997 年	1. 俄罗斯加入巴黎俱乐部 2. 与喀麦隆、埃塞俄比亚、约旦、几内亚、马达加斯加、坦桑尼亚、也门达成债务重组协议 3. 与阿根廷进行了首次提前还款业务
1998 年	1. 与莫桑比克、阿尔巴尼亚、玻利维亚、印度尼西亚、尼加拉瓜、卢旺达、塞内加尔、乌干达、科特迪瓦、波斯尼亚和黑塞哥维那、中非共和国达成债务重组协议 2. 与乌干达签订了首份里昂条款协议
1999 年	1. 与莫桑比克、圭亚那、洪都拉斯、约旦、尼加拉瓜、巴基斯坦、赞比亚、俄联邦达成债务重组协议 2. 与莫桑比克签订了首份科隆条款协议

续　表

时　间	事　项
2000 年 4 月	与马里、贝宁、加蓬、阿尔巴尼亚、吉布提、厄瓜多尔、印度尼西亚、肯尼亚、马达加斯加、毛里塔尼亚、尼日利亚、塞内加尔、坦桑尼亚、乌干达、布基纳法索、波黑、圣多美和普林西比、前南斯拉夫共和国马其顿、肯尼亚达成债务重组协议。其中，乌干达是第一个达到重债穷国倡议完成点的国家
2001 年	1. 与喀麦隆、乌克兰、莫桑比克、玻利维亚、乍得、埃塞俄比亚、格鲁吉亚、加纳、几内亚、马达加斯加、马拉维、尼日尔、巴基斯坦、黑山共和国、也门、塞尔维亚、几内亚比绍、塞拉利昂达成债务重组协议。同时，给予前南斯拉夫共和国特别待遇 2. 首次与国际金融协会联合举办巴黎俱乐部官方债权人与商业（私营）债权人间的年会
2002 年	与布基纳法索、埃塞俄比亚、加纳、印度尼西亚、约旦、毛里塔尼亚、尼加拉瓜、卢旺达、坦桑尼亚、赞比亚、吉尔吉斯斯坦、塞拉利昂、科特迪瓦、刚果民主共和国达成债务重组协议
2003 年	1. 巴黎俱乐部债权人批准依云方法（Evian Approach） 2. 与贝宁、厄瓜多尔、冈比亚、马里、伊拉克、刚果民主共和国达成债务重组协议
2004 年	1. 与布隆迪、多米尼加共和国、马达加斯加、刚果共和国、埃塞俄比亚、加蓬、格鲁吉亚、加纳、圭亚那、洪都拉斯、伊拉克、肯尼亚、马达加斯加、尼加拉瓜、尼日尔、塞内加尔达成债务重组协议。给予伊拉克分阶段退出待遇 2. 在依云方法下与肯尼亚首次进行债务处理
2005 年	1. 与布隆迪、多米尼加共和国、洪都拉斯、印度尼西亚、尼日利亚、卢旺达、赞比亚、吉尔吉斯斯坦、斯里兰卡、圣多美和普林西比达成债务重组协议。给予尼日利亚退出待遇 2. 向遭受海啸袭击的国家（印度尼西亚和斯里兰卡）提供特殊待遇
2005 年 1 月	1. 巴黎俱乐部表示在世界银行和 IMF 对海啸受灾国家的重建和融资需求进行全面评估之前，不急于得到相关国家的债务支付 2. 5 月 /6 月巴黎俱乐部债权国召开会议，审查俄罗斯和秘鲁的债务提前还款提议，提前还款将在未来为债务国节省大量资金。本次俄罗斯提前还款 150 亿美元

时　间	事　项
2006 年	1. 5 月 11 日，巴黎俱乐部收到阿尔及利亚的提前还款提议 2. 6 月 14 日，巴黎俱乐部成立 50 周年 3. 6 月 23 日，巴黎俱乐部债权国审查通过了俄罗斯的第二次提前还款提议，金额为 220 亿美元。此后俄罗斯正式摆脱债务国身份，同时仍是巴黎俱乐部主要债权国之一。这是巴黎俱乐部债权国中最大金额的提前还款安排 4. 与阿富汗、喀麦隆、刚果共和国、格林纳达、海地、马拉维、摩尔多瓦达成债务重组协议
2007 年	1. 与阿富汗、冈比亚、塞拉利昂、中非共和国、圣多美和普林西比达成债务重组协议 2. 收到马其顿、秘鲁、加蓬、约旦等债务国的提前还款提议 3. 首次以低于面值的市值对加蓬和约旦债务进行回购
2008 年	1. 6 月 11 日，巴黎俱乐部首次发布年报 2. 与几内亚、冈比亚、利比里亚、多哥、吉布提、刚果共和国达成债务重组协议。对伊拉克进行第三和最后阶段债务减免
2009 年	1. 6 月 24 日，巴黎俱乐部推出新网站 2. 与多哥、布隆迪、塞舌尔、科特迪瓦、海地、中非共和国、科摩罗达成债务重组协议
2010 年 2 月	1. 6 月 16 日，召开新兴经济体国家可持续融资会议：次主权和非主权融资的机遇与风险 2. 与刚果民主共和国、伊斯兰阿富汗共和国、刚果共和国、几内亚比绍、科摩罗联盟、安提瓜和巴布达、利比里亚、多哥达成债务重组协议
2011 年	与几内亚比绍、科特迪瓦达成债务重组协议
2012 年	与几内亚、圣基茨和尼维斯、科特迪瓦在重债穷国加强框架下达成临时重组协议
2013 年	1. 10 月 23 日，成立巴黎论坛，并召开第一次会议 2. 与科摩罗、缅甸达成债务重组协议
2014 年	1. 巴黎俱乐部在五项原则基础上增加第六项原则："信息共享原则" 2. 5 月 29 日，与阿根廷达成债务重组协议 3. 6 月 24 日，以色列成为巴黎俱乐部第 20 个永久会员国

续　表

时　间	事　项
2015 年	1. 2 月 25 日，与塞舌尔达成债务回购协议，以支持其环境改善 2. 6 月 24 日，在重债穷国加强框架下对乍得进行债务减免 3. 11 月 19 日，格林纳达债务重组和飓风条款问世 4. 11 月 20 日，巴黎论坛第三次会议 5. 与古巴达成债务重组协议
2016 年	1. 4 月 14 日，在 IMF 和世界银行春季年会上召开巴黎论坛第四次会议 2. 6 月 6 日，韩国成为巴黎俱乐部第 21 个永久会员国 3. 7 月 1 日，巴黎俱乐部 60 周年庆典 4. 11 月 29 日，巴黎论坛第四次会议。巴西成为巴黎俱乐部第 22 个成员国
2017 年	1. 4 月 20 日，在 IMF 和世界银行春季年会上召开巴黎论坛第五次会议 2. 12 月 8 日，在纳米比亚召开首次巴黎论坛地区会议：南部非洲可持续融资和债务管理
2018 年	1. 4 月 12 日，在圣基茨和尼维斯召开第二次巴黎论坛地区会议：财务弹性与债务管理 2. 6 月 21 日，巴黎论坛第六次会议：巴黎论坛呼吁增加债务透明度和可持续性
2019 年	1. 5 月 6 日，印度成为巴黎俱乐部临时观察员 2. 10 月 17 日，在 IMF 和世行年会上召开巴黎论坛第七次会议

　　自 2001 年以来，巴黎俱乐部连续 19 年每年与国际金融协会联合举办巴黎俱乐部官方债权人与商业债权人间的年会。其中，2008—2015 年，曾邀请非成员国双边债权人参与会议。

　　自 2008 年以来，巴黎俱乐部每年公布其成员国持有的主权债务数据。

附录 2　若干重点债务国参与巴黎俱乐部重组情况

　　围绕中国开展对外贸易和对外投资的重点国别，我们分别选取了非洲 11 个国家、亚洲 4 个国家、拉美 3 个国家，对其参与巴黎俱乐部债务重组的情况进行了分析和梳理，详细列于下表和下文，供参考。

序号	区域	国家	重组次数	重组金额（亿美元）	减免金额（亿美元）
1	非洲	尼日利亚	5	706.89	180
2		埃及	2	282.62	–
3		科特迪瓦	13	216.77	58.31
4		喀麦隆	8	85	39.28
5		坦桑尼亚	7	55.95	32.14
6		刚果共和国	9	109.06	46.45
7		埃塞俄比亚	6	25.51	17.77
8		苏丹	4	15.36	
9		肯尼亚	3	11.89	
10		乌干达	8	8.47	3.87
11		安哥拉	2	4.46	–
12	亚洲	印度尼西亚	8	204.88	–
13		巴基斯坦	7	185.94	–
14		斯里兰卡	1	2.27	
15		缅甸	2	98.68	55.56
16	拉丁美洲	厄瓜多尔	8	27.61	–
17		阿根廷	9	210.19	–
18		秘鲁	8	149.29	–

　　资料来源：巴黎俱乐部。

1.尼日利亚

尼日利亚共经历过5次债务重组，重组时间分布在1986—2005年间，累计重组金额达706.89亿美元，共减免债务180亿美元。

尼日利亚历次债务重组情况

尼日利亚（共5次债务重组）	
重组时间	1986 年 12 月 16 日
重组金额	73 亿美元
还款概要	在"基础条款"下进行重组安排
待遇可比原则	遵从对债权国的"待遇可比性原则"
谈判参与成员	成员国：奥地利、比利时、巴西、加拿大、丹麦、芬兰、法国、德国、爱尔兰、以色列、意大利、日本、挪威、荷兰、西班牙、瑞典、瑞士、英国、美国 观察员：西班牙，European Commission、IMF、OECD、UNCTAD、世界银行
重组时间	1989 年 3 月 3 日
重组金额	57 亿美元
还款概要	在"基础条款"下进行重组安排
谈判参与成员	成员国：奥地利、比利时、巴西、丹麦、法国、德国、爱尔兰、以色列、意大利、日本、挪威、荷兰、西班牙、瑞典、瑞士、英国、美国 观察员：加拿大、芬兰，IMF、OECD、UNCTAD、世界银行
重组时间	1991 年 1 月 18 日
重组金额	33.26 亿美元
还款概要	在"休斯敦条款"下进行重组安排
细则	可进行债务互换
谈判参与成员	成员国：奥地利、比利时、巴西、丹麦、法国、德国、以色列、意大利、日本、荷兰、挪威、西班牙、瑞典、瑞士、英国、美国 观察员：加拿大、芬兰、爱尔兰，IMF、OECD、UNCTAD、世界银行

尼日利亚（共 5 次债务重组）	
重组时间	2000 年 12 月 13 日
多边机构支持	2000 年 8 月 4 日，尼日利亚获得了来自 IMF 的一年期备用信贷，金额约 10.31 亿美元，用于 2000—2001 两年间的经济发展项目
外债概况	2000 年底，尼日利亚累计外债达 335 亿美元，其中有 245 亿美元为巴黎俱乐部持有
重组金额	242.97 亿美元
债务类型	截至 2000 年 7 月 31 日之前的欠款 2000 年 8 月 1 日至 2001 年 7 月 31 日的到期款
还款概要	在"休斯敦条款"下进行重组安排 NODA：还款期 18 年，含宽限期 3 年 ODA：还款期为 20 年，含宽限期 10 年
细则	1. 债务互换 可在双边自愿的基础上进行债务互换，参与互换的债权国和尼日利亚每半年向巴黎俱乐部秘书处报告，由其向其他债权国通报债务互换实施情况。所有与尼日利亚经济发展和债权国风险暴露影响相关的因素都要传达到秘书处，如债务互换的性质和目的、参与方、金额、出售价格和售出成本等。 2. 生效条款 此次重组商定协议于 2001 年 4 月 15 日生效，除非债权国认为到期款支付或备用信贷安排履行未能满足，否则 IMF 将知会巴黎俱乐部上述情况 3. 善意条款 如果尼日利亚按照商定协议约定，与债权人保持良好关系，并顺利履行了备用安排下的权利义务，且于 IMF 做好中期安排，则债权国原则上同意就 2001 年 7 月 31 日之后到期的债务进行中长期债务重组安排。 4. 通用条款 尼日利亚将采取相关行政措施或扩展现有措施确保私营债务人能够将偿债金额支付到坦桑尼亚银行或其指定的代理银行 5. 撤回条款 债权国将回顾评估备用安排执行情况，若存在与商定协议不符或不满足的情况，债权国有权声明协议无效
截止日期	1985 年 10 月 1 日
谈判参与成员	成员国：奥地利、比利时、巴西、丹麦、芬兰、法国、德国、以色列、意大利、日本、荷兰、俄联邦、西班牙、瑞士、英国、美国 观察员：加拿大、挪威、African Development Bank、IMF、OECD、UNCTAD、世界银行

续　表

尼日利亚（共 5 次债务重组）	
重组时间	2005 年 10 月 20 日
多边机构支持	2005 年 10 月 17 日，尼日利亚获得了来自 IMF 的两年期政府支持工具，用于支持其经济改革
外债概况	2004 年底，尼日利亚累计外债达 359 亿美元，其中有 300.66 亿美元为巴黎俱乐部持有
重组金额	300.66 亿美元
债务类型	截至 2005 年 9 月 14 日之前的欠款，进行 33% 减免 截止日期之后生效的在 PSI 下款项进行 34% 减免
还款概要	在"专用条款"下进行重组安排
截止日期	1985 年 10 月 1 日
谈判参与成员	成员国：奥地利、比利时、巴西、丹麦、芬兰、法国、德国、意大利、日本、荷兰、俄联邦、西班牙、瑞士、英国、美国 观察员：澳大利亚、加拿大、挪威，African Development Bank、IMF、OECD、UNCTAD、European Commission、世界银行

资料来源：巴黎俱乐部。

2.埃及

埃及共经历过 2 次债务重组，重组时间分布在 1987—1991 年间，累计重组金额达 282.62 亿美元。

埃及历次债务重组情况

埃及（共 2 次债务重组）	
重组时间	1987 年 5 月 22 日
重组金额	70.98 亿美元
还款概要	在"基础条款"下进行重组安排
截止日期	1986 年 10 月 31 日

埃及（共 2 次债务重组）	
谈判参与成员	成员国：澳大利亚、奥地利、比利时、加拿大、丹麦、芬兰、法国、德国、意大利、日本、科威特、荷兰、挪威、西班牙、瑞典、瑞士、英国、美国 观察员：European Commission、IMF、UNCTAD、世界银行、OECD

重组时间	1991 年 5 月 25 日
重组金额	211.64 亿美元
债务类型	截至 1991 年 6 月 30 日之前的欠款
还款概要	在"专用条款"下进行重组安排
细则	可进行债务互换；撤回条款；设专门账户
截止日期	1986 年 10 月 31 日
谈判参与成员	成员国：澳大利亚、奥地利、比利时、加拿大、丹麦、芬兰、法国、德国、意大利、日本、荷兰、挪威、西班牙、瑞典、瑞士、英国、美国 观察员：European Commission、IMF、UNCTAD、世界银行、African Development Bank、OECD

资料来源：巴黎俱乐部。

3. 科特迪瓦

科特迪瓦共经历过 13 次债务重组，重组时间分布在 1984—2020 年间，累计重组金额达 216.77 亿美元，共减免债务约 58.31 亿美元。

科特迪瓦历次债务重组情况

科特迪瓦（共 13 次债务重组）	
重组时间	1984 年 5 月 4 日
重组金额	2.61 亿美元
还款概要	在"基础条款"下进行重组安排
谈判参与成员	成员国：奥地利、比利时、加拿大、法国、德国、意大利、荷兰、挪威、西班牙、瑞士、英国、美国 观察员：日本、瑞典，IMF、世界银行、UNCTAD、OECD

续 表

科特迪瓦（共 13 次债务重组）	
重组时间	1985 年 6 月 25 日
重组金额	2.18 亿美元
还款概要	在"基础条款"下进行重组安排
谈判参与成员	成员国：奥地利、比利时、加拿大、法国、德国、意大利、荷兰、挪威、西班牙、瑞士、英国、美国 观察员：日本，IMF、世界银行、UNCTAD、OECD
重组时间	1986 年 6 月 27 日
重组金额	3.8 亿美元
还款概要	在"基础条款"下进行重组安排
谈判参与成员	成员国：奥地利、比利时、加拿大、法国、德国、意大利、荷兰、挪威、西班牙、瑞士、英国、美国 观察员：丹麦、日本，IMF、世界银行、UNCTAD、OECD
重组时间	1987 年 12 月 18 日
重组金额	6 亿美元
还款概要	在"基础条款"下进行重组安排
谈判参与成员	成员国：奥地利、比利时、加拿大、法国、德国、意大利、日本、荷兰、挪威、西班牙、瑞士、英国、美国 观察员：丹麦、芬兰、瑞典，European Commission、IMF、世界银行、UNCTAD、OECD
重组时间	1989 年 12 月 18 日
重组金额	8.81 亿美元
还款概要	在"基础条款"下进行重组安排
谈判参与成员	成员国：奥地利、比利时、加拿大、法国、德国、意大利、日本、荷兰、挪威、西班牙、瑞士、英国、美国 观察员：瑞典，IMF、世界银行、UNCTAD、OECD

科特迪瓦（共 13 次债务重组）	
重组时间	1991 年 11 月 20 日
重组金额	7.24 亿美元
还款概要	在"休斯敦条款"下进行重组安排
细则	可进行债务互换
谈判参与成员	成员国：奥地利、比利时、加拿大、法国、德国、意大利、日本、荷兰、挪威、西班牙、瑞士、英国、美国 观察员：IMF、世界银行、UNCTAD、OECD、African Development Bank

重组时间	1994 年 3 月 23 日
重组金额	18.49 亿美元
还款概要	在"伦敦"下进行重组安排 NODA：减免比例为 50%，剩余债务以市场利率计息，分 30 年偿还，含宽限期 12 年 ODA：还款期为 23 年，含宽限期 6 年
细则	可进行债务互换
谈判参与成员	成员国：奥地利、比利时、加拿大、法国、德国、意大利、日本、荷兰、挪威、西班牙、瑞士、英国、美国 观察员：丹麦、瑞典，IMF、世界银行、UNCTAD、OECD、African Development Bank

重组时间	1998 年 4 月 24 日
多边机构支持	1998 年 3 月 17 日，IMF 向乌干达发放了一笔三年期优化结构调整基金，金额 3.84 亿美元，用于支持其 1998—2000 年间政府经济项目
重组金额	14.02 亿美元
债务类型	1998 年 4 月 1 日至 2001 年 3 月 31 日的到期款
还款概要	在"里昂条款"下进行重组安排 NODA：减免比例为 80%，剩余债务以市场利率计息，分 23 年偿还，含宽限期 6 年 ODA：还款期为 40 年，含宽限期 16 年

主权债务重组与巴黎俱乐部

科特迪瓦（共 13 次债务重组）	
细则	1. 可进行债务互换 2. 善意条款 3. 专门账户 4. 分期减免： 一期：1998 年 4 月 1 日至 1999 年 3 月 31 日，签署即刻减免 二期：1999 年 4 月 1 日至 2000 年 3 月 30 日，尚未兑现 三期：2000 年 4 月 1 日至 2001 年 3 月 31 日，尚未兑现
截止日期	1983 年 7 月 1 日
谈判参与成员	成员国：奥地利、比利时、巴西、加拿大、法国、德国、意大利、日本、荷兰、挪威、西班牙、英国、美国 观察员：丹麦、瑞典，European Commission、IMF、世界银行、UNCTAD、OECD、African Development Bank

重组时间	2002 年 4 月 10 日
多边机构支持	2002 年 3 月 27 日，IMF 向科特迪瓦发放了一笔三年期减贫增长基金，金额 3.65 亿美元。协议将在世界银行审查通过减贫战略文件后生效
外债概况	2001 年 12 月 31 日，累计外债达 105.2 亿美元，其中，截至 2002 年 1 月 31 日，有 41.6 亿美元为巴黎俱乐部持有
重组金额	18.22 亿美元，其中 9.11 亿美元直接减免，9.11 亿美元进行重组
对应措施	基于 2002 年 3 月 27 日通过的减贫增长基金
债务类型	截至 2002 年 3 月 31 日之前的欠款； 2002 年 4 月 1 日至 2004 年 12 月 31 日之间的到期款
还款概要	在"里昂条款"下进行重组安排 NODA：减免比例为 80%，剩余债务以市场利率计息，分 23 年偿还，含宽限期 6 年 ODA：还款期为 40 年，含宽限期 16 年
细则	1. 可进行债务互换 2. 善意条款 3. 分期减免
截止日期	1983 年 7 月 1 日

续　表

科特迪瓦（共 13 次债务重组）	
谈判参与成员	成员国：奥地利、比利时、巴西、加拿大、法国、德国、意大利、日本、荷兰、挪威、西班牙、瑞士、英国、美国 观察员：IMF、世界银行、UNCTAD、OECD、African Development Bank
重组时间	**2009 年 5 月 15 日**
多边机构支持	2009 年 3 月 27 日，IMF 向科特迪瓦发放了一笔三年期减贫增长基金，金额 56.57 亿美元，用于支持其经济可持续发展和达成经济改革目标
外债概况	截至 2009 年 4 月 1 日有 72.23 亿美元为巴黎俱乐部持有
重组金额	46.9 亿美元，其中 8.45 亿美元直接减免，38.45 亿美元进行重组
对应措施	基于 2009 年 3 月到达认证点
债务类型	截至 2009 年 3 月 31 日之前的欠款 2009 年 4 月 1 日至 2012 年 3 月 31 日之间的到期款
还款概要	在"科隆条款"下进行重组安排 NODA：以市场利率计息，分 23 年偿还，含宽限期 6 年 ODA：还款期为 40 年，含宽限期 16 年 考虑到特殊情况，科特迪瓦偿还能力有限，但 IMF 支持计划执行较好，因此债权国同意对其截止日期之后的欠款和本金以及重组期间利息展期，从而使其大多数还款在 2012 年 4 月后才开始
细则	1. 可进行债务互换 2. 善意条款 3. 分期减免： 一期：2009 年 4 月 1 日至 2010 年 3 月 31 日，签署即刻减免 二期：2010 年 4 月 1 日至 2011 年 3 月 31 日，2010 年 10 月 1 日兑现 三期：2011 年 4 月 1 日至 2012 年 3 月 31 日，尚未兑现
截止日期	1983 年 7 月 1 日
谈判参与成员	成员国：奥地利、比利时、巴西、加拿大、法国、德国、意大利、日本、荷兰、挪威、西班牙、瑞士、英国、美国 观察员：芬兰、俄联邦，IMF、世界银行、African Development Bank
重组时间	**2011 年 11 月 15 日**
多边机构支持	2011 年 11 月 4 日，IMF 向科特迪瓦发放了一笔三年期中期贷款（Extended Credit Facility），金额 6.159 亿美元，已达到其 IMF 配额的 120%

科特迪瓦（共 13 次债务重组）	
外债概况	截至 2011 年 7 月 1 日，有 71.85 亿美元为巴黎俱乐部持有
重组金额	23.21 亿美元，其中 3.97 亿美元直接减免，19.24 亿美元进行重组
对应措施	基于 2011 年 11 月 4 日通过的中期贷款
债务类型	截至 2011 年 6 月 30 日之前的欠款 2011 年 7 月 1 日至 2014 年 6 月 30 日之间的到期款
还款概要	在"科隆条款"下进行重组安排 NODA：以市场利率计息，分 23 年偿还，含宽限期 6 年 ODA：还款期为 40 年，含宽限期 16 年 考虑到科特迪瓦偿还能力有限的特殊情况，债权国同意对其短期内和截止日期之后的十年期以上本金以及八年期以上的欠款展期。还同意对其所有的到期利息进行重组处置，债权国同意其 2011 年 7 月 1 日至 2014 年 6 月 30 日之间的到期款（18.22 亿美元）通过减免 78% 的形式获得重组，减免金额为 3.97 亿美元
细则	可进行债务互换；善意条款；分期减免
截止日期	1983 年 7 月 1 日
谈判参与成员	成员国：奥地利、比利时、巴西、加拿大、法国、德国、意大利、日本、荷兰、挪威、西班牙、瑞士、英国、美国 观察员：俄联邦、IMF、UNCTAD、世界银行、European Commission、African Development Bank

重组时间	2012 年 6 月 29 日
多边机构支持	2011 年 11 月 4 日，IMF 向科特迪瓦发放了一笔三年期中期贷款（Extended Credit Facility），金额 6.159 亿美元，已达到其 IMF 配额的 120%
外债概况	2011 年底，累计外债达 124.9 亿美元。截至 2012 年 6 月 1 日，有 65.29 亿美元为巴黎俱乐部持有
重组金额	65.29 亿美元，其中 17.72 亿美元直接减免，47.58 亿美元进行重组
对应措施	基于 2012 年 6 月 26 日达到重债穷国框架下完成点
债务类型	截至 2012 年 6 月 1 日的存量债权
还款概要	在"重债穷国"框架下进行重组安排 债权国同意基于双边基础对其额外减免 472.5 万美元。此次重组协议安排和额外减免使债权国对科特迪瓦减免比例达到 99.5%

续　表

科特迪瓦（共 13 次债务重组）	
细则	可进行债务互换：任何一个债权国或机构均可在双边自愿的基础上，就（1）ODA 贷款和（2）1991 年 9 月 30 日之前剩余债务金额的 20% 与 3000 万特别提款权二者之间较高者进行债务出售互换、债务援助或其他本币债务互换
截止日期	1983 年 7 月 1 日
谈判参与成员	成员国：奥地利、比利时、巴西、加拿大、法国、德国、意大利、日本、荷兰、挪威、西班牙、瑞士、英国、美国 观察员：俄联邦，UNCTAD、世界银行、IMF、African Development Bank

重组时间	2020 年 6 月 11 日
对应措施	依据"暂停偿债协议"
债务类型	截至 2020 年 4 月 30 日之前的欠款 2020 年 5 月 1 日至 2020 年 12 月 31 日的到期款
还款概要	在"专用条款"下进行重组安排，对 2020 年 5 月 1 日至 2020 年底的债务，暂停本息偿还，便于 2020 年 3 月 24 日之后重组情况下的新融资。还款期延至 3 年和宽限期 1 年（共 4 年）。未来将通过重组或再融资达成处置目标
细则	1. 承诺条款 将所创造出的财政额度用于增加社会、健康和经济支出。披露所有公共部门债务，同时尊重商业敏感信息。遵守 IMF 债务上限政策和世界银行政策，暂停偿债期间禁止新签无优惠贷款合同。 2. 善意条款 如果科特迪瓦满足 2020 年 6 月 11 日备忘录要求，则债权国可就其 2020 年间世界银行与 IMF 执行报告期间的流动性需求进行延伸考虑
谈判参与成员	成员国：加拿大、法国、德国、日本、韩国、美国 观察员：澳大利亚、奥地利、比利时、巴西、丹麦、芬兰、爱尔兰、以色列、意大利、荷兰、挪威、西班牙、瑞典、瑞士、英国、俄联邦

资料来源：巴黎俱乐部。

4. 喀麦隆

喀麦隆共经历过 8 次债务重组，重组时间分布在 1989—2020 年间，累计重组金额达 85 亿美元，共减免债务 39.28 亿美元。

喀麦隆历次债务重组情况

喀麦隆（共 8 次债务重组）	
重组时间	1989 年 5 月 24 日
重组金额	5.35 亿美元
还款概要	在"基础条款"下进行重组安排
谈判参与成员	成员国：奥地利、比利时、加拿大、丹麦、法国、德国、意大利、荷兰、西班牙、瑞典、瑞士、英国、美国 观察员：芬兰、日本，IMF、UNCTAD、世界银行、OECD
重组时间	1992 年 1 月 23 日
重组金额	9.6 亿美元
还款概要	在"休斯敦条款"下进行重组安排
谈判参与成员	成员国：奥地利、比利时、加拿大、丹麦、法国、德国、意大利、日本、荷兰、瑞典、瑞士、英国、美国 观察员：西班牙，IMF、UNCTAD、世界银行、African Development Bank
重组时间	1994 年 3 月 25 日
重组金额	12.58 亿美元
还款概要	在"伦敦条款"下进行重组安排 NODA：减免比例为 50%，剩余债务以市场利率计息，分 23 年偿还，含宽限期 6 年 ODA：还款期为 30 年，含宽限期 12 年
细则	可进行债务转换
谈判参与成员	成员国：奥地利、比利时、加拿大、丹麦、法国、德国、意大利、日本、荷兰、西班牙、瑞典、瑞士、英国、美国 观察员：European Commission、IMF、UNCTAD、世界银行、African Development Bank、OECD

喀麦隆（共 8 次债务重组）	
重组时间	**1995 年 11 月 16 日**
重组金额	13.48 亿美元
还款概要	在"那不勒斯条款"下进行重组安排 NODA：减免比例为 50%，剩余债务以市场利率计息，分 23 年偿还，含宽限期 6 年 ODA：还款期为 40 年，含宽限期 16 年
细则	可进行债务转换
谈判参与成员	成员国：奥地利、比利时、加拿大、丹麦、芬兰、法国、德国、意大利、日本、荷兰、西班牙、瑞典、瑞士、英国、美国 观察员：European Commission、IMF、UNCTAD、世界银行、OECD
重组时间	**1997 年 10 月 24 日**
多边机构支持	1997 年 8 月 20 日，IMF 向喀麦隆发放了一笔三年期优化结构调整基金，金额 2.19 亿美元，用于支持其 1997/1998—1999/2000 年间的经济项目
重组金额	12.7 亿美元
债务类型	截至 1997 年 9 月 30 日之前的欠款 1997 年 10 月 1 日至 2000 年 12 月 31 日的到期款
还款概要	在"那不勒斯条款"下进行重组安排 NODA：减免比例为 50%，剩余债务以市场利率计息，分 23 年偿还，含宽限期 6 年 ODA：还款期为 40 年，含宽限期 16 年
细则	可进行债务互换 生效条款：协议生效日期为 1998 年 3 月 31 日 善意条款 专门账户
谈判参与成员	成员国：奥地利、比利时、加拿大、丹麦、芬兰、法国、德国、意大利、日本、荷兰、西班牙、瑞典、瑞士、英国、美国 观察员：俄联邦、IMF、UNCTAD、世界银行、European Commission
重组时间	**2001 年 1 月 24 日**
多边机构支持	2000 年 12 月 21 日，IMF 向喀麦隆发放了一笔三年期减贫增长基金，金额 1.44 亿美元，用于支持其社会服务与减贫计划

喀麦隆（共 8 次债务重组）	
外债概况	1999 年 6 月，喀麦隆累计外债达 78 亿美元，其中，有 54 亿美元为巴黎俱乐部持有
重组金额	13 亿美元，其中 9 亿美元直接减免，4 亿美元进行重组
对应措施	在"重债穷国"倡议框架下，喀麦隆于 2000 年 10 月达到认证点。此次重组在 2000 年 12 月 21 日发放的减贫增长基金框架下实行
债务类型	截至 2000 年 12 月 31 日之前的欠款 2001 年 1 月 1 日至 2006 年 3 月 31 日的到期款
还款概要	在"科隆条款"下进行重组安排 NODA：减免比例为 90%，剩余债务以市场利率计息，分 23 年偿还，含宽限期 6 年 ODA：还款期为 40 年，含宽限期 16 年
细则	可进行债务互换；善意条款；撤回条款
截止日期	1988 年 12 月 31 日
谈判参与成员	成员国：奥地利、比利时、加拿大、丹麦、法国、德国、意大利、日本、荷兰、瑞典、瑞士、英国、美国 观察员：俄联邦、西班牙、IMF、UNCTAD、世界银行、European Commission、OECD

重组时间	2006 年 6 月 17 日
多边机构支持	2005 年 10 月 24 日，IMF 向喀麦隆发放了一笔三年期减贫增长基金，金额 2680 万美元，用于支持其政府经济改革与减贫项目
外债概况	2005 年 12 月，喀麦隆累计外债达 62 亿美元。截至 2006 年 4 月 1 日，有 41.98 亿美元为巴黎俱乐部持有
重组金额	18.29 亿美元，其中 10.9 亿美元直接减免，7.39 亿美元进行重组
对应措施	2006 年 4 月 28 日达到完成点，此次对其存量债务进行处置
债务类型	截至 2006 年 3 月 31 日之前的欠款 2006 年 4 月 1 日之前的存量债务
还款概要	在"重债穷国"框架下进行重组安排
截止日期	1988 年 12 月 31 日
谈判参与成员	成员国：奥地利、比利时、加拿大、丹麦、法国、德国、意大利、荷兰、西班牙、瑞典、瑞士、英国、美国 观察员：日本，IMF、世界银行

喀麦隆（共 8 次债务重组）	
重组时间	2020 年 5 月 19 日
对应措施	依据"暂停偿债协议"
债务类型	截至 2020 年 4 月 30 日之前的欠款 2020 年 5 月 1 日至 2020 年 12 月 31 日的到期款
还款概要	在"专用条款"下进行重组安排，对 2020 年 5 月 1 日至 2020 年 12 月 31 日的债务，暂停本息偿还。还款期延至 3 年，含宽限期 1 年。未来将通过重组或再融资达成处置目标
细则	1. 承诺条款 将所创造出的财政额度用于增加社会、健康和经济支出。披露所有公共部门债务，同时尊重商业敏感信息。遵守 IMF 债务上限政策和世界银行政策，暂停偿债期间禁止新签无优惠贷款合同 2. 善意条款 如果喀麦隆满足 2020 年 6 月 19 日备忘录要求，则债权国可能进一步考虑其流动性需求
谈判参与成员	成员国：比利时、法国、德国、日本、韩国、西班牙、瑞士 观察员：澳大利亚、奥地利、巴西、加拿大、丹麦、芬兰、爱尔兰、以色列、意大利、荷兰、挪威、俄联邦、瑞典、英国、美国

资料来源：巴黎俱乐部。

5. 坦桑尼亚

坦桑尼亚共经历过 7 次债务重组，重组时间分布在 1986—2002 年间，累计重组金额达 55.95 亿美元，共减免债务约 32.14 亿美元。

坦桑尼亚历次债务重组情况

坦桑尼亚（共 7 次债务重组）	
重组时间	1986 年 9 月 18 日
重组金额	8 亿美元
还款概要	在"基础条款"下进行重组安排

坦桑尼亚（共 7 次债务重组）	
谈判参与成员	成员国：奥地利、比利时、巴西、加拿大、丹麦、芬兰、法国、德国、意大利、日本、挪威、荷兰、瑞典、瑞士、英国、美国 观察员：西班牙，IMF、OECD、UNCTAD、世界银行

重组时间	1988 年 12 月 13 日
重组金额	3.41 亿美元
还款概要	在"多伦多条款"下进行重组安排 NODA：减免比例为 33%，剩余债务以市场利率计息，分 14 年偿还，含宽限期 8 年 ODA：还款期为 25 年，含宽限期 14 年
谈判参与成员	成员国：奥地利、比利时、加拿大、丹麦、芬兰、法国、德国、意大利、日本、挪威、荷兰、瑞典、瑞士、英国、美国 观察员：爱尔兰，IMF、OECD、UNCTAD、世界银行

重组时间	1990 年 3 月 16 日
重组金额	1.99 亿
还款概要	在"多伦多条款"下进行重组安排 NODA：减免比例为 33%，剩余债务以市场利率计息，还款期 14 年，宽限期 8 年 ODA：还款期为 25 年，宽限期 14 年
谈判参与成员	成员国：奥地利、比利时、加拿大、丹麦、芬兰、德国、意大利、日本、荷兰、挪威、瑞士、英国、美国 观察员：爱尔兰和西班牙，European Commission、IMF、OECD、UNCTAD、世界银行

重组时间	1992 年 1 月 21 日
重组金额	6.91 亿美元
还款概要	在"伦敦条款"下进行重组安排 NODA：减免比例为 50%，剩余债务以市场利率计息，分 23 年偿还，含宽限期 6 年 ODA：还款期为 30 年，含宽限期 12 年
细则	可进行债务互换

坦桑尼亚（共 7 次债务重组）	
谈判参与成员	成员国：奥地利、比利时、加拿大、法国、德国、意大利、日本、荷兰、挪威、瑞典、瑞士、英国、美国 观察员：丹麦、爱尔兰，African Development Bank、IMF、OECD、UNCTAD、世界银行

重组时间	1997 年 1 月 21 日
多边机构支持	IMF 于 1996 年 11 月 8 日批准通过一笔三年期（1996—1999）优化结构调整贷款，金额约为 2.34 亿美元，用以支持此次重组
重组金额	16.08 亿美元
债务类型	截至 1996 年 11 月 30 日之前的欠款 1996 年 12 月 1 日至 1999 年 11 月 30 日的到期款
还款概要	在"那不勒斯条款"下进行重组安排 NODA：减免比例为 67%，剩余债务以市场利率计息，分 23 年偿还，含宽限期 6 年 ODA：还款期为 40 年，含宽限期 16 年
细则	1. 债务互换： 任何一个债权国或机构均可在双边自愿的基础上，就（1）ODA 贷款和（2）剩余债务金额的 20% 与 4000 万美元中的较高者进行债务出售互换、债务援助或其他本币债务互换 2. 善意条款： 为响应坦桑尼亚申请，如果满足以下条件，债权国则同意对 1986 年 6 月 30 日之前的债务以及于 1999 年 11 与 30 日之后到期偿还的债务进行会议商定：（1）与 IMF 持续进行妥善安排（2）满足债权国有效安排会议条件并书面向巴黎俱乐部主席报告（3）符合商定记录列明的所有条件 3. 专门账户： 为便于重组计划执行，从 1997 年 2 月开始至 1999 年 11 月，坦桑尼亚需要在英格兰银行建立专门账户，于每月月底存入至少相当于 475 万特别提款权的存款，并提前 15 天通知银行尽快会巴黎俱乐部主席。专门存款将用于偿还所有债权国借款
截止日期	1986 年 6 月 30 日
谈判参与成员	成员国：奥地利、比利时、巴西、加拿大、法国、德国、意大利、日本、荷兰、挪威、英国、美国 观察员：丹麦和以色列，IMF、OECD、UNCTAD、世界银行

续　表

坦桑尼亚（共 7 次债务重组）	
重组时间	2000 年 4 月 14 日
多边机构支持	2020 年 4 月 4 日，IMF 和 IDA 同意在"重债穷国"框架下继续对传统减债机制外仍未能偿还的债务进行减免，金额为 2 千万美元
重组金额	7.11 亿美元
对应措施	于 2020 年 4 月 4 日达到认证点
债务类型	截至 2000 年 3 月 31 日之前的欠款 2000 年 4 月 1 日至 2003 年 3 月 31 日的到期款
还款概要	在"科隆条款"下进行重组安排 NODA：减免比例为 90%，剩余债务以市场利率计息，分 23 年偿还，宽限期 6 年 ODA：还款期为 40 年，含宽限期 16 年
细则	1. 债务互换 任何一个债权国或机构均可在双边自愿的基础上，进行债务出售互换、债务援助或其他本币债务互换 2. 善意条款 债权国声明到达完成点后尽快促成会议，就坦桑尼亚债务规模进行评估，给予必要的支持以保证其债务可持续性目标及债权合理分担。坦桑尼亚与各债权人保持良好的关系，并做好文件签署和记录跟踪。IMF 和世界银行作出在重债穷国框架下达到完成点的决策。 3. 通用条款 坦桑尼亚将采取相关行政措施或扩展现有措施确保私营债务人能够支付到坦桑尼亚银行或其指定的代理银行 4. 专门账户 为便于重组计划执行，从 2000 年 5 月开始至 2003 年 3 月，坦桑尼亚需要在英格兰银行建立专门账户，于每月月底存入至少相当于 475 万特别提款权的存款，并提前 15 天通知银行尽快知会巴黎俱乐部主席。专门存款将用于偿还所有债权国借款
截止日期	1986 年 6 月 30 日
谈判参与成员	成员国：奥地利、比利时、巴西、加拿大、法国、德国、意大利、日本、荷兰、挪威、俄联邦、英国、美国 观察员：丹麦和西班牙、African Development Bank、IMF、OECD、UNCTAD、世界银行

坦桑尼亚（共 7 次债务重组）	
重组时间	2002 年 1 月 17 日
多边机构支持	2000 年 4 月 5 日，坦桑尼亚获得来自 IMF 的"减贫与增长信托"（Poverty Reduction and Growth Trust），用于 2000—2002 三年间的经济发展，金额为 18.15 亿美元
外债概况	2001 年 6 月，坦桑尼亚累计外债达 61.85 亿美元，截至 11 月，有 17.5 亿美元为巴黎俱乐部持有
重组金额	12.45 亿，其中 9.73 亿美元债务直接减免，剩余的 2.72 亿美元债务进行重组安排
对应措施	存量债务减免；2001 年 11 月 27 日达到完成点
债务类型	2002 年 1 月 1 日之前的存量债务
还款概要	"重债穷国"框架
细则	在双边自愿的情况下可以进行债务互换
截止日期	1986 年 6 月 30 日
谈判参与成员	成员国：澳大利亚、奥地利、比利时、巴西、加拿大、法国、德国、意大利、日本、荷兰、挪威、俄联邦、英国、美国 观察员：丹麦和西班牙，African Development Bank、IMF、OECD、UNCTAD、世界银行

资料来源：巴黎俱乐部。

6. 刚果共和国

刚果共和国共经历过 9 次债务重组，重组时间分布在 1986—2020 年间，累计重组金额达 109.06 亿美元，共减免债务约 46.45 亿美元。

刚果共和国历次债务重组情况

刚果共和国（共 9 次债务重组）	
重组时间	1986 年 7 月 18 日
重组金额	4.70 亿美元

刚果共和国（共 9 次债务重组）	
还款概要	在"基础条款"下进行重组安排
谈判参与成员	成员国：比利时、巴西、加拿大、法国、德国、意大利、西班牙、瑞士、英国、美国 观察员：日本，IMF、世界银行、UNCTAD、OECD

重组时间	1990 年 9 月 13 日
重组金额	10.52 亿美元
还款概要	在"基础条款"下进行重组安排
细则	可进行债务互换
谈判参与成员	成员国：比利时、巴西、加拿大、法国、德国、意大利、西班牙、瑞士、英国、美国 观察员：丹麦、日本，IMF、世界银行、UNCTAD、OECD

重组时间	1994 年 6 月 30 日
重组金额	11.75 亿美元
还款概要	在"休斯敦条款"下进行重组安排
细则	可进行债务互换
谈判参与成员	成员国：比利时、巴西、加拿大、丹麦、法国、德国、意大利、西班牙、瑞士、英国、美国 观察员：日本、荷兰，IMF、African Development Bank、世界银行、UNCTAD、OECD

重组时间	1996 年 7 月 16 日
重组金额	17.58 亿美元
债务类型	1996 年 7 月 1 日至 1999 年 6 月 30 日的到期款
还款概要	在"那不勒斯条款"下进行重组安排 NODA：减免比例为 67%，剩余债务以市场利率计息，分 23 年偿还，含宽限期 6 年 ODA：还款期为 40 年，含宽限期 16 年
细则	可进行债务互换 生效条款约定生效时间为 1996 年 12 月 31 日

刚果共和国（共 9 次债务重组）	
谈判参与成员	成员国：比利时、巴西、加拿大、法国、德国、意大利、西班牙、瑞士、英国、美国 观察员：丹麦、日本，IMF、African Development Bank、世界银行、UNCTAD

重组时间	2004 年 12 月 6 日
多边机构支持	2004 年 12 月 6 日，IMF 向刚果共和国发放了一笔减贫增长基金，金额 8440 万美元，用于支持政府经济项目
外债概况	2003 年底，肯尼亚累计外债达 85.7 亿美元。截至 2004 年 9 月底，有 46.94 亿美元为巴黎俱乐部持有
重组金额	30.16 亿美元，其中 16.8 亿美元直接减免，13.36 亿美元进行重组
债务类型	1996 年 7 月 1 日至 2007 年 9 月 30 日的到期款
对应措施	在 12 月 6 日获批的减贫增长基金前提下进行重组 是过去两年刚果共和国就其经济和金融复苏努力的结果
债务类型	2004 年 10 月 1 日至 1999 年 6 月 30 日的到期款
还款概要	在"那不勒斯条款"下进行重组安排 NODA：减免比例为 67%，剩余债务以市场利率计息，分 23 年偿还，含宽限期 6 年 ODA：还款期为 40 年，含宽限期 16 年
细则	可进行债务互换；善意条款；通用条款
截止日期	1986 年 1 月 1 日
谈判参与成员	成员国：比利时、巴西、加拿大、丹麦、法国、德国、意大利、俄联邦、西班牙、瑞士、英国、美国 观察员：日本，IMF、African Development Bank、世界银行、UNCTAD

重组时间	2006 年 3 月 9 日
多边机构支持	2004 年 12 月 6 日，IMF 向刚果共和国发放了一笔减贫增长基金，金额 8440 万美元，用于支持政府经济项目
对应措施	在 2006 年 3 月 9 日达到认证点
债务类型	2006 年 3 月 9 日至 2007 年 9 月 30 日的到期款
还款概要	在"科隆条款"下进行重组安排，减免比例为 90%
细则	善意条款

续　表

刚果共和国（共9次债务重组）	
截止日期	1986 年 1 月 1 日
谈判参与成员	成员国：比利时、巴西、加拿大、法国、德国、意大利、俄联邦、西班牙、英国、美国 观察员：IMF、世界银行

重组时间	2008 年 12 月 11 日
多边机构支持	2008 年 12 月 8 日，IMF 向刚果共和国发放了一笔三年期减贫增长基金，金额 1253 万美元，用于支持 2008—2011 年间政府经济项目
外债概况	截至 2008 年 7 月 1 日，有 33.54 亿美元为巴黎俱乐部持有
重组金额	9.61 亿美元，其中 8.06 亿美元直接减免，1.55 亿美元进行重组
债务类型	1996 年 7 月 1 日至 2007 年 9 月 30 日的到期款
对应措施	在 2008 年 12 月 8 日获批的减贫增长基金前提下进行重组
债务类型	截至 2008 年 6 月 30 日之前的欠款 2004 年 10 月 1 日至 1999 年 6 月 30 日的到期款
还款概要	在"科隆条款"下进行重组安排 NODA：债务以市场利率计息，分 23 年偿还，含宽限期 6 年 ODA：还款期为 40 年，含宽限期 16 年
细则	可进行债务互换；善意条款
截止日期	1986 年 1 月 1 日
谈判参与成员	成员国：比利时、巴西、加拿大、丹麦、法国、德国、意大利、荷兰、俄联邦、西班牙、瑞士、英国、美国 观察员：日本、挪威，IMF、European Commission、世界银行、UNCTAD、OECD

重组时间	2010 年 3 月 18 日
多边机构支持	2008 年 12 月 8 日，IMF 向刚果共和国发放了一笔三年期减贫增长基金，金额 1253 万美元，用于支持 2008—2011 年间政府经济项目
外债概况	2008 年底，刚果共和国累计外债达 56 亿美元。截至 2010 年 1 月 1 日，有 25.23 亿美元为巴黎俱乐部持有
重组金额	24.74 亿美元，其中 9.81 亿美元直接减免，14.93 亿美元进行重组
债务类型	截至 2010 年 1 月 1 日的存量债务
对应措施	基于刚果共和国已于 2010 年 1 月 27 日达到完成点所进行的重组

刚果共和国（共 9 次债务重组）	
债务类型	截至 2008 年 6 月 30 日之前的欠款 2004 年 10 月 1 日至 1999 年 6 月 30 日的到期款
还款概要	在"重债穷国"框架下进行重组安排 重组金额包含债权国对额外 14 亿债务进行的全额减免
细则	可进行债务互换
截止日期	1986 年 1 月 1 日
谈判参与成员	成员国：比利时、巴西、加拿大、丹麦、法国、德国、意大利、荷兰、俄联邦、西班牙、瑞士、英国、美国 观察员：日本，IMF、African Development Bank、UNCTAD

重组时间	2020 年 6 月 9 日
对应措施	依据"暂停偿债协议"
债务类型	截至 2020 年 4 月 30 日之前的欠款 2020 年 5 月 1 日至 2020 年 12 月 31 日的到期款
还款概要	在"专用条款"下进行重组安排，对 2020 年 5 月 1 日至 2020 年底的债务，暂停本息偿还。还款期延至 3 年，含宽限期 1 年。未来将通过重组或再融资达成处置目标
细则	1. 承诺条款 将所创造出的财政额度用于增加社会、健康和经济支出。披露所有公共部门债务，同时尊重商业敏感信息。遵守 IMF 债务上限政策和世界银行政策，暂停偿债期间禁止新签无优惠贷款合同 2. 善意条款 如果刚果共和国满足 2020 年 6 月 9 日备忘录要求，则债权国可能进一步考虑其流动性需求
谈判参与成员	成员国：比利时、巴西、法国、俄联邦 观察员：澳大利亚、奥地利、加拿大、丹麦、芬兰、爱尔兰、以色列、日本、德国、意大利、韩国、荷兰、挪威、西班牙、瑞典、瑞士、英国、美国

资料来源：巴黎俱乐部。

7. 埃塞俄比亚

埃塞俄比亚共经历过 6 次债务重组，重组时间分布在 1992—2020 年间，累计重组金额达 25.51 亿美元，共减免债务约 17.77 亿美元。

埃塞俄比亚历次债务重组情况

埃塞俄比亚（共 6 次债务重组）	
重组时间	**1992 年 12 月 16 日**
重组金额	4.41 亿美元
还款概要	在"伦敦条款"下进行重组安排 NODA：减免比例为 50%，剩余债务以市场利率计息，分 23 年偿还，含宽限期 6 年 ODA：还款期为 30 年，含宽限期 12 年
细则	可进行债务互换
谈判参与成员	成员国：奥地利、比利时、加拿大、芬兰、法国、德国、意大利、日本、荷兰、瑞典、英国、美国 观察员：澳大利亚、丹麦、以色列、西班牙、瑞士、African Development Bank、IMF、UNCTAD、世界银行

重组时间	1997 年 1 月 24 日
多边机构支持	1996 年 10 月 11 日，IMF 向埃塞俄比亚发放一笔三年期优化结构调整贷款，金额 1.27 亿美元，用于支持其 1996—1999 年经济改革计划
重组金额	1.83 亿美元
债务类型	截至 1996 年 12 月 31 日之前的欠款 1997 年 1 月 1 日至 1999 年 10 月 31 日的到期款
还款概要	在"那不勒斯条款"下进行重组安排 NODA：减免比例为 67%，剩余债务以市场利率计息，分 23 年偿还，含宽限期 6 年 ODA：还款期为 40 年，含宽限期 16 年
细则	1. 可进行债务互换 2. 善意条款 在埃塞俄比亚满足相应条件后，债权人原则上同意就其 1999 年 10 月 31 日之后到期和 1989 年 12 月 31 日之前的债务进行商定

续　表

埃塞俄比亚（共 6 次债务重组）	
细则	3. 通用条款 埃塞俄比亚将采取相关行政措施或扩展现有措施确保私营债务人能够支付到埃塞俄比亚银行或其指定的代理银行 4. 撤回条款 债权国将回顾评估备用安排执行情况，若存在不符合或不满足商定协议的情况，债权国有权声明协议无效
谈判参与成员	成员国：奥地利、比利时、芬兰、德国、意大利、瑞典、英国、美国 观察员：加拿大、丹麦、法国、日本、荷兰、挪威，IMF、UNCTAD、世界银行、OECD

重组时间	2001 年 4 月 5 日
多边机构支持	1996 年 10 月 11 日，IMF 向埃塞俄比亚发放一笔减贫增长基金，金额 1.12 亿美元，用于支持其 2001 年 1 月至 2002 年 3 月期间的经济项目
外债概况	2001 年 7 月，埃塞俄比亚累计外债达 54 亿美元，是其 GDP 的 86%。截至年底，有 19 亿美元为巴黎俱乐部持有
重组金额	4.32 亿美元：其中 1.3 亿美元债务直接减免，剩余的 3.02 亿美元债务进行重组安排
债务类型	截至 2001 年 2 月 28 日之前的欠款 2001 年 3 月 1 日至 2004 年 3 月 31 日的到期款
还款概要	在"那不勒斯条款"下进行重组安排 NODA：减免比例 48.6%，剩余债务以市场利率计息，分 23 年偿还，含宽限期 6 年 ODA：还款期为 40 年，含宽限期 16 年
细则	1. 可进行债务互换 2. 善意条款 在埃塞俄比亚满足相应条件后，债权人原则上同意可就其 2004 年 3 月 31 日之后到期和 1989 年 12 月 31 日之前的债务进行商定 3. 通用条款 埃塞俄比亚将采取相关行政措施或扩展现有措施确保私营债务人能够将偿债金额支付到埃塞俄比亚银行或其指定的代理银行
截止日期	1989 年 12 月 31 日

埃塞俄比亚（共 6 次债务重组）	
谈判参与成员	成员国：奥地利、比利时、芬兰、法国、德国、意大利、日本、俄联邦、瑞典、英国、美国 观察员：澳大利亚、丹麦、荷兰、西班牙，African Development Bank、IMF、UNCTAD、世界银行、OECD

重组时间	2002 年 4 月 18 日
多边机构支持	2001 年 3 月 19 日，IMF 向埃塞俄比亚发放了一笔减贫增长基金，金额 1.12 亿美元，用于支持其 2001 年 1 月至 2002 年 3 月期间的经济项目
重组金额	800 万美元债务直接减免
对应措施	2001 年 11 月 12 日达到完成点
债务类型	2001 年 11 月 1 日至 2004 年 3 月 31 日的到期款
还款概要	在"科隆条款"下进行重组安排，减免比例为 90%
截止日期	1989 年 12 月 31 日
谈判参与成员	成员国：奥地利、比利时、芬兰、法国、德国、意大利、日本、俄联邦、瑞典、英国、美国

重组时间	2004 年 5 月 13 日
多边机构支持	2001 年 3 月 20 日，IMF 向埃塞俄比亚发放了一笔减贫增长基金，金额 1.12 亿美元，用于支持其 2001 年 1 月至 2002 年 3 月期间的经济项目
外债概况	2003 年底，埃塞俄比亚累计外债达 68.45 亿美元，是其 GDP 的 277%。截至 2004 年 4 月，有 18.99 亿美元为巴黎俱乐部持有
重组金额	14.87 亿：其中 12.96 亿美元债务直接减免，剩余 1.91 亿美元债务进行重组安排
对应措施	在"重债穷国强化协议"下的外债减免 2004 年 4 月 20 日达到完成点
债务类型	截至 2003 年 3 月 31 日之前的欠款 2004 年 4 月 1 日之前的存量债务
还款概要	在"重债穷国"协议框架下进行重组安排
细则	可进行债务互换
截止日期	1989 年 12 月 31 日

埃塞俄比亚（共 6 次债务重组）	
谈判参与成员	成员国：澳大利亚、奥地利、比利时、芬兰、法国、德国、意大利、日本、荷兰、俄联邦、瑞典、英国、美国 观察员：加拿大、西班牙，IMF、UNCTAD、世界银行、OECD
重组时间	2020 年 6 月 9 日
对应措施	依据"暂停偿债协议"
债务类型	截至 2020 年 4 月 30 日之前的欠款 2020 年 5 月 1 日至 2020 年 12 月 31 日的到期款
还款概要	在"专用条款"下进行重组安排，对 2020 年 5 月 1 日至 2020 年 12 月 31 日的债务，暂停本息偿还。还款期延至 3 年，含宽限期 1 年。未来将通过重组或再融资达成处置目标
细则	1. 承诺条款 将所创造出的财政额度用于增加社会、健康和经济支出。披露所有公共部门债务，同时尊重商业敏感信息。遵守 IMF 债务上限政策和世界银行政策，暂停偿债期间禁止新签无优惠贷款合同 2. 善意条款 如果安哥拉满足 2020 年 6 月 9 日备忘录要求，则债权国可能进一步考虑其流动性需求
谈判参与成员	成员国：法国、意大利、日本、韩国、俄联邦 观察员：澳大利亚、奥地利、比利时、巴西、荷兰、德国、爱尔兰、以色列、意大利、日本、韩国、挪威、芬兰、加拿大、丹麦、瑞典、美国、西班牙

资料来源：巴黎俱乐部。

8. 苏丹

苏丹共经历过 5 次债务重组，重组时间分布在 1979—1984 年间，累计重组金额达 15.36 亿美元。

苏丹历次债务重组情况

苏丹（共 4 次债务重组）	
重组时间	1979 年 11 月 13 日
重组金额	4.87 亿美元
还款概要	在"基础条款"下进行重组安排
截止日期	1979 年 1 月 1 日
谈判参与成员	成员国：奥地利、比利时、丹麦、法国、德国、意大利、日本、荷兰、瑞士、英国、美国 观察员：澳大利亚、加拿大、挪威、西班牙、瑞典，IMF、UNCTAD、世界银行、European Commission、OECD

重组时间	1982 年 3 月 18 日
重组金额	2.7 亿美元
还款概要	在"基础条款"下进行重组安排
截止日期	1981 年 7 月 1 日
谈判参与成员	成员国：奥地利、比利时、加拿大、丹麦、法国、德国、意大利、日本、荷兰、挪威、瑞士、英国、美国 观察员：西班牙、瑞典，IMF、世界银行、European Commission、OECD

重组时间	1983 年 2 月 4 日
重组金额	5.16 亿美元
还款概要	在"基础条款"下进行重组安排
截止日期	1983 年 1 月 1 日
谈判参与成员	成员国：奥地利、比利时、加拿大、丹麦、法国、德国、意大利、日本、荷兰、挪威、西班牙、瑞典、瑞士、英国、美国 观察员：芬兰，IMF、世界银行、UNCTAD、OECD

重组时间	1984 年 5 月 3 日
重组金额	2.63 亿美元
还款概要	在"基础条款"下进行重组安排
截止日期	1984 年 1 月 1 日

续　表

苏丹（共 4 次债务重组）	
谈判参与成员	成员国：奥地利、比利时、加拿大、丹麦、法国、德国、意大利、日本、荷兰、挪威、西班牙、瑞典、瑞士、英国、美国 观察员：European Commission、IMF、世界银行、UNCTAD、OECD

资料来源：巴黎俱乐部。

9.肯尼亚

肯尼亚共经历过 3 次债务重组，重组时间分布在 1994—2004 年间，累计重组金额达 11.89 亿美元。

肯尼亚历次债务重组情况

肯尼亚（共 3 次债务重组）	
重组时间	1994 年 1 月 19 日
重组金额	5.35 亿美元
还款概要	在"专用条款"下进行重组安排
谈判参与成员	成员国：奥地利、比利时、加拿大、丹麦、芬兰、法国、德国、意大利、日本、荷兰、瑞典、瑞士、英国、美国 观察员：IMF、UNCTAD、世界银行、OECD
重组时间	2000 年 11 月 15 日
多边机构支持	2000 年 7 月 28 日，IMF 向肯尼亚发放了一笔 3 年期减贫增长基金，金额 1.93 亿美元。10 月 18 日，IMF 对这笔贷款进行了修订，追加了 5200 万美元，并即刻支付 2600 万美元，从而使这笔贷款下的支付金额达到了 4300 万美元
外债概况	1999 年底，肯尼亚累计外债达 55 亿美元，是其 GDP 的 135%。其中，有 20 亿美元为巴黎俱乐部持有
重组金额	3.01 亿美元
债务类型	截至 2000 年 7 月 1 日之前的欠款 2000 年 7 月 1 日至 2001 年 6 月 30 日的到期款

续　表

肯尼亚（共 3 次债务重组）	
还款概要	在"专用条款"下进行重组安排 NODA：分 18 次偿还，含宽限期 3 年 ODA：还款期为 20 年
细则	可进行债务互换 自由汇兑条款： 肯尼亚将持续以适当的汇率机制保障其直接支付和汇兑无限制，从而保证债务人能够以当地币及时偿还所有协议参与成员国、观察员和相关机构的债务
截止日期	1991 年 12 月 31 日
谈判参与成员	成员国：奥地利、比利时、加拿大、丹麦、芬兰、法国、德国、意大利、日本、荷兰、瑞典、瑞士、英国、美国 观察员：俄联邦、西班牙，African Development Bank、IMF、UNCTAD、世界银行、European Commission、OECD

重组时间	2004 年 1 月 15 日
多边机构支持	2003 年 11 月 21 日，IMF 向肯尼亚发放了一笔减贫增长基金，金额 2.5275 亿美元，该笔贷款年利率为 0.5%，分 10 年偿还，含 5.5 年宽限期
外债概况	2002 年底，肯尼亚累计外债达 52 亿美元，是其出口额的 121%。其中，有 19.19 亿美元为巴黎俱乐部持有
重组金额	3.53 亿美元
对应措施	依据 IMF 框架下的重组安排
债务类型	截至 2003 年 12 月 31 日之前的欠款 2004 年 1 月 1 日至 2006 年 12 月 31 日的到期款
还款概要	在"休斯敦条款"下进行重组安排 NODA：分 15 次偿还，含宽限期 5 年 ODA：还款期为 20 年，含宽限期 10 年
细则	可进行债务互换
截止日期	1991 年 12 月 31 日
谈判参与成员	成员国：比利时、加拿大、丹麦、法国、德国、意大利、日本、荷兰、英国、美国 观察员：奥地利、芬兰、挪威、西班牙、瑞典、瑞士，IMF、UNCTAD、世界银行

资料来源：巴黎俱乐部。

10.乌干达

乌干达共经历过 8 次债务重组，重组时间分布在 1981—2000 年间，累计重组金额达 8.47 亿美元，共减免债务 3.87 亿美元。

乌干达历次债务重组情况

乌干达（共 8 次债务重组）	
重组时间	1981 年 11 月 18 日
重组金额	4000 万美元
还款概要	在"基础条款"下进行重组安排
谈判参与成员	成员国：法国、德国、意大利、日本、英国、美国 观察员：瑞士，European Commission、IMF、世界银行、UNCTAD、OECD
重组时间	1982 年 12 月 1 日
重组金额	1900 万美元
还款概要	在"基础条款"下进行重组安排
谈判参与成员	成员国：法国、意大利、英国、美国 观察员：德国、以色列、日本、荷兰，European Commission、IMF、世界银行、UNCTAD、OECD
重组时间	1987 年 6 月 19 日
重组金额	2.56 亿美元
还款概要	在"专用条款"下进行重组安排
谈判参与成员	成员国：法国、以色列、意大利、英国、美国 观察员：加拿大、德国、日本、荷兰、瑞典，European Commission、IMF、世界银行、UNCTAD、OECD
重组时间	1989 年 1 月 26 日
重组金额	9000 万美元
还款概要	在"多伦多条款"下进行重组安排 NODA：减免比例为 33%，剩余债务以市场利率计息，分 14 年偿还，含宽限期 8 年 ODA：还款期为 25 年，含宽限期 14 年

续　表

乌干达（共 8 次债务重组）	
谈判参与成员	成员国：法国、以色列、意大利、英国、美国 观察员：加拿大、德国、日本、荷兰、瑞典，IMF、世界银行、UNCTAD、OECD

重组时间	1992 年 6 月 17 日
重组金额	3800 万美元
还款概要	在"伦敦条款"下进行重组安排 NODA：减免比例为 50%，剩余债务以市场利率计息，分 23 年偿还，含宽限期 6 年 ODA：还款期为 30 年，含宽限期 12 年
细则	可进行债务互换
谈判参与成员	成员国：法国、德国、以色列、意大利、英国 观察员：日本、西班牙、瑞士、美国，IMF、世界银行、UNCTAD、OECD

重组时间	1995 年 2 月 20 日
重组金额	1.1 亿美元
还款概要	在"那不勒斯条款"下进行重组安排 NODA：减免比例为 67%，剩余债务以市场利率计息，分 23 年偿还，含宽限期 6 年 ODA：还款期为 40 年，含宽限期 16 年
细则	可进行债务互换
谈判参与成员	成员国：法国、意大利、英国 观察员：奥地利、芬兰、德国、以色列、日本、荷兰、西班牙、瑞士、美国

重组时间	1998 年 4 月 24 日
多边机构支持	2008 年 12 月 8 日，IMF 向乌干达发放了一笔三年期优化结构调整基金，金额 1.38 亿美元，用于支持其 1997/1998—1999/2000 年间政府经济项目
重组金额	1.47 亿美元
债务类型	截至 2010 年 1 月 1 日的存量债务
对应措施	基于乌干达已于 1999 年 4 月 8 日达到完成点所进行的重组

乌干达（共 8 次债务重组）	
债务类型	截至 1998 年 3 月 31 日之前的欠款 1998 年 4 月 1 日之前的存量债务
还款概要	在"里昂条款"下进行重组安排 NODA：减免比例为 80%，剩余债务以市场利率计息，分 23 年偿还，含宽限期 6 年 ODA：还款期为 40 年，含宽限期 16 年
细则	可进行债务互换；撤回条款
谈判参与成员	成员国：法国、以色列、意大利、英国、美国 观察员：奥地利、比利时、德国、加拿大、丹麦、芬兰、日本、荷兰、挪威、俄联邦、西班牙、瑞典，IMF、世界银行

重组时间	2000 年 9 月 12 日
多边机构支持	IMF 减贫增长计划框架内
外债概况	截至 2000 年 9 月 1 日，有 2.76 亿美元债务为巴黎俱乐部持有
重组金额	1.47 亿美元全额减免
债务类型	截至 2010 年 1 月 1 日的存量债务
对应措施	存量债务减免
债务类型	截至 2000 年 9 月 1 日之前的欠款 2000 年 9 月 1 日之前的存量债权
还款概要	在"重债穷国"框架下进行重组安排
截止日期	1981 年 7 月 1 日
谈判参与成员	成员国：巴西、加拿大、法国、德国、以色列、意大利、日本、挪威、西班牙、瑞士、美国 观察员：比利时、丹麦、俄联邦、瑞典，IMF、African Development Bank、UNCTAD、OECD、世界银行

资料来源：巴黎俱乐部。

11. 安哥拉

安哥拉共经历过2次债务重组，重组时间分布在1989—2020年间，累计重组金额达4.46亿美元。

安哥拉历次债务重组情况

安哥拉（共2次债务重组）	
重组时间	**1989 年 7 月 20 日**
重组金额	4.46 亿美元
债务类型	1989 年 7 月 1 日至 1990 年 9 月 30 日的到期款
还款概要	在"基础条款"下进行重组安排
细则	善意条款和通用条款
截止日期	1987 年 1 月 1 日
谈判参与成员	成员国：奥地利、比利时、丹麦、法国、意大利、日本、荷兰、西班牙、瑞典、英国 观察员：加拿大、芬兰、德国、挪威、IMF、OECD、UNCTAD、世界银行
重组时间	**2020 年 8 月 31 日**
对应措施	依据"暂停偿债协议"
债务类型	截至 2020 年 4 月 30 日之前的欠款 2020 年 5 月 1 日至 2020 年 12 月 31 日的到期款
还款概要	在"专用条款"下进行重组安排，对 2020 年 3 月 24 日之后的债务，暂停本息偿还还款期延至 3 年，含宽限期 1 年。未来将通过重组或再融资达成处置目标
细则	1. 安哥拉承诺条款 将所创造出的财政额度用于增加社会、健康和经济支出。披露所有公共部门债务，同时尊重商业敏感信息。遵守 IMF 债务上限政策和世界银行政策，暂停偿债期间禁止新签无优惠贷款合同 2. 善意条款： 如果安哥拉满足 2020 年 8 月 31 日备忘录要求，则债权国可能进一步考虑其流动性需求
谈判参与成员	成员国：比利时、加拿大、法国、意大利、日本、韩国、荷兰、西班牙、英国、美国 观察员：澳大利亚、奥地利、巴西、丹麦、芬兰、德国、爱尔兰、以色列、挪威、俄联邦、瑞典、瑞士

资料来源：巴黎俱乐部。

12.印度尼西亚

印度尼西亚共经历过8次债务重组，重组时间分布在1966—2005年间，累计重组金额达204.88亿美元。

印度尼西亚历次债务重组情况

印度尼西亚（共 8 次债务重组）	
重组时间	1966 年 12 月 20 日
重组金额	3.1 亿美元
还款概要	在"基础条款"下进行重组
谈判参与成员	成员国：澳大利亚、法国、德国、意大利、日本、荷兰、新西兰、瑞士、英国、美国 观察员：IMF、OECD、世界银行、European Commission
重组时间	1967 年 10 月 18 日
重组金额	1.1 亿美元
还款概要	在"基础条款"下进行重组
谈判参与成员	成员国：澳大利亚、法国、德国、意大利、日本、荷兰、新西兰、瑞士、英国、美国 观察员：IMF、OECD、世界银行
重组时间	1968 年 10 月 17 日
重组金额	1.8 亿美元
还款概要	在"基础条款"下进行重组
谈判参与成员	成员国：澳大利亚、法国、德国、意大利、日本、荷兰、新西兰、瑞士、英国、美国 观察员：European Commission、IMF、OECD、世界银行
重组时间	1970 年 4 月 24 日
重组金额	20.9 亿美元
还款概要	在"基础条款"下进行重组

印度尼西亚（共 8 次债务重组）	
谈判参与成员	成员国：澳大利亚、法国、德国、意大利、日本、荷兰、英国、美国 观察员：IMF、OECD、世界银行

重组时间	1998 年 9 月 23 日
多边机构支持	1998 年 8 月 25 日，IMF 向印度尼西亚批准 10 亿美元信贷额度，同时发放了一笔三年期中期贷款（Extended Credit Facility），金额 62 亿美元，用于支持其政府达到经济复苏目标
重组金额	41.76 亿美元
债务类型	1998 年 8 月 6 日至 2000 年 3 月 31 日的到期款
还款概要	在"专用条款"下进行重组安排
细则	可进行债务互换
谈判参与成员	成员国：澳大利亚、奥地利、比利时、加拿大、丹麦、芬兰、法国、德国、意大利、日本、韩国、荷兰、西班牙、瑞典、瑞士、英国、美国 观察员：挪威、俄联邦、European Commission、IMF、OECD、世界银行、UNCTAD

重组时间	2000 年 4 月 13 日
多边机构支持	2000 年 2 月 4 日，IMF 向印度尼西亚发放了一笔三年期中期贷款（Extended Credit Facility），金额 50 亿美元，用于支持其政府经济改革
重组金额	54.45 亿美元
债务类型	2000 年 4 月 1 日至 2002 年 3 月 31 日的到期款
还款概要	在"休斯敦条款"下进行重组安排
细则	可进行债务互换
谈判参与成员	成员国：澳大利亚、奥地利、比利时、加拿大、丹麦、芬兰、法国、德国、意大利、日本、韩国、荷兰、西班牙、瑞典、瑞士、英国、美国 观察员：挪威、俄联邦，Asian Development Bank、IMF、OECD、世界银行、UNCTAD

重组时间	2002 年 4 月 12 日
多边机构支持	2000 年 1 月 29 日，IMF 完成了在印度尼西亚三年期中期贷款（45 亿美元）下的第四次表现评估，对其减免债务 3.41 亿美元，并对其现行的处置方案安排了一年展期，至 2003 年 12 月 31 日

印度尼西亚（共 8 次债务重组）	
外债概况	截至 2001 年 11 月 30 日，印尼累计外债达 759 亿美元。截至 2002 年 1 月 31 日，有 413.57 亿美元为巴黎俱乐部持有
重组金额	54.73 亿美元
债务类型	2002 年 4 月 1 日至 2003 年 12 月 31 日的到期款
还款概要	在"休斯敦条款"下进行重组安排 NODA：以市场利率计息，分 18 年偿还，含宽限期 5 年 ODA：还款期为 20 年，含宽限期 10 年
细则	可进行债务互换： 债权国和印度尼西亚应在执行债务交换协议之前通知印度尼西亚官方债权国集团主席。评估债务互换对印度尼西亚经济的影响以及使债权人风险敞口产生的变化，其必需的所有要素均应转交给印度尼西亚官方债权国集团主席，包括：性质和目的、债务互换各方、已处理债务的金额、类型和价值、向投资者出售的价格以及印度尼西亚的费用
截止日期	1997 年 7 月 1 日
谈判参与成员	成员国：澳大利亚、奥地利、比利时、加拿大、丹麦、芬兰、法国、德国、意大利、日本、韩国、荷兰、挪威、西班牙、瑞典、瑞士、英国、美国 观察员：Asian Development Bank、IMF、OECD、世界银行

重组时间	2005 年 5 月 10 日
外债概况	截至 2004 年 12 月 31 日，印尼累计外债达 1370 亿美元，是其 GDP 的 53.2%。截至 2005 年 1 月 1 日，有 539.04 亿美元为巴黎俱乐部持有
重组金额	27.04 亿美元
债务类型	2005 年 1 月 1 日至 2005 年 12 月 31 日的到期款
还款概要	在"专用条款"下进行重组安排
谈判参与成员	成员国：澳大利亚、奥地利、比利时、加拿大、丹麦、芬兰、法国、德国、意大利、日本、韩国、荷兰、挪威、西班牙、瑞典、瑞士、英国 观察员：美国

资料来源：巴黎俱乐部。

13.巴基斯坦

巴基斯坦共经历过7次债务重组，重组时间分布在1972—2020年间，累计重组金额达185.94亿美元。

巴基斯坦历次债务重组情况

巴基斯坦（共7次债务重组）	
重组时间	1972 年 5 月 26 日
重组金额	2.34 亿美元
还款概要	在"专用条款"下进行重组安排
谈判参与成员	成员国：比利时、加拿大、法国、德国、意大利、日本、荷兰、瑞典、英国、美国 观察员：挪威、瑞士，IMF、Asian Development Bank
重组时间	1974 年 6 月 28 日
重组金额	6.5 亿美元
还款概要	在"专用条款"下进行重组安排
谈判参与成员	成员国：比利时、加拿大、法国、德国、意大利、日本、荷兰、瑞典、英国、美国 观 察 员：African Development Bank、Inter-American Development Bank、UNCTAD、Asian Development Bank、European Commission、IMF、OECD、世界银行
重组时间	1981 年 1 月 14 日
重组金额	2.6 亿美元
还款概要	在"基础条款"下进行重组安排
谈判参与成员	成员国：比利时、加拿大、法国、德国、意大利、日本、荷兰、英国、美国 观察员：瑞典、瑞士，UNCTAD、IMF、OECD、世界银行
重组时间	1999 年 1 月 30 日
多边机构支持	1999 年 1 月 14 日，IMF 对巴基斯坦发放了第二年度优化结构调整基金，完成了第二次延期安排审核评估，并基于 1998 年出口所得差额批准其适用补偿性紧急融资机制。重组后，巴基斯坦将得到 5.75 亿美元，其他支持将在项目后续期间执行

续　表

巴基斯坦（共 7 次债务重组）	
重组金额	32.54 亿美元
债务类型	截至 1999 年 6 月 30 日之前的欠款 1999 年 1 月 1 日至 2000 年 12 月 31 日的到期款
还款概要	在"休斯敦条款"下进行重组安排
细则	可进行债务互换
截止日期	1997 年 9 月 30 日
谈判参与成员	成员国：奥地利、比利时、加拿大、丹麦、芬兰、法国、德国、意大利、日本、韩国、荷兰、挪威、俄联邦、西班牙、瑞典、瑞士、英国、美国 观察员：澳大利亚，UNCTAD、IMF、OECD、世界银行、Asian Development Bank

重组时间	2001 年 1 月 23 日
外债概况	截至 2000 年 6 月 30 日，巴基斯坦累计外债达 294 亿美元。截至 2000 年 12 月 31 日，有 122 亿美元为巴黎俱乐部持有
重组金额	17.52 亿美元
债务类型	截至 2000 年 11 月 30 日的欠款 2000 年 12 月 1 日至 2001 年 9 月 30 日的到期款
还款概要	在"休斯敦条款"下进行重组安排 NODA：以市场利率计息，分 18 年偿还，含宽限期 3 年 ODA：还款期为 20 年，含宽限期 10 年
细则	可进行债务互换 撤回条款
截止日期	1997 年 9 月 30 日
谈判参与成员	成员国：奥地利、比利时、加拿大、丹麦、法国、德国、意大利、日本、韩国、荷兰、挪威、俄联邦、西班牙、瑞典、瑞士、英国、美国 观察员：澳大利亚、芬兰，UNCTAD、IMF、OECD、世界银行、Asian Development Bank

重组时间	2001 年 12 月 13 日
多边机构支持	2001 年 12 月 6 日，IMF 对巴基斯坦发放了一笔三年期减贫增长基金，金额为 13.22 亿美元

续　表

巴基斯坦（共 7 次债务重组）	
外债概况	截至 2001 年 11 月 1 日，巴基斯坦累计外债达 328 亿美元。截至 2001 年 11 月 1 日，有 133.34 亿美元为巴黎俱乐部持有
重组金额	124.44 亿美元
对应措施	公共外债重组
债务类型	截至 2001 年 11 月 30 日之前的存量债务
还款概要	在"专用条款"下进行重组安排
细则	可进行债务互换 通用条款
截止日期	1997 年 9 月 30 日
谈判参与成员	成员国：奥地利、比利时、加拿大、丹麦、芬兰、法国、德国、意大利、日本、韩国、荷兰、挪威、俄联邦、西班牙、瑞典、瑞士、英国、美国 观察员：UNCTAD、IMF、OECD、世界银行、Asian Development Bank

重组时间	2020 年 6 月 9 日
对应措施	依据"暂停偿债协议"
债务类型	截至 2020 年 4 月 30 日之前的欠款 2020 年 5 月 1 日至 2020 年 12 月 31 日的到期款
还款概要	在"专用条款"下进行重组安排，对 2020 年 5 月 1 日至 2020 年底的债务，暂停本息偿还，便于 2020 年 3 月 24 日之后重组情况下的新融资。还款期延至 3 年和宽限期 1 年（共 4 年）。未来将通过重组或再融资达成处置目标
细则	1. 承诺条款 将创造出的财政额度用于增加社会、健康和经济支出，IMF 将建立监控系统。披露所有公共部门债务，同时尊重商业敏感信息。遵守 IMF 债务上限政策和世界银行政策，暂停偿债期间禁止新签无优惠贷款合同。 2. 善意条款 如果巴基斯坦满足 2020 年 6 月 9 日备忘录要求，则债权国可就其 2020 年间世界银行与 IMF 执行报告期间的流动性需求进行延伸考虑。
谈判参与成员	成员国：奥地利、比利时、加拿大、芬兰、法国、德国、意大利、日本、韩国、荷兰、挪威、俄联邦、瑞典、瑞士、英国、美国 观察员：澳大利亚、巴西、丹麦、爱尔兰、以色列

资料来源：巴黎俱乐部。

14. 斯里兰卡

斯里兰卡共经历过1次债务重组，重组时间在2005年，重组金额为2.27亿美元。

斯里兰卡债务重组情况

斯里兰卡（共1次债务重组）	
重组时间	2005年5月10日
外债概况	截至2003年12月31日，斯里兰卡累计外债达117亿美元，是其GDP的64.1%。截至2005年1月1日，有62.35亿美元为巴黎俱乐部持有
重组金额	2.27亿美元
债务类型	对2005年1月1日至2005年12月31日之间来自债权国政府或机构的所有贷款本息，以及2005年1月1日之前的到期一年以上的借款给予延期处理
还款概要	在"专用条款"下进行重组安排
谈判参与成员	成员国：澳大利亚、加拿大、丹麦、法国、德国、意大利、日本、韩国、荷兰、瑞士、美国 观察员：芬兰、瑞典，IMF、世界银行

资料来源：巴黎俱乐部。

15. 缅甸

缅甸共经历过2次债务重组，重组时间分布在2013—2020年间，累计重组金额达98.68亿美元，共减免债务55.56亿美元。

缅甸历次债务重组情况

缅甸（共2次债务重组）	
重组时间	2013年1月25日
多边机构支持	2013年1月17日，IMF通过缅甸员工监督计划（Staff Monitored Program），该计划将帮助监督其经济改革和政策，以及便于与债权国结清欠款。政府的中期愿景是实现可持续和公平的增长，使缅甸重新融入全球经济，并减少贫困。在这个过渡过程中，其优先事项是确保宏观经济稳定和加强宏观经济管理工具。12个月的SMP将支持这些目标。考虑到政策制定和执行方面的能力限制，世界银行和亚洲开发银行在结构领域设置了补充方案，并将给予持续的技术援助支持

缅甸（共 2 次债务重组）	
外债概况	2012 年底，累计外债达 153 亿美元。截至 2013 年 1 月 1 日，有 103.27 亿美元为巴黎俱乐部持有
重组金额	98.68 亿美元，其中 55.56 亿美元直接减免，43.12 亿美元进行重组
对应措施	外债综合治理
债务类型	截至 2012 年 12 月 31 日的欠款
还款概要	在"专用条款"下进行重组安排 债权国同意基于双边基础对其额外减免 472.5 万美元。此次重组协议安排和额外减免使债权国对缅甸减免比例达到 99.5%
细则	可进行债务互换： 任何一个债权国或机构均可在双边自愿的基础上，就（1）ODA 贷款和（2）1912 年 12 月 31 日之前剩余债务金额的 20% 与 2000 万特别提款权中的较高者进行债务出售互换、债务援助或其他本币债务互换 债权国考虑到缅甸特殊情况及其债务压力，同意进行债务处置以确保其长期债务可持续性。鉴于此，一旦结清多边欠款，除日本以外的代表将建议其政府提供一项例外待遇，即分两个阶段取消对债权国欠款总额的 50%。其余款项将在 15 年内得到重新安排，包括 7 年宽限期
截止日期	2012 年 12 月 31 日
谈判参与成员	成员国： 奥地利、加拿大、丹麦、芬兰、法国、德国、意大利、日本、荷兰、挪威、英国 观察员：澳大利亚、比利时、韩国、俄联邦、西班牙、瑞典、瑞士、美国，UNCTAD、世界银行、IMF、African Development Bank

重组时间	2020 年 6 月 10 日
对应措施	依据"暂停偿债协议"
债务类型	截至 2020 年 4 月 30 日之前的欠款 2020 年 5 月 1 日至 2020 年 12 月 31 日的到期款
还款概要	在"专用条款"下进行重组安排，对 2020 年 5 月 1 日至 2020 年底的债务，暂停本息偿还，便于 2020 年 3 月 24 日之后重组情况下的新融资。还款期延至 3 年和宽限期 1 年（共 4 年）。未来将通过重组或再融资达成处置目标

缅甸（共 2 次债务重组）	
细则	1. 承诺条款 将所创造出的财政额度用于增加社会、健康和经济支出。披露所有公共部门债务，同时尊重商业敏感信息。遵守 IMF 债务上限政策和世界银行政策，暂停偿债期间禁止新签无优惠贷款合同 2. 善意条款 如果缅甸满足 2020 年 6 月 10 日备忘录要求，则债权国可就其 2020 年间世界银行与 IMF 执行报告期间的流动性需求进行延伸考虑
谈判参与成员	成员国：奥地利、芬兰、法国、德国、日本、韩国、荷兰、英国 观察员：澳大利亚、比利时、巴西、加拿大、丹麦、爱尔兰、以色列、意大利、挪威、俄联邦、西班牙、瑞典、瑞士、美国

资料来源：巴黎俱乐部。

16.厄瓜多尔

厄瓜多尔共经历过 8 次债务重组，重组时间分布在 1983—2003 年间，累计重组金额达 27.61 亿美元。

厄瓜多尔历次债务重组情况

厄瓜多尔（共 8 次债务重组）	
重组时间	1983 年 7 月 28 日
重组金额	1.69 亿美元
还款概要	在"基础条款"下进行重组安排
谈判参与成员	成员国：比利时、加拿大、丹麦、法国、德国、意大利、日本、挪威、西班牙、瑞士、英国、美国 观察员：奥地利、芬兰、荷兰、瑞典，世界银行、IMF、Inter-American Development Bank、OECD、UNCTAD
重组时间	1985 年 4 月 24 日
重组金额	3.3 亿美元
还款概要	在"基础条款"下进行重组安排

续　表

厄瓜多尔（共 8 次债务重组）	
谈判参与成员	成员国：比利时、加拿大、丹麦、法国、德国、以色列、意大利、日本、挪威、西班牙、瑞士、英国、美国 观察员：奥地利、荷兰、瑞典，世界银行、IMF、Inter-American Development Bank、OECD、UNCTAD

重组时间	1988 年 1 月 20 日
重组金额	2.77 亿美元
还款概要	在"基础条款"下进行重组安排
谈判参与成员	成员国：比利时、加拿大、法国、德国、以色列、意大利、日本、挪威、西班牙、瑞士、英国、美国 观察员：奥地利、丹麦、芬兰、荷兰、瑞典，European Commission、世界银行、IMF、Inter-American Development Bank、OECD、UNCTAD

重组时间	1989 年 10 月 24 日
重组金额	3.93 亿美元
还款概要	在"基础条款"下进行重组安排
谈判参与成员	成员国：比利时、加拿大、法国、德国、以色列、意大利、日本、挪威、西班牙、瑞士、英国、美国 观察员：奥地利、丹麦、芬兰、荷兰、瑞典，世界银行、IMF、Inter-American Development Bank、OECD、UNCTAD

重组时间	1992 年 1 月 20 日
重组金额	3.39 亿美元
还款概要	在"基础条款"下进行重组安排
细则	可进行债务互换
谈判参与成员	成员国：比利时、加拿大、法国、德国、以色列、意大利、日本、挪威、西班牙、瑞士、英国、美国 观察员：丹麦，世界银行、IMF、Inter-American Development Bank、OECD、UNCTAD

厄瓜多尔（共 8 次债务重组）	
重组时间	1994 年 6 月 27 日
重组金额	2.92 亿美元
还款概要	在"休斯敦条款"下进行重组安排
细则	可进行债务互换
谈判参与成员	成员国：加拿大、法国、德国、以色列、意大利、日本、挪威、西班牙、英国、美国 观察员：丹麦、荷兰，European Commission、世界银行、IMF、Inter-American Development Bank、OECD、UNCTAD
重组时间	2000 年 9 月 15 日
多边机构支持	2000 年 4 月 19 日，IMF 向厄瓜多尔发放了一笔一年期备用信贷，金额 3.04 亿美元，用于支持其 2000 年政府经济项目
外债概况	截至 2000 年 4 月 30 日，累计外债达 25.11 亿美元
重组金额	8.8 亿美元
债务类型	截至 2000 年 4 月 30 日的欠款 2000 年 5 月 1 日至 2001 年 4 月 30 日的到期款
还款概要	在"休斯敦条款"下进行重组安排
细则	可进行债务互换 生效条款约定协议生效日期为 2001 年 5 月 25 日 善意条款
截止日期	1983 年 1 月 1 日
谈判参与成员	成员国：加拿大、法国、德国、以色列、意大利、日本、挪威、西班牙、英国、美国 观察员：比利时、巴西、丹麦、俄联邦，世界银行、IMF、Inter-American Development Bank、OECD、UNCTAD
重组时间	2003 年 6 月 13 日
多边机构支持	2003 年 3 月 21 日，IMF 向厄瓜多尔发放了一笔 13 个月备用信贷，金额 2.05 亿美元，用于支持其 2004 年 3 月之前的政府经济和金融项目。同时对 2000 年 4 月 19 日发放的备用信贷还款延期一年

续 表

厄瓜多尔（共 8 次债务重组）	
外债概况	截至 2002 年 12 月 31 日，累计外债达 114 亿美元。其中，截至 2003 年 1 月 1 日，有 27.3 亿美元为巴黎俱乐部持有
重组金额	8100 万美元
债务类型	2003 年 3 月 1 日至 2004 年 3 月 31 日的到期款
还款概要	在"休斯敦条款"下进行重组安排 NODA：债务以市场利率计息，分 18 年偿还，含宽限期 3 年 ODA：还款期为 20 年，含宽限期 10 年
细则	可进行债务互换 生效条款约定协议生效日期为 2003 年 8 月 7 日 债权国基于 IMF 债务可持续性分析报告肯定了厄瓜多尔政府为降低公共债务所做的努力。为满足厄瓜多尔政府相应的要求，债权国同意持续紧密监督其外债情况，并在 2004 年第 IV 条磋商的背景下，审查来自 IMF 的最新债务可持续性分析报告
截止日期	1983 年 1 月 1 日
谈判参与成员	成员国：加拿大、法国、德国、以色列、意大利、日本、挪威、西班牙、英国、美国 观察员：比利时、巴西、丹麦、俄联邦，世界银行、IMF、Inter-American Development Bank、OECD、UNCTAD

资料来源：巴黎俱乐部。

17. 阿根廷

阿根廷共经历过9次债务重组，重组时间分布在1956—2014年间，累计重组金额达210.19亿美元。

阿根廷历次债务重组情况

阿根廷（共 9 次债务重组）	
重组时间	1956 年 5 月 16 日
重组金额	5 亿美元
还款概要	在"基础条款"下进行重组安排

续　表

阿根廷（共 9 次债务重组）	
细则	通用条款
谈判参与成员	成员国：奥地利、比利时、丹麦、法国、德国、意大利、荷兰、挪威、瑞典、瑞士、英国

重组时间	1962 年 10 月 24 日
重组金额	2.7 亿美元
债务类型	1963 年 1 月 1 日至 1964 年 12 月 31 日的到期款
还款概要	在"基础条款"下进行重组安排
谈判参与成员	成员国：奥地利、比利时、丹麦、芬兰、法国、德国、意大利、荷兰、挪威、瑞典、瑞士、英国 观察员：日本、美国，IMF

重组时间	1965 年 6 月 26 日
重组金额	9100 万美元
债务类型	1965 年 1 月 1 日至 1965 年 12 月 31 日的到期款
还款概要	在"基础条款"下进行重组安排
截止日期	1964 年 12 月 31 日
谈判参与成员	成员国：奥地利、比利时、丹麦、芬兰、法国、德国、意大利、荷兰、挪威、瑞典、瑞士、英国

重组时间	1985 年 1 月 16 日
重组金额	17.26 亿美元
债务类型	1985 年 1 月 1 日至 1985 年 12 月 31 日的到期款
还款概要	在"基础条款"下进行重组安排
细则	通用条款
截止日期	1983 年 12 月 10 日
谈判参与成员	成员国：奥地利、比利时、加拿大、丹麦、芬兰、法国、德国、以色列、意大利、日本、荷兰、西班牙、瑞典、瑞士、英国、美国 观察员：挪威，Inter-American Development Bank、UNCTAD、European Commission、IMF、OECD、世界银行

续　表

阿根廷（共 9 次债务重组）	
重组时间	1987 年 5 月 20 日
重组金额	21.56 亿美元
债务类型	1987 年 5 月 1 日至 1988 年 6 月 30 日的到期款
还款概要	在"基础条款"下进行重组安排
细则	生效条款
截止日期	1983 年 12 月 10 日
谈判参与成员	成员国：奥地利、比利时、加拿大、丹麦、法国、德国、意大利、日本、荷兰、西班牙、瑞典、瑞士、英国、美国 观察员：芬兰、以色列、挪威，Inter-American Development Bank、UNCTAD、European Commission、IMF、OECD、世界银行

重组时间	1989 年 12 月 21 日
重组金额	24 亿美元
债务类型	1991 年 10 月 1 日至 1992 年 6 月 30 日的到期款
还款概要	在"基础条款"下进行重组安排
细则	善意条款
截止日期	1983 年 12 月 18 日
谈判参与成员	成员国：奥地利、比利时、加拿大、丹麦、芬兰、法国、德国、以色列、意大利、日本、荷兰、西班牙、瑞典、瑞士、英国、美国 观察员：挪威，Inter-American Development Bank、UNCTAD、European Commission、OECD、世界银行、IMF

重组时间	1991 年 9 月 19 日
重组金额	14.76 亿美元
债务类型	1991 年 10 月 1 日至 1992 年 6 月 30 日的到期款
还款概要	在"基础条款"下进行重组安排
细则	善意条款；通用条款
截止日期	1983 年 12 月 10 日

阿根廷（共 9 次债务重组）	
谈判参与成员	成员国：奥地利、比利时、加拿大、丹麦、芬兰、法国、德国、以色列、意大利、日本、荷兰、西班牙、瑞典、瑞士、英国、美国 观 察 员：Inter-American Development Bank、UNCTAD、European Commission、OECD、世界银行、IMF

重组时间	1992 年 7 月 22 日
重组金额	27 亿美元
债务类型	1992 年 7 月 1 日至 1995 年 3 月 31 日的到期款
还款概要	在"基础条款"下进行重组安排
细则	善意条款；通用条款；分期条款
截止日期	1983 年 12 月 10 日
谈判参与成员	成员国：奥地利、比利时、加拿大、丹麦、芬兰、法国、德国、以色列、意大利、日本、荷兰、西班牙、瑞典、瑞士、英国、美国 观察员：Inter-American Development Bank、UNCTAD、OECD、世界银行、IMF

重组时间	2014 年 5 月 29 日
外债情况	截至 2014 年 4 月 30 日，累计外债达 96.9 亿美元
重组金额	97 亿美元
债务类型	2014 年 4 月 30 日之前的欠款
还款概要	在"专用条款"下进行重组安排
截止日期	1983 年 12 月 10 日
谈判参与成员	成员国：奥地利、比利时、加拿大、丹麦、芬兰、法国、德国、以色列、意大利、日本、荷兰、西班牙、瑞典、瑞士、英国、美国 观 察 员：澳大利亚、挪威、俄联邦、Inter-American Development Bank、UNCTAD、世界银行、European Commission

资料来源：巴黎俱乐部。

18. 秘鲁

秘鲁共经历过8次债务重组，重组时间分布在1968—1996年间，累计重组金额达149.29亿美元。

秘鲁历次债务重组情况

秘鲁（共8次债务重组）	
重组时间	**1968 年 9 月 27 日**
重组金额	1.2 亿美元
债务类型	1968 年 7 月 1 日至 1969 年 12 月 31 日的到期款
还款概要	在"基础条款"下进行重组安排
截止日期	1968 年 6 月 30 日
谈判参与成员	成员国：比利时、法国、德国、日本、西班牙、英国 观察员：世界银行、IMF
重组时间	**1969 年 11 月 20 日**
重组金额	1 亿美元
债务类型	1970 年 1 月 1 日至 1971 年 12 月 31 日的到期款
还款概要	在"基础条款"下进行重组安排
截止日期	1969 年 10 月 1 日
谈判参与成员	成员国：奥地利、比利时、丹麦、芬兰、法国、德国、意大利、日本、荷兰、西班牙、瑞士、英国 观察员：世界银行、IMF、Inter-American Development Bank
重组时间	**1978 年 11 月 3 日**
重组金额	2.11 亿美元
债务类型	1979 年 1 月 1 日至 1980 年 12 月 31 日的到期款
还款概要	在"基础条款"下进行重组安排
截止日期	1978 年 1 月 1 日

秘鲁（共 8 次债务重组）	
谈判参与成员	成员国：比利时、加拿大、芬兰、法国、德国、意大利、日本、荷兰、新西兰、挪威、西班牙、瑞典、瑞士、英国、美国 观察员：奥地利、丹麦、世界银行、IMF、Inter-American Development Bank、European Commission、OECD、UNCTAD

重组时间	1983 年 7 月 26 日
重组金额	5.9 亿美元
债务类型	1983 年 5 月 1 日至 1984 年 4 月 30 日的到期款
还款概要	在"基础条款"下进行重组安排
截止日期	1983 年 1 月 1 日
谈判参与成员	成员国：阿根廷、奥地利、比利时、加拿大、丹麦、芬兰、法国、德国、意大利、日本、墨西哥、荷兰、新西兰、挪威、南非、西班牙、瑞典、瑞士、英国、美国 观察员：澳大利亚、以色列，世界银行、IMF、Inter-American Development Bank、OECD、UNCTAD

重组时间	1984 年 6 月 5 日
重组金额	6.4 亿美元
债务类型	1984 年 5 月 1 日至 1985 年 7 月 31 日的到期款
还款概要	在"基础条款"下进行重组安排
截止日期	1983 年 1 月 1 日
谈判参与成员	成员国：奥地利、比利时、加拿大、芬兰、法国、德国、以色列、意大利、日本、荷兰、新西兰、挪威、南非、西班牙、瑞典、瑞士、英国、美国 观察员：丹麦，世界银行、IMF、Inter-American Development Bank、OECD、UNCTAD

重组时间	1991 年 9 月 17 日
重组金额	46.61 亿美元
债务类型	1991 年 1 月 1 日至 1992 年 12 月 31 日的到期款
还款概要	在"休斯敦条款"下进行重组安排

续　表

秘鲁（共 8 次债务重组）	
细则	可进行债务互换
截止日期	1983 年 1 月 1 日
谈判参与成员	成员国：奥地利、比利时、加拿大、芬兰、法国、德国、意大利、日本、荷兰、新西兰、挪威、南非、西班牙、瑞典、瑞士、英国、美国 观察员：丹麦、以色列，世界银行、IMF、Inter-American Development Bank、OECD、UNCTAD

重组时间	1993 年 5 月 4 日
重组金额	18.84 亿美元
债务类型	1993 年 1 月 1 日至 1996 年 3 月 31 日的到期款
还款概要	在"休斯敦条款"下进行重组安排
细则	可进行债务互换
截止日期	1983 年 1 月 1 日
谈判参与成员	成员国：奥地利、比利时、加拿大、芬兰、法国、德国、意大利、日本、荷兰、挪威、西班牙、瑞典、瑞士、英国、美国 观察员：丹麦、以色列，世界银行、IMF、European Commission、OECD、UNCTAD

重组时间	1996 年 7 月 20 日
多边机构支持	1996 年 7 月 1 日，IMF 向秘鲁发放了一笔三年期中期贷款，金额 3.58 亿美元，用于支持 1996—1998 年间政府经济改革。
重组金额	67.23 亿美元
债务类型	1996 年 4 月 1 日至 1998 年 12 月 31 日的到期款
还款概要	在"休斯敦条款"下进行重组安排
细则	可进行债务互换
截止日期	1983 年 1 月 1 日
谈判参与成员	成员国：奥地利、比利时、加拿大、芬兰、法国、德国、意大利、日本、荷兰、挪威、西班牙、瑞典、英国、美国 观察员：丹麦，世界银行、IMF、Inter-American Development Bank、UNCTAD

资料来源：巴黎俱乐部。

参考文献

[1] 王文全.日本出口信用保险实务解说[M].北京：中国人民公安大学出版社，2020.

[2] 赵雅靖，李瑞民.巴黎俱乐部：缘起、规则与作用——兼论对中国的启示[J].国际金融，2017（1）.

[3] 刘爱文.西方主权债务危机的当代特质[M].北京：经济管理出版社，2020.

[4] 赵瑾.国家主权债务危机理论、影响与中国的战略[M].北京：中国社会科学出版社，2014.

[5] 张虹.主权债务重组法律问题研究[M].北京：中国人民大学出版社，2007.

[6] [阿根廷]罗德里格·奥利瓦雷斯·卡梅纳.债权人视角下的主权债务重组法律问题研究[M].郭华春译.法律出版社，2013.

[7] [法]安东·布朗代，弗洛朗丝·皮萨尼，埃米尔·加尼亚.主权债务危机[M].中国社会科学出版社，2014.

[8] [美]卡门．M.莱因哈特，肯尼斯．S.罗格夫.八百年金融危机史[M].北京：中国机械工业出版社，2014年.

[9] Anton Brender, Florence Pisani, Emile Gagna.The Sovereign debt crisis placing a curb on growth[J]. CEPS Papers, 2012/05.

[10] Garlos A., Primo Braga, Gallina A..Vincelette.Sovereign debt and the financial crisis，will this time be different?[ ]. World Bank, 2010.

[11] Udaibir S. Das, Michael G.. Papaioannou, and Christoph Trebesch, Sovereign Debt Restructurings 1950–2010:Literature Survey, Data, and Stylized Facts, WP/12/203, IMF Working Paper, 2012.

[12] Gong Cheng，Javier Diaz-Cassou，Aitor Erce. From Debt Collection to Relief Provision:60 Years of Official Debt Restructurings through the Paris Club[ ].European Stability Mechanism，2016.

[13] 巴黎俱乐部官方网站：https://clubdeparis.org/en.

[14] 国际货币基金组织官方网站：https://www.imf.org/external/index.htm.

[15] 世界银行官方网站:https://www.worldbank.org/.

[16] 国际金融协会官方网站：https://www.iif.com/.

[17] G20官方网站：https://g20.org/en/Pages/home.aspx.